本书获暨南大学“211 工程”第三期“比较文艺学与海外华文文学”建设项目资助

变革时期的生活

近代广州风尚习俗研究

杨秋 著

暨南中文新知文丛

赵维江 主编

暨南大學出版社
JINAN UNIVERSITY PRESS

中国·广州

图书在版编目（CIP）数据

变革时期的生活：近代广州风尚习俗研究/杨秋著. —广州：暨南大学出版社，2013.3
（暨南中文新知文丛）
ISBN 978-7-5668-0335-1

Ⅰ.①变… Ⅱ.①杨… Ⅲ.①风俗习惯史—研究—广州市—近代
Ⅳ.①K892.465.1

中国版本图书馆 CIP 数据核字（2012）第 207882 号

变革时期的生活：近代广州风尚习俗研究
著　　者：杨　秋

丛书策划：史小军
责任编辑：张学颖
责任校对：周明恩

地　　址：中国广州暨南大学
电　　话：总编室（8620）85221601
营销部（8620）85225284　85228291　85228292（邮购）
传　　真：（8620）85221583（办公室）　85223774（营销部）
邮　　编：510630
网　　址：http://www.jnupress.com　http://press.jnu.edu.cn
排　　版：广州市天河星辰文化发展部照排中心
印　　刷：佛山市浩文彩色印刷有限公司
开　　本：787mm×960mm　1/16
印　　张：15.5
字　　数：251 千
版　　次：2013 年 3 月第 1 版
印　　次：2013 年 3 月第 1 次
定　　价：36.00 元

总　序

赵维江

对于我们所处时代的描述，有一种很流行的说法，叫“知识爆炸”，实际上这一认识并不准确。“知识”和“信息”是两个不同而又相互交集的概念，知识肯定是一种信息，但不能说所有的信息都是知识。在互联网风行的今天，我们确实处在一个“信息爆炸”的时代，但新知识的实质性增长不可能短时间内迅速地膨胀，因为知识的创新需要一个复杂的认知过程，而信息则不一定需要。造成这一误区的另一个原因是大量“伪知识”的存在，由于个人计算机与互联网上“复制”与“粘贴”功能的便捷，难以计数的依靠抄袭、拼凑或翻新而产生的没有任何创新意义的所谓论文、专著被源源不断地炮制出来。由此来看，真正的“知识”在今天远远没有达到“爆炸”的程度。自然科学是这样，社会科学和人文学科同样是如此。

正是在这个意义上，我们将这套丛书命名为“暨南中文新知文丛”。该丛书包括十种学术专著，内容涉及中国语言文学学科的训诂学、语法学、古代文学、现当代文学、少数民族文学、戏剧文学及文化学、民俗学等不同的领域。原创性是这些著作的共同特点，其研究目标皆为目前学术界尚未了解或有待深入探讨的重要课题。其中有些课题十分新颖，为前人所未曾涉足或极少论及；有的课题虽然已有一些零星的研究成果，但本丛书中的著作在系统性和综合性方面无疑仍具开创性。该丛书中无论文集或拼盘式的著作，皆为逻辑严密的学术性理论探讨。与此相关，这套丛书的多数著作体现了强烈的思辨色彩和理性的思考深度。这些思考有的可能显得比较稚嫩，或不够完善和深入，甚至有的观点和材料日后可能被发现是谬误，但这并不影响它们作为“新知”被载入我们这个时代的知识积淀层中。

真理没有终极，科学研究的任务就是不断地发现真理、充实真理和纠正谬误。人文学科相对于自然科学缺少明确的真理量化尺度，所以也更需要不断地探索和创新。说到“新知”，人们往往将之与“旧学”相提并论。当年蔡元培评价胡适说：“旧学商量加邃密，新知培养转深沉。”其实，“邃密”了“旧学”，使之有了新品质，“旧学”便也有了“新知”的特性，“加”便是创新的过程。我们讲“新知”，要义在于强调研究的原创性。开创一个未知的领域固然好，但在今天科学研究体系已相当完备的情况下，一些传统学科已很难发现尚未开发的“处女地”，多数时候需要在前人已开垦的土地上深入开掘或进一步扩展。这也无妨，只要你有新的思想、理论和方法，仍然会有新发现、新收获。学术研究成果的价值在于一个“新”字，我们也看到过一些学者，数十年皓首穷经，可谓勤勤恳恳，可能著作等身，但只是在已有材料上做低层次的重复劳动。尽管题目、角度不断地变化，却没有什么新发明，提不出新思想、新观点，这样的成果无论如何也不能称为“新知”，就连“旧学”也称不上，因为“旧学”是前人创造的“新知”。在今天整个社会严重功利化，学术界普遍心浮气躁而成果又相对容易发表的情况下，我们所看到的许多新作实际上没有什么新的思想。真正“新知”的产生需要艰苦的劳作和认真深入的思考，人文学科更是这样，创造的过程是一个反复思考、细心斟酌、不断修订的过程，不仅身子要坐得住冷板凳，更要有精神上“十年磨一剑”的淡定。同时要坚守学术的“新知”品格，还需要抵挡得住各种各样的诱惑。古代的学问家往往要么是在位或致仕的官员，要么家境殷实，他们是有了钱（起码衣食无忧）或做了官才去做学问；而今天情况相反，学者一般是做了学问才有钱，“学而优则仕”（或“仕而学则优”），所以必须“大干快上”，让他们去做“名山事业”，难矣哉！不过难非不能也，只要我们愿意，“箪食瓢饮”也乐在其中。这是我本人对于学术的一点理解，也是对在这套丛书中创造了“新知”的作者们的一点期望。

暨南大学中文系是一个有着八十五年历史和优良学术传统的学系，特别是近三十年来学术研究有了长足的发展，詹伯慧教授开创的汉语方言学和饶芃子教授开创的海外华文文学研究已成为学界“品牌”；蒋述卓教授领军的文艺学目前为国家级重点学科。经过几代人的努力，暨南大学中文系的各个研究领域已得到了整体性的显著发展，去年终于获批为一级学科博士学位授权单位。更令人欣喜的是涌现出了一批年轻的学术“新人”。当年本人揾食暨南时已年过不惑，可在系里还属少数拥有博士学位的“新人”。转眼十几年过去了，今天中文系的情况已大为改观，教师队伍已经“博士化”。这套丛书的作者基本上都是近几年进入我们这个团队的年轻博士，其中有的是我曾教过的学生，有的是经我手引进来的。他们来自不同的大学，师从不同的导师，从事不同的专业研究，为暨南大学中文系注入了新鲜的血液，带来了不同的学术风格。这套“暨南中文新知文丛”的推出是一个标志，昭示着暨南大学中文系后继有人，可期厚望。来到暨南大学这些年，特别是近五年主持系务后，我把相当多的精力用在了系里的学科建设上，有时为个人的研究工作被耽误而感到苦恼和无奈，不过想到能为中文系的发展做点事也就释然了。虽然自己老之将至，但看到年轻人的成长，心里感到由衷的高兴。今天暨南大学中文系的学术平台为年轻的学者们提供了一个更大的发展空间，当然也带来了更大的压力。这套丛书的出版，既是他们的一个学术总结，更是一个新的起点和动力，相信更多更好的“新知”将在新一代学者们手里创造出来。

需要强调的是，这套丛书的顺利出版得到了暨南大学“211 工程”第三期“比较文艺学与海外华文文学”建设项目负责人、文学院院长王列耀教授及我的同事和搭档、现任暨南大学出版社总编辑史小军教授等人的大力支持，在此我们表示衷心的感谢！

2012 年 3 月 20 日

于暨南园一叶庐

目　录

第一章

引　言

第一节 问题的提出

长期以来，民俗学研究者都把目光投向乡村，忽视了对城市民俗的关注。实际上，城市民俗是民俗学研究非常重要的一个部分，目前学术界的研究方兴未艾。城市民俗学是20世纪60年代初在美国和英国兴起的一个新的研究领域。在各种探讨城市民俗的理论中，美国民俗学家阿兰·邓迪斯的认识最具代表性。他指出："一些民俗学者错误地认为民众就是农民社会或乡村集体。如果有人接受了关于民众的这个狭隘概念，那么，在定义上，就会得到推论即城市居民不算民众，因而城市居民也不可能有民俗，而今天依然留存的民俗，仅仅包含那些零星的遗存物了。根据这种错误观点，今天的民众不会创造新的民俗；或者说，现代的民众正越来越忘掉民俗，不久民俗将完全消亡。"① 他认为任何群体都可以有自己的民俗。中国学者也认为："'俗'见于传统形式，但是不限于传统形式。只要是群体内具有概率上的广泛性的活动模式，包含在文化现象里或体现在生活里都是'俗'。"②

另外，学者也注意到城市对民俗变迁的作用。城市作为政治、经济和文化的中心，它对移风易俗的作用是巨大的。早在汉代，司马迁就已经注意到各个城市风俗的不同，以及商人对地域风俗变化的影响。宋代的王安石、司马光等都很重视城市在民俗发展中的这种影响。有研究者把城市民俗分成了五个类型，其中一种是受外国资本主义经济影响较大的现代都市民俗类型。③ 从近现代中国城市的发展状况来看，广州是受外国资本主义经济影响最大的城市之一。因此，选择广州作为研究对象是有依据的。

---

① 陈勤建：《当代中国民俗学·前言》，上海：上海文艺出版社1988年版。

② 高丙中：《民俗文化与民俗生活》，北京：中国社会科学出版社1994年版，第170页。

③ 何学威：《经济民俗学》，北京：中国建材工业出版社2000年版，第429页。

近代是中西文化碰撞最激烈的时期，也是中国现代化进程的开始阶段。在西方文化的观照下，中国传统文化中的一些弊端逐渐凸现出来。而当时的西方已在经济、科技等方面超过中国一大截。在这种情况下，清政府依然骄傲自大、闭关自守、墨守成规。结果导致鸦片战争的爆发。大门打开之后，接踵而来的是大量的西方物质和文化。中国人的精神和生活遭遇了前所未有的冲击。当社会处在巨大变革中时，风俗民情的变化是最明显的。随着社会的发展，中西风俗从冲突逐渐走向融合。在此过程中，新风尚和旧习俗分庭抗礼，体现出明显的时代特色。而近代风俗对中国社会的影响是很深远的，有很多风俗直到现在仍然在流传。

在中国现代化的进程中，广州的作用很大。在鸦片战争中，广州人民一马当先，开始拿起武器保卫家园。而战后的广州更成为中国人开眼看世界的活动中心。以鸦片战争为分水岭，以辛亥革命为标志，在近代近百年的时间内，广州成为社会改革的前沿阵地。而社会变革对广州民众生活带来的变化也是前所未有的。在历史上，广州不仅得风气之先，也开风气之先。西方风俗通过广州传入内地，新的风尚也在广州形成，然后影响至全国。

本书以广州的城市风俗为研究对象，但又不局限于现在地理上的市区的概念。在历史上，“广州”是一个府，下辖番禺、南海等 14 个县。从地域上来说，它的范围相当于今天的珠江三角洲。这样选择的主要原因在于：珠三角在地理、经济、文化上都有一致性，很难截然分开。而这里所指的“城市风俗”，就包括了广州市区以及周围城镇的风俗在内。换句话说，只要不是纯粹的乡村习俗，都在本书的探讨范围之内，包括由乡村传至城镇的习俗。这也是近代广州风俗的一个特点：没有明显的城乡差别。这与一般的以中心城市为主的民俗圈有所不同：广州与其周边的城镇也形成了一个民俗圈，但是它们之间的交流是互动的，而不是从中心辐射到四周的单向模式。

第二节 研究现状

一、“民”的认识的发展

民俗学是发展的，而有关民俗之“民”的定义也在发展。民俗学的创始人格林兄弟的“民”是民族。首次提出“民俗”一词的威廉·汤姆斯认为，“民”是以乡民为主的国民。其后，人类学家泰勒提出，“民”是乡民和野蛮人。而纳特等学者则以为农民或者文盲才是“民”，这种观点在民俗学界影响很大。一直以来，中外民俗学家大都采用这个定义。随着城市现代化的发展，这种观点的局限性也日益暴露出来。它把越来越壮大的城市群体排除在外。这不仅不符合现实生活的状况，也使民俗学的发展受到质疑。因此，一些民俗学者开始把目光投向生活在城市中的居民。民俗的“民”开始有了新的含义。多尔逊认为，“民”是指趋向传统的匿名群众，包括生活在乡村的人、迁移到城里的乡下人以及他们的部分后代。尽管这种定义已经扩大了“民”的范围，但是，很明显，多尔逊仍然在强调民的乡村文化背景。那么，土生土长的城市人依然不被承认。而阿兰·邓迪斯又一次对“民”的概念重新进行界定。他认为，“民”可以指任何人类的群体，但是，这个群体必须符合两个条件：第一，至少有一个共同点；第二，有自己的传统。这种观念，使民俗学关注的对象从乡村扩大到城市，是城市民俗学真正确立的一个重要条件。在国内，以高丙中为主的一些年轻学者也逐渐接受了“民”的这种定义。高丙中认为：“任何群体的人都是‘民’，而且是充分意义上的‘民’，因为任何人都有自己的生活世界，都具有群体的充分的‘俗’。”① 王娟也说：“‘民’的概念发展到现代，应

① 高丙中：《民俗文化与民俗生活》，北京：中国社会科学出版社 1994 年版，第170 页。

该定义为‘全民’，或‘全人类’。”①

二、中国城市民俗的研究

我国对城市民俗的关注很早就已经开始了。从先秦到清末，有赖于文人的搜集和整理，大量古代的资料得以保存下来，为后人的研究提供了宝贵的史料。例如宋代孟元老的《东京梦华录》、周密的《武林旧事》、吴自牧的《梦粱录》、耐得翁的《都城纪胜》等都是很有价值的文献。但是，这些记载基本上还停留在民俗志的阶段。20 世纪 80 年代，中国真正的城市民俗学研究才开始。1985 年出版的乌丙安的著作《中国民俗学》就已提出了“都市社会民俗”的概念。在 1988 年出版的《当代中国民俗学》中，由乌丙安和陈勤建合撰的《我国都市民俗研究的新课题》一文，从理论上和方法上，对当前中国城市民俗的研究做了较为详细的分析，具有十分重要的指导作用。其中，都市与村落的民俗交流循环体的观点，把城市与村落结合起来，使城市民俗的研究更具科学性和系统性。文章认为：都市与村落在很多方面都存在差异，例如人口、迁移、产业、民俗传承等。因此，村落围绕中心城市形成了一个民俗圈。

近年来出版的姚二龙的《民俗论》、徐华龙的《泛民俗学》，也提出了城市民俗是民俗学研究重要内容的看法。姚二龙认为时尚与习俗相结合并流传开来，就形成了一种新的民俗事项。② 徐华龙提出：“任何一个都市中民俗，都有两种基本的文化形态，一是传统的城市文化形态，也可称之为原民俗；另一种是时尚的城市文化形态，称之为泛民俗。”③

对于城市民俗的研究，目前已有不少成果，例如：蔡丰明的《上海都市民俗》（学林出版社 2001 年版）、山曼的《济南城市民俗》（济南出版社 2001 年版）等。其他像成都、杭州等城市的学者也都对自己所在的城市做了研究。

---

① 王娟：《新形势下的新定位——关于民俗学的“民”和“俗”的新思考》，《民俗研究》2002 年第 1 期，第 27 ~ 35 页。

② 姚二龙：《民俗论》，北京：大众文艺出版社 1998 年版，第 255 页。

③ 徐华龙：《泛民俗学》，哈尔滨：黑龙江人民出版社 2003 年版，第 112 页。

从目前的研究来看，主要有三种情况：第一种是横向研究，对个别城市古代的或现有的民俗事象进行剖析，并做出相应的总结或预测；第二种是纵向研究，对某个特定城市的民俗做鸟瞰式的梳理，在追溯民俗事象的起源和发展方面有显著成效；第三种是横向与纵向相结合的研究。这种研究主要关注的是现代都市民俗，同时又对各种民俗的发生和变化过程做一定的描述和分析。都市民俗的内容纷繁复杂，要做到一网打尽是不可能的。上述三种研究各有千秋。

三、广州民俗的研究

从历史源流来考察，关于广州民俗研究的著作，学者经常使用的大概有：汉代杨孚的《异物志》，晋代顾微的《广州记》，晋代嵇含的《南方草木状》，唐代刘恂的《岭表录异》，唐代郑熊的《番禺杂记》，宋代周去非的《岭外代答》，宋代朱彧的《萍洲可谈》；清代的著述相对较多：屈大均的《广东新语》，李调元的《粤风》、《粤东笔记》（也叫《南越笔记》），范端昂的《粤中见闻》，檀萃的《楚庭稗珠录》，仇巨川的《羊城古钞》等。除了这些，还有明代蔡汝贤的《岭海异闻》，清代钱以垲的《岭海见闻》，吴绮的《岭南风物记》，邓淳的《岭南丛述》，赵古农的《岭海剩》，黄芝的《粤小记》，王士祯的《广州游览小志》、《南来志》、《北归志》，吴震方的《岭南杂记》，张心泰的《粤游小志》，王闿运的《入广记》，梁松年的《梦轩笔谈》，史澄的《趋庭琐语》，刘世馨的《粤屑》等等。民国时期的著作主要有梁绍壬的《两般秋雨庵随笔》、邬庆时的《南村草堂笔记》、胡朴安的《中华全国风俗志》等。除此之外，中山大学民俗学会编辑出版的《民间文艺》周刊、《民俗》周刊以及民俗丛书，不仅对广州风俗做了探讨分析，更主要的是，为后人的研究提供了宝贵的资料。[①]

当代的广州民俗研究以中山大学民俗学家叶春生为代表。1988 年，他出版了《岭南风俗录》一书（广东旅游出版社），其中有很多对广州风俗的介绍。其后，在其撰写或主编的《岭南民间文化》（广东高等教育出版社 2000 年版）、《广府民俗》（广东人民出版社 2000 年版）、《岭南民俗事

---

① 叶春生：《广府民俗》，广州：广东人民出版社 2000 年版，第 272 ~ 277 页。

典》（南方日报出版社 2001 年版）等书中，都对广州的风俗进行了更多的梳理和分析，有很多精辟的见解。其他学者像刘志文、龚伯洪等也都对广州民俗的研究做了很多努力。在这些研究成果中，叶春生的《广府民俗》和刘志文的《广州民俗》（广东省地图出版社 2000 年版）两本书，是对广州城市民俗研究的一个突破。比较而言，前者是对整个广府民俗的概括分析，涉及的面较广；而后者主要是对广州现代民俗静态的描述、分析。还有一些研究散见于《岭南文史》、《羊城今古》等刊物中。

叶春生认为：广府民俗最能体现岭南民俗的风格，在岭南文化中的地位不可忽视。

同时，他概括出了广府民俗的三大特点：丰富多彩，古老而又年轻；活泼明快，充满南国水乡的浪漫情调；兼容的情怀和温存的生活方式。① 刘志文则提出，在近代，“岭南文化与西方文化的激烈撞击中开始大规模地兼容整合，对重构广州人的价值观念、促进广州人从传统向现代文化嬗变，有着历史转折的意义”②。历史学者刘圣宜在《近代广州风习民情演变的若干态势》一文中指出，清末民初广州风俗的演变主要受三方面的影响：一是西风东渐对民众生活的影响；二是政治变革对人际关系的影响；三是商业发展和社会动荡对传统道德习俗的冲击。③

总体来说，古代学者的研究主要是资料性质的，并且很多缺乏系统性，都是零星的记载。现代学者的研究则多为概述性的。而对于广州的城市发展来说，鸦片战争时期是一个至关重要的阶段。这从广州近代经济史的研究可见一斑。经济是对社会影响最大的因素，对广州城市民俗的关注，必须以此为基础。这方面的研究成果很丰富。不仅如此，在这段时间内，有很多外国人到过广州，并记录了当时广州人的生活状况，这为研究提供了便利条件。近代丰富的广州文人竹枝词，也为研究展现了比较直观的广州民俗事项。

---

① 叶春生：《广府民俗》，广州：广东人民出版社 2000 年版，第 9 ~ 11 页。

② 刘志文：《广州民俗》，广州：广东省地图出版社 2000 年版，第 15 页。

③ 刘圣宜：《近代广州风习民情演变的若干态势》，《华南师范大学学报》（哲学社会科学版）2001 年第 1 期，第 76 ~ 90 页。

第三节 研究思路

一、概念和范围的界定

风俗：本书探讨的风俗包括传统习俗和社会风尚两个内容。前者一直是民俗学研究的重要对象。此处主要就后者做一些必要的解释。社会风尚是否应该也算民俗，先来看古人的论述："俗者习也，上所化曰风，下所习曰俗。"（《周礼》）"倡于上谓之风，效于下谓之俗。"（明陆树声《陆文定公书》）可见，在古人的认识中，风和俗是两个不同的概念。风气原本是社会精英的所为，逐渐普及为民众所接受后就成了俗。从这个意义上来说，社会风尚也是风俗（或叫民俗）的一个重要组成部分。历史学家认为："社会风气，或称社会风尚，则一般是指一定时期社会上人们在日常生活中形成的思想言行方面带普遍性的倾向。……把社会风气作为社会风俗史研究的对象，乃是因为从风俗形成的过程来看，一时的某一社会风气如果遗传下来，就会变成风俗习惯；同时，从风俗习惯流传的长河中截取的每一个片段也就是那段时间的社会风气。"① 民俗学家也说："已有漫长历史的传统可能是'俗'，而大量的时尚也可能是'俗'。"② 当然，并非所有的时尚都属于民俗的范畴。本书选择风尚时有两个标准：有一定的广泛性和时间性。如果只是少数几个知识分子的所作所为，并没有得到民众的认可，那它就不能算是民俗。但是，也并非所有民众都仿效的才是俗。另外，那些昙花一现的时尚也很难归为民俗。可也不必按照以往的理解，要三代的积累才是传统。即便只有少数民众支持，但是有普及趋势的时尚

---

① 严昌洪：《西俗东渐记——中国近代社会风俗的演变》，长沙：湖南出版社1991年版，第10页。

② 高丙中：《民俗文化与民俗生活》，北京：中国社会科学出版社1994年版，第170页。

都可以称作俗。本书所选取的新风尚就基本包含了上述两个方面：一是当时社会所关注的内容，二是一直延续至今。

时间：本书划定的时间范围在1840年到1919年之间，上限为鸦片战争，下限为五四运动发生之前。这样做的原因，主要是中国的社会和文化在这个阶段开始发生质的变化。传统的封建社会逐步向资本主义社会进化。随之而来的是文化的变迁。社会转型与民众的生活休戚相关。大众的风俗习惯成为时代变化的指南针。以风俗为镜子，可以照出社会的各种影像。因此，这八十年是中国传统文化现代化的一个发轫期。但是，这不是一个绝对的期限。民俗是一个动态过程，它的产生、发展、变化具有连续性，所以，对某些事象和事件的描述与分析不能仅仅局限在这个时间段内。新文化运动时期对风俗的改革实际上是对这个阶段的延续。在具体分析的过程中，主要又集中在清末民初这段时间。第一是材料的关系。早期的资料难以获得。第二是社会的原因。民国以后，广州的政府几经变更，这样就给探讨政府在习俗改革中的作用带来困难。因此在某些章节中对时间做了一些调整，以清末民初为主。

区域：本书的“广州”不是现在行政区域划分意义上的城市概念。广州建市是在1921年。清朝时期的广州，既是广东省会和广州府治所，又是南海和番禺两县的政府所在地。广州城区西属南海县，而东则属番禺县。1913年以后，在省、县之间设立了道，于是，广州成了省、道、县三级治所，一直到1918年。因此，近代的“广州”包含了历史和地域的双重概念。从地域上说，本书探讨的范围更接近“广府”，包括广州城区以及周围的几个县：南海、番禺、东莞、顺德、中山等。实际上就是珠江三角洲地区的主要市镇。

民俗事项的选择：广州的民俗事项包罗万象，如何取舍也是本书的一个关键。本书的标准是：第一，有区域典型性。既然课题是以广州作为研究对象，相关民俗事项自然应该具有明显的广州特色。例如：自梳女、生菜会、除夕花市都是当时广州独一无二的习俗；而龙舟竞渡和七夕节，虽然很多地方都有，但都不及广州有特色。1948年出版的《广州大观》，在讲到广州的风俗节令时，分了四个部分：一是男女的风俗，主要选择了吃烧猪的婚俗；二是饮茶的风俗习惯；三是花的好尚，与除夕花市有关；四是一般的节令和特殊的风俗。作者认为：广州一般的节令风俗大致和其他各省差不多，比较特殊的则有龙舟比赛、月饼奇观（中秋节）和香粉季节（七夕节）。其中，中秋节主要突出月饼制作的考究。① 第二，有时间限制。因为本书属于断代性质的研究，所以对象主要集中在“近代”这个时间段内。本书所选择的各种新风尚和传统习俗，都是当时比较盛行的事项。

二、本书框架

本书以中西相融、新旧并存的广州近代民俗为讨论对象，既关注其新风尚的形成和发展，又对盛行的传统民俗做了比较详细的分析，力图通过文字重构一个整体的广州风俗的近代影像，并在此基础上，探讨这些风俗在现代化过程中的传承和变异，以及政府在风俗改革中所起的作用，希望对当代广州的移风易俗有借鉴意义。

第二章主要分析了近代广州风俗流变的社会环境。近代是中国社会从传统走向现代化的早期阶段。经济、政治、文化等方面的现代化发展，成为近代广州风俗民情发生变异的巨大动力。

第三章分析了近代广州兴起的新风尚。笔者认为，风尚是风俗变异的结果，是近代移风易俗取得的成就，也是社会现代化的一种体现。近代广州不仅得风气之先，也开风气之先。一方面，很多西方风俗通过广州传入内地。另一方面，广州人也引领了各种新的风气。首先是形象上的改变：放足、剪辫、穿西服、戴洋帽等。其次是礼俗的变化：文明结婚的新婚俗就是滥觞于广州等几个沿海开放城市。再次是女性地位的提高：传统习俗中的女性长期处在被压迫和凌辱的地位，而广州女性是最早争取政治权利的亚洲女性。自梳女与不落家是广州地区独有的风俗。这种习俗反映出女性对自身受压迫的一种消极抗争。她们的独立对广州女性争取权利的行动有示范的意义。最后，广州人所具有的冒险和创造精神，在近代形成了一种新的价值观念和社会风气：革命。从历时的角度来看，近代广州的很多新时尚都成了后代所共同遵守的惯例。从共时的角度来看，近代广州的时尚对全省甚至全国都起了一个典范的作用。在其他地方，社会新风尚的传播途径通常是由中心城市到小城市，由城市到乡村。其中，城乡差别尤

---

① 廖淑伦：《广州大观》，广州：广州天南出版社 1948 年版，第 15～17 页。

其显著。可是，在近代的广州地区，新风尚的传播并没有太大的城乡差别。一些风气甚至是从周边城镇兴起的。这也是近代广州风俗的一大特点。

第四章分析了近代广州传统习俗盛行的情况以及原因。在岁时节日方面，选取了最具影响力的三种节日作为分析对象：龙舟竞渡、七夕节和除夕花市。通过对其发展变化的分析，笔者认为：一方面，传统节日依然盛行；另一方面，它们也并非一成不变。时至近代，岁时节日的宗教功能渐渐减退，娱乐和商贸功能则日趋突出。因此，它们与社会的现代化并无冲突。其传承应该是理所当然的。而民间信仰的情况相对比较复杂。由于封建朝廷也讲究祭祀，因此并不反对民众信奉鬼神。而且，由于清末广州地方政府的管理权威下降，对民间信仰（包括淫祀）的管理不是非常严格。但是，新式知识分子及革命政府都不遗余力地反对民间信仰，可是难以奏效。除却传统的原因之外，信仰的需要心理是主要因素。而广州的民间信仰在近代同样也发生了一些变化。基督教的传播，多少对民间信仰有一点威胁。与社会风尚一样，广州传统习俗的传承也体现出城乡一体化的特点。

第五章分析探讨了在现代化过程中各个阶层对移风易俗的不同态度，从中可以发现移风易俗所取得的效果和问题所在。通过分析，笔者认为，由于封建制度的落后，清政府所实行的风俗改革难以取得成功。而革命派以推动社会发展为宗旨，他们进行的移风易俗行动取得了一定的成效，一些陋俗得以革除。但是在对待整个传统文化的态度上，他们的认识和方法却存在问题。从民众的反应可以看出，移风易俗必须关注民情。除此之外，应该尽量利用民俗的自我调适功能，因势利导，而不能强行压制。

第六章以田野调查为主，结合文献材料，从纵向剖析了生菜会从近代到当代的变化，从横向对比了当代三处生菜会的异同，揭示了当代生菜会变迁的意义以及今后的发展趋势。

第四节 研究方法和资料来源

一、研究方法

本书主要采用历史学和民俗学的方法来进行研究。首先，对具体民俗事项进行历史追溯，分析其形成、普及的过程和原因。其次，将新风尚与陋俗做对比，说明其变异的必然性。在讨论移风易俗的问题时，从纵横两个方面来分析不同时期、不同阶层的态度，以及移风易俗的效果，从中总结出相关的经验。

本书还采用以今证古的方法，选取生菜会的个案做田野的调查分析。通过对当代几个不同生菜会的对比，得出结论：第一，民间习俗有娱乐化的趋势；第二，只要民众有需要，民间信仰还会继续存在；第三，移风易俗要顺应民情，并要积极发挥民俗自身的调适功能，政府的作用是指导性的。这些都与广州近代风俗的情况是一致的。

二、资料来源

本书的资料有两种类型：一是文献资料；二是田野材料。

文献资料主要来源于：地方志、报纸杂志、文人笔记、外国人的游记、文人竹枝词等。笔者翻阅了近20种地方志，30多种近代的报纸杂志，从中获取了大量比较真实的信息。其中有很多报刊资料都是第一次使用。在这类资料的查找上，笔者花费了大量时间和精力。但遗憾的是，由于年代久远，很多报纸都存在严重的缺损情况。像《岭海报》、《中西日报》、《国事报》等，只有一两期或一两页。另外，广州当时的报纸种类虽多，但由于政治的原因，很多报纸的寿命都很短，只存在几个月甚至几天的都有。因此，本书的报刊材料主要来源于几种存档较全的报纸杂志，如《广东日报》、《游艺报》、《香港少年报》、《东方报》、《民生日报》、《申报》、

《时事画报》、《点石斋画报》、《民俗》等。报刊的发行地主要是广州，还有上海和香港。文人笔记也是本书的重要资料来源。笔者首先对近代广东的文献做了一个梳理，然后按图索骥，一本一本去翻阅。虽然费时不少，但也有不少收获。除了前辈学者经常使用的一些材料外，笔者发现了诸如《南村草堂笔记》、《趋庭琐语》、《梦轩笔谈》、《广州婚仪备览》、《戊戌年娶媳妇支用簿》、《癸卯年娶媳妇支用簿》、《广州指南》等一批记载了广州风俗的书籍。由于广州对外交流很早，早期涉足中国的外国人都是在这里登陆，因此留下了很多对广州城市的描述，其中也有一些有价值的材料。美国人亨特的《旧中国杂记》、《广州"番鬼"录》就是其中的代表作。竹枝词是了解地方风俗最好的材料之一。光绪年间，广州举行过一次较大规模的竹枝词创作比赛，后来结集出版，名为"羊城竹枝词"。到民国初年，广州又出版了《续羊城竹枝词》。加上其他一些作品，现存的广州竹枝词为数不少。这些文学作品为笔者提供了大量生动鲜活的辅助材料。除此之外，民国时期的一些研究书籍中也有不少资料，如顾颉刚、刘万章的《苏粤的婚丧》，吴玉成的《粤南神话传说及其研究》，黄尊生的《岭南民性与岭南文化》，杨成志的《广东人民与文化》等。

田野材料是笔者对民俗事项进行实地调查时得到的图像资料，以及有关单位的一些内部文字材料。

第二章

近代广州风俗流变的社会环境

从第一次鸦片战争开始，中国就走上了现代化的漫漫长路。而广州则是最早起步的城市之一。清末民初是广州社会发生巨大变革的时期，现代化和传统必然发生碰撞。社会发生大变革的时刻，也是风俗变化最剧烈的时候。近代的广州社会，无论是经济、政治还是思想文化，都呈现出新旧交替的面貌。广州的风俗就是在这样的环境中延续和演变的。

第一节　经济为风俗营造的时空

一、对外贸易与对外开放

对外贸易对城市的现代化具有重要的意义。中国城市的现代化设施和功能都与对外贸易有密切联系。广州由于得天独厚的自然条件，成为中国对外开放最早的城市之一。对外开放的目的主要是为了贸易。从广州对外贸易的情形，可以大致了解其对外开放的情况。从秦汉到第一次鸦片战争之前的两千多年间，广州港的对外贸易几乎始终居于全国的中心地位，经久不衰。尤其是明清时期，政府对广东实行的对外贸易政策，使广州的重要地位得到巩固。清朝最初实行的是四口（粤海关、闽海关、浙海关、江海关）通商［康熙二十四年（1685）］，到乾隆二十二年（1757），清政府关闭了三个海关，只留下粤海关。从此，广州成为唯一的通商口岸，其重要性不容置疑。对外贸易的发达，带来的是地方经济实力的加强，于是，广州甚至整个广东的政治地位也随之得以提升。再加上海防的重要性，广州成为中国举足轻重的城市之一。因此，清末派到广州的两广总督，都是朝廷大员。

鸦片战争以前（下文简称“战前”，相应有“战后”一词），广州对外贸易的地位正如以下所述：“广州的地理形势和中国政府的政策，再加上其他各种原因，使得广州成为对内对外贸易极盛之地。除了俄国商队跨越中国北方边疆，葡萄牙和西班牙的商船往来澳门而外，中华帝国与西方列国的全部贸易都聚会于广州。中国各地物产都运来此地，各省的商贾货栈在此经营着很赚钱的买卖。东京、交趾支那、柬埔寨、缅甸、麻六甲或马来半岛、东印度群岛、印度各口岸、欧洲各国、南北各国和太平洋诸岛的商货，也都荟集到此城。"[①] 对外贸易不仅在经济方面具有一定作用，它还是文化交流最直接的渠道之一。战争之前的广州海关贸易政策规定，外国人不能随意出入广州城，只许在贸易季节（每年5—10月）前来交易，其他时间要待在澳门或回国。外国商人在广州也只准住在固定的行商馆内。外国人不许学中文，而一般中国商人也不得同外国人做生意及为他们服务。不许外国妇女入城等等。因此，这个时期西方对广州的影响主要停留在器物的层面。而广州人对于西方先进的生活器具也乐于接受。这从洋货在广州的待遇即可看出。这里的人们不仅使用洋货，还进行加工生产，使洋货在广州得到普及。战前的广州虽然与西方有长时间的接触，但是，由于政府的各种限制，广州人对西方的了解只是通过生活用品来完成的。他们的认识比较静止、肤浅。他们以天国子民的身份自居，有一种自大的情绪，对外国人则抱有蔑视的态度，认为外国人是"在人的等级中比自己还要低几等的人"[②]。"外国人又是不道德的、放荡的，即所谓'淫'。每年，粤海关监督总要照例告诫夷商，不得雇用年轻的男孩或妓女去满足他们好色的本性。"[③] 据一位在第一次鸦片战争之前来到广州的英国人说："中国人不了解'番鬼'的礼节、习俗和社会关系。在他们眼里，'番鬼'的一切，哪怕是出自良好教养的基本礼貌，都是野蛮的、不完善的。"[④] 广州人称外国人为"番鬼"，这里面多少带有一点轻视之意。从当时广州人对待西餐的态度，可以窥见他们对西方习俗的抗拒心理："他们坐在餐桌旁，吞食着一种流质，按他们的番话叫做苏批。接着大嚼鱼肉，这些鱼肉是生吃的，生得几乎跟活鱼一样。然后，桌子的各个角都放着一盘盘烧得

---

① 姚贤镐：《中国近代对外贸易史资料（1840—1895）》（第一册），北京：中华书局1962年版，第304页。

② ［法］佩雷菲特著，王国卿译：《停滞的帝国——两个世界的撞击》，北京：生活·读书·新知三联书店1993年版，第485页。

③ ［美］魏斐德著，王小荷译：《大门口的陌生人：1839—1861年间华南的社会动乱》，北京：中国社会科学出版社1988年版，第57页。

④ ［美］亨特著，沈正邦译：《旧中国杂记》，广州：广东人民出版社1992年版，第37页。

半生不熟的肉；这些肉都泡在浓汁里，要用一把剑一样形状的用具把肉一片片切下来，放在客人的面前。我目睹了这一情景，才证实以前常听人说的是对的：这些‘番鬼’的脾气凶残是因为他们吃这种粗鄙原始的食物。”① 这些事例表明，战前的广州依然是一个相对比较封闭的城市。虽然广州一直都处在对外交流的最前线，但是，朝廷闭关自守的政策使得广州的大门并没有真正打开，除了少数行商及相关服务人员之外，大多数广州人可能很少见到外国人，更谈不上了解。广州的百姓仍然生活在一种保守的状态中。即便如此，广州人民对外国人还是比较友好的。因此，外国商人对广州的经商条件都表示很满意。②

鸦片战争改变了一切。1842 年签订的《南京条约》规定开放五口通商。次年，厦门、上海开埠，1844 年，宁波和福州开埠。这些港口的相继开放削弱了广州港的势力。广州的外贸地位，从 1853 年起，落在上海之后。到 1918 年，广州落在上海、大连、天津之后，位居第四。广州在对外贸易中的地位为上海所代替。上海的后来居上有很多原因，一方面，固然因为它有优越的自然环境：天然良港，又有江浙地区的丝茶作为后盾；另一方面，则与人文环境有关。“上海人和广东人，不但口语像两种欧洲语言那样的各不相同，而且天生的特征也是那样的各不相同的。广东人好勇斗狠，上海人温文尔雅；南方人是过激派，吴人是稳健派。自古以来上海人一直是顺从当权的地方政府的，而广东呢，却随时在酝酿着政治阴谋和叛变。对于排外运动，广东人在许多事件中，特别是在鸦片战争以后，对于外侨曾表示强烈的憎恶；如果他们对于外侨能够表示冷淡，我们就认为很好的人了。而上海人呢，虽然他们不是本性上愿意和外侨亲善，但至少愿意和外侨作半推半就的接近。”③ 广州是一个有着悠久历史的城市，而上海相对显得较为年轻。广州受到政府诸多政策的牵制，而上海相对比较自由。租界是中西文化交流最集中的地区之一。上海开埠不久，殖民者就获

---

① ［美］亨特著，沈正邦译：《旧中国杂记》，广州：广东人民出版社 1992 年版，第 40 页。

② 乐正：《开放优势的失落与重构——近代广州发展特征初探》，广东炎黄文化研究会：《岭峤春秋》（一），北京：中国大百科全书出版社 1994 年版，第 64 页。

③ 上海社会科学院历史研究所：《上海小刀会起义史料汇编》，上海：上海人民出版社 1958 年版，第 753 页。

准设立租界，并且日益扩大，对上海城市发展的影响很大。而广州租界的建立则较晚，范围也很小，对广州城市的发展作用并不大。战后，很多外国商人纷纷将资本转移到上海，而随着租界的壮大，西方文化对上海的影响也越来越大。各种新奇的生活器具以及生活方式冲击着上海人原有的生活模式，崇洋、西化成了上海的代名词。对外贸易就这样随意地、大张旗鼓地改变了上海人的生活。相形之下，战后的广州在这方面走得没那么匆忙。广州与上海对外贸易地位的改变，最直接地体现在城市的变化上。19世纪90年代初，外国人眼里的广州是："街道在白天也是半明半暗的，因为这些街道上挂满了宽大的条幅，还有许多很长的广告横幅。而在晚上，广州的街道就好比阴间地府一样，简直是漆黑一片。"① 而与此相对应的，则是上海的流光溢彩和灯火通明。

广州对外贸易的发展，对中国社会的现代化起了积极的推动作用。在外贸的过程中，西方的先进设备和生产技术得以引进，同时也带动了地区经济的繁荣。对外贸易还直接推动了广州民众生活的现代化。外贸使广州人能够得风气之先，更早地感受到异域文化的不同，也就易于接受新事物。这对广州人开放、创新、兼容的民性的养成是大有裨益的。但是，对外开放中非常态的事件（例如战争）又让广州人饱受打击，因而又表现出了某种抗拒。广州的对外开放史，就是在抵抗与吸收的过程中完成的。战前，广州的生活是中西文化交融的典范；战后，广州洋化的脚步反而变慢了，上海等地迎头赶上。当上海成为"十里洋场"的时候，广州人仍坚守自己的文化传统。近代广州外贸地位的下降，应该说是一种必然。"一口通商"带来的繁荣是有限的。面对经济现代化所必需的发达的市场，开放才能适应时代潮流。

二、缫丝的工业化

工业化是现代化的主要内容。"所谓工业化，从总体上说就是非生物

---

① ［英］吉伯特·威尔士、亨利·诺曼著，刘一君、邓海平译：《龙旗下的臣民——近代中国礼俗与社会》，北京：光明日报出版社2000年版，第252页。

动力工业替代生物动力工业的过程，也就是机器工业替代手工工业的过程。”[①] 广州是中国近代工业的先驱，有很多现代性质的工业都是在广州首创的。可以说，中国的工业现代化是从广州开始的。1845 年，英国人在广州黄埔兴建的“柯拜船坞”是中国最早的近代工业企业；1872 年，南洋华侨陈启源在南海创办的继昌隆蒸汽缫丝厂，是中国最早的民族资本现代工业；中国第一家火柴厂是广州火柴厂，其前身为佛山巧明火柴厂，创办于 1879 年；1889 年，广东钱局设立，铸造出中国最早的机制铜钱；全国第一家电灯公司于 1890 年创办于广州，等等。广州工业的发展必然为城市发展带来诸多好处，促进经济发展，改善居民的生活状况。在这些工矿企业中，缫丝业是广州乃至整个广东的支柱产业。从缫丝业的发展变化可以一窥广州工业化的状况。

织造是广州的传统产业。明代的时候，就已出现“广纱甲天下，缎次之”的说法。[②] 受市场需求的刺激，广州地区开始大量植桑养蚕。明末清初，珠江三角洲形成了“桑基鱼塘”的耕作方式。清代前期，更出现“弃田筑塘、废稻种桑”的高潮。1871 年的英国商务报告指出：“此时本地人正在邻近地区增种桑树，从前作其他用途的大片土地，现在也都变成了桑林。丝的出口在本埠贸易中将取得一个很重要的地位。”[③] 以顺德为例，“绿岸树桑，春二三月，家家皆提笼出采，取归饲蚕，妇女治枲，岁获厚利，所织贡茧，软细可爱。”[④] 一时之间，珠江三角洲处处是桑田，家家养蚕忙。缫丝之外，织布业也是珠三角的优势产业：“（番禺）新造地所出棉花，幼而白，长而韧，松而暖，为各属之冠。往时业此者甚多，几于无男不种植，无女不纺织。布墟纱市随地有之。”[⑤] 后来受到洋布的冲击，本地的织布业逐渐式微，而丝织业依然坚持了很长时间，直到 20 世纪 30 年代才逐渐衰落。

---

① 章开沅、罗福惠：《比较中的审视：中国早期现代化的开端》，杭州：浙江人民出版社 1993 年版，第 210 页。

② 乾隆《广州府志》（卷八）。

③ 姚贤镐：《中国近代对外贸易史资料（1840—1895）》（第三册），北京：中华书局 1962 年版，第 1488 页。

④ 陈徽言：《南越游记》，广州：广东高等教育出版社 1990 年版，第 171 页。

⑤ 邬庆时：《南村草堂笔记》（卷四），1920 年版，广东中山图书馆藏本。

广州缫丝业在近代的发展，主要依赖于生产方式的改进。由手工生产到机器生产，这个变化具有深刻的意义。一方面，以机器技术代替手工工具，这是经济现代化的特征之一。另一方面，在接受机器的过程中，民众的思维方式也在悄然变化。1872 年，南洋华侨陈启源在南海西樵乡简村创办了继昌隆蒸汽缫丝厂。这是中国第一家民族资本经营的工厂。该厂出产的生丝大量出口，远销英、美、法等国，在国外市场颇有好誉。继昌隆缫丝厂成立后，受其影响，很多地方也陆续开始创办机器缫丝厂。由于机器缫丝源于西洋，被百姓称为“鬼缅”，又叫丝偈。起初，因为机器缫丝丝质好、销路广，且省时省力，雇用的又多是工资相对比较便宜的女工，因此对手工缫丝业造成很大的威胁，受到当地工人的强烈反对，一度酿成祸端，官府为此禁止机器缫丝。机器缫丝厂的创办举步维艰，由此也可窥见一斑。除此之外，因为工人中男女混杂，且以女工居多，与传统的男女有别、女子无才便是德等思想相违背，遂招致诸多非难。但是，随着丝偈业的发展，人们也看到了机器生产带来的好处：丝业的繁荣，带动了当地蚕桑业的兴旺，使从事这些行业的百姓从中受惠。缫丝因而逐渐成为一种普及的职业，而女工的地位也得到了社会的承认。到 19 世纪 80 年代末，广州出口的“机缫丝则是五六十家大厂家的产品。有些厂家雇用女工达 800 人”[①]。1910 年以后，全广东省缫丝均用机器，“妇女之佣是营生者十数万人”[②]。广州一带已成为民族资本机器缫丝工业的中心。从机器缫丝的出口（主要通过广州）数量，可以看出近代广州工业发展带来的直接效益：1882—1883 年出口 1 254 担，1894—1895 年出口达 18 179 担。[③] 第一次世界大战期间，由于欧洲通货膨胀，各国商人争相到中国抢购生丝。当时的生丝出口占了广东全省出口总值的一半以上。广州丝业的兴起成为早期民族资本经营近代工业的一个标志。20 世纪初，尽管广州的外贸地位已经降低，但是当全国的外贸处于入超时，只有广州保持了出超水平。这都要归功于缫丝业。以上海为例，虽然早在 19 世纪 60 年代就已出现了新式缫丝

① 广州市地方志编纂委员会办公室等编译：《近代广州口岸经济社会概况——粤海关报告汇集》，广州：暨南大学出版社 1996 年版，第 897 页。

② 《宣统南海县志》（卷二十一）。

③ 广州市文史资料研究会：《广州百年大事记》，广州：广东人民出版社 1984 年版，第 72 页。

厂，却为外资所控制。当地的民族资本缫丝厂，是在80年代才开始出现的。其后的发展也大大落后于广州地区。“（上海缫丝业）五十年中的发展只相当于广东缫丝工业十年中所达到的水平。”90年代末，上海的厂丝（与土丝相区别）出口量为6 000担，而广州的出口量为3万多担。[①] 而从从业人数来看，到19世纪末期，广东全省缫丝工人，在十三四万人之间，至少也有六七万人。同一时期，上海现代工业中的工人，还不到5万人，天津则不足5 000人。

缫丝工业化的意义有两个：第一，它意味着广州率先进入由农业社会向工业社会的转型中。很明显，广州地区缫丝业的发展过程就是机器代替手工的过程，是工业化的过程，也可以说是一个现代化的过程。缫丝业之所以具有代表性，不仅因为它在对外贸易中有不可替代的重要性，还由于它的发展真正反映了民族工业现代化的进程。这些缫丝厂是纯粹的“国字号”。它们所使用的机器都是广州及其附近地区制造的。这使得缫丝工业可以从外国人的技术垄断中独立出来。广州地区缫丝工业的发展还有一个独特之处：“近代工业并没有完全集中在广州、佛山这些中心城市，而是城市工业和乡镇工业同步发展，一些乡镇工业甚至更引人注目。”[②] 这个特点体现出广州和周围城镇的关系：以广州为中心的珠江三角洲历来就是一个不可分割的整体。无论是地域还是经济，都互为依托。这使得该地区的文化也具有一致性。作为中心城市的广州固然对其他城镇有示范作用，而一些城镇带有地方色彩的文化也对广州产生了影响。从民俗学的角度来看，这就是一个民俗圈。

经济的工业化促使社会也随之变化。一方面，民众的物质生活由此得以改善，一些以前靠进口的奢侈物品，也成了“旧时王谢堂前燕，飞入寻常百姓家”。另一方面，机械化生产为民众展示了科技的力量，使人的思想得到一定的解放，固有的小农价值观念受到冲击，新的观念逐渐萌芽，城市生活相应发生变化。

第二，广州缫丝业发展的另一个结果是现代女工的兴起。“广东丝厂

---

① 汪敬虞：《关于继昌隆缫丝厂的若干史料及值得研究的几个问题》，民建广东省委员会、广东省工商业联合会编：《广东工商史料辑录2》，1987年版，第190～193页。

② 章开沅、罗福惠：《比较中的审视：中国早期现代化的开端》，杭州：浙江人民出版社1993年版，第441页。

的缫丝工人，实际上以女工为主体。一个五百工人的丝偈，大抵男工不过百人，女工约占五分之四。可以断定，在十九世纪末期，广东地区的现代缫丝女工，约有六万至十万人左右。……最早的女工队伍是在纺织工业中形成的，而以纱厂与缫丝厂为主。但中国纱厂在九十年代才开始出现，较缫丝厂晚出三十年，而缫丝厂虽然在上海最早出现（指外国缫丝厂），但其初具规模，则是十九世纪末叶以后的事。因此，说广东缫丝工业培养了中国第一代现代意义的产业女工，这是完全有根据的。”①

由于广东缫丝业主要集中在以广州为中心的珠三角地区，所以，缫丝女工也多出现在这个地区。女工的兴起是社会进步的表现之一。缫丝的工业化使女工的市场价值得到提高，也间接提升了她们的社会地位。广州及其周边地区女工的大量出现，对当地的社会生活及风土民情都有很大的影响。“广东缫丝女工的出现，是长期处于被奴役地位的中国妇女对封建制度的最初冲击，是中国妇女要求摆脱封建制度束缚的最初的也是最早的表现。”②

第二节　政治变革对移风易俗的要求

风俗变化的主要原因有两点：一是外力的作用。西俗东渐使原有的生活习俗受到强烈冲击。从吃穿住行到社会交际，广州人在适应的过程中，形成了新的生活习惯。二是内力的作用。近代兴起的社会群体和势力，在推动社会进步和风俗改革中所起的作用才是至关重要的。而他们对移风易俗的要求，基本上都是出于政治改革的目的而提出的。

鸦片战争给中国人敲响了警钟。“天朝大国”、“华夏中心”的自信开始动摇。第一次鸦片战争之后，少数清醒的知识分子意识到“放眼看世界”的必要性和重要性。而长期享受“一口通商”、得风气之先的广州，

---

① 汪敬虞：《关于继昌隆缫丝厂的若干史料及值得研究的几个问题》，民建广东省委员会、广东省工商业联合会编：《广东工商史料辑录2》，1987年版，第194页。

② 汪敬虞：《关于继昌隆缫丝厂的若干史料及值得研究的几个问题》，民建广东省委员会、广东省工商业联合会编：《广东工商史料辑录2》，1987年版，第194页。

遂成为新思潮的中心。以梁廷枏等为代表的广州人，开始积极地了解西方的文化思想和科学技术，逐渐在社会上掀起了一股认识西方、学习西方的热潮，为随之而来的变革打下了坚实的基础。广州也成了近代中国放眼世界的一个窗口。

在同光新政时期，洋务运动的开展促使广州的近代企业兴起。从广州机器局到广东矿务局、缫丝局，从军事工业到民用工业，官办企业在摸索中逐渐站稳脚跟。而民办企业如缫丝厂、火柴厂、电灯厂也接踵而来。机械生产不仅改变了广州人的日常生活，也使他们的观念在潜移默化中逐步转变。洋务运动以甲午战争的失败而画上句号。虽然洋务运动的作用是有限的，但是它毕竟创造了一个比较开放的社会环境，使民众能够亲身体会到先进生产力带来的好处，并为下一个阶段的变革做了很好的铺垫。

在洋务运动影响中国社会的过程中，新学在广州兴起。南海人康有为在长期的学习和思考中，意识到了西学的先进性，于是萌生变法救国的想法。在他第一次上书被拒之后，康有为回到广州，开设了万木草堂，招收学生，讲解中外学说，为其后的政治变革培养人才。一时之间，追求西学和改革的新学在广州蔚然成一新气象。到戊戌变法的时候，康有为和他的学生梁启超成为改革的中坚力量。维新知识分子的目标，是要利用资本主义国家立宪制的经验来改造君主专制的政体。要实现这个目标，首先要做的就是社会启蒙的工作。而改革风俗则是社会启蒙的重要内容。在这些维新志士中，粤籍人士的努力是格外引人注目的。

香山县（今中山市）人郑观应“是中国近代最早具有完整维新思想体系的资产阶级改良主义者和倡导民主与科学的启蒙思想家”[①]。他致力于发展民族资本主义，并提出著名的“商战”概念。此外，郑观应还多次提出了移风易俗的要求。他说：“夫内讧外侮之源，由于民心不固；民心不固，由于风俗不善；风俗不善，由于教化不敷。”[②] 他认为风俗的败坏是导致国势衰落的原因。所以，他极力支持风俗改革。他对流行于广东的赌博、奢靡的迎神赛会、血肉淋漓的裹足等都加以抨击。对传统的跪拜礼仪，他也表示反对，主张以西式的鞠躬和免冠握手代替。他还认为，风俗鄙陋的原

① 郑观应：《盛世危言》，北京：华夏出版社 2002 年版，第 594 页。
② 郑观应：《盛世危言》，北京：华夏出版社 2002 年版，第 158 页。

因在于人民所受的教育不够。因此，他建议广设学校，无论贵贱男女，到一定年龄都要上学。他积极主张向西方学习。他认为通过这些方法，使风俗丕变，最终能够改变社会、提高国力。稍晚的康有为同样大力宣传资产阶级启蒙思想，借以促进社会思想解放，希望通过变法维新达到富国强兵、拯救民族于危亡的目的。他以极大的热情投入到改革的运动中，并构筑了一个理想的大同世界。他也认为社会风俗的改变迫在眉睫。在呈献给光绪皇帝的奏折中，康有为提出了许多革除旧制的意见。《请开学校折》建议废八股、开学校，以日本为典范，开设各种学科以培养人才。在《请饬各省改书院淫祠为学堂折》中，康有为说，中国人信鬼神而淫祠遍于天下，如果将这些庙宇改为学堂，采用西式教育，并制定相关法令，就会取得如下成果："人人知学，非独教化易成，士人之才众多，亦且风气遍开，农工商兵之学亦盛。"① 自然，社会改革的成功也就指日可待了。《请禁妇女裹足折》和《请断发易服改元折》都对传统陋俗进行了批驳。他认为在如今这种国际交流日益增多的情况之下，国家要赢得声威，必须与时俱进，革除旧习而"与欧美同俗"。康有为的高足，新会人梁启超继承了先生的衣钵，以维新变法为己任。他希望在中国建立一个君主立宪制的国家，然后逐步过渡到法制国家、法制社会。在进行政治变革的过程中，他认识到风俗改革的迫切性："群俗之未可以骤易也。我国即使政治革新之目的既达，而此后所以谋进步者，固不可不殚精竭虑于此等问题。况夫群俗不进，则并政治上之目的，亦未见其能达也。"② 他的理想是建立一个民主国家，而人民是讲义务和权利、遵守公德、有自尊的新国民。要达到这个政治目标，就要进行社会改革。而社会改革主要体现在人的改革上。"新民思想"是梁启超思想的重要部分。他提出兴女学、禁缠足、禁早婚等观点，倡导自由民主、男女平权。比如，在讲到女学时，他的理由是：孩子的教育是从母亲开始的，如果母亲的素质低，自然就会影响到孩子。因此，女学是天下存亡强弱的根本。也是出于这种强国保种的原因，梁启超坚决反对妇女缠足和早婚等鄙陋的习俗。在游历美国的旅途中，他目睹

---

① 《戊戌变法》（二），上海：上海人民出版社、上海书店出版社 2000 年版，第 221 页。

② 梁启超：《梁启超全集》（第二册），北京：北京出版社 1999 年版，第 624 页。

了西方的良风美俗，更感受到中国陋俗（如在公共场合大声喧哗、不讲卫生等）变革之必要。他对美国妇女的生活状况也深有感触。她们可以当医生、律师、新闻主笔、牧师、演说家等。对人民的关注和重视，与梁启超改革风俗的要求是一致的。的确，只有个人行为发生改变，才会促使社会风俗有所变化。“一个发展中国家有越来越多的现代人，它的社会改革步伐就会越来越快。当现代性深入到大多数国民性格中去时，现代的态度、舆论、行为就会变成一种巨大的内在的推动力。这对于国家发展的任何计划的全面成功，都是必不可少的基本因素。”① 维新志士开民智、新民德的努力，在当时引起了不小的反响，放足剪发一度还蔚然成风。他们对风俗革命的倡导，在后来的社会实践中逐渐显出成效。但是，维新人士力图通过当政者的强制命令来改革风俗的方法并未成功。康有为借光绪皇帝之手来颁布有关政令，其结果就是“百日维新”。政治改革失败了，然而，移风易俗的工作却并没有就此停滞不前。

辛亥革命是近代移风易俗的又一动力。这场资产阶级的革命与改良主义的运动有本质区别。革命的目的是要以民主共和政体替代封建帝制，核心是自由、平等、博爱的精神。革命人士比维新分子更先进的地方在于，他们提出了反封建的口号，认识到真正束缚民众思想、阻碍社会发展的是封建制度。但是，他们也有相通之处：革命派也强调移风易俗的重要性。他们试图利用风俗改革来促进革命，而革命又成了推行移风易俗的武器。天赋人权、民族平等、无神论等都是革命派用来反封建的利器。从民主科学的角度出发，他们提出破除封建迷信、打破宗族制度等破天荒的要求。革命派对风俗改革的迫切可从下面这句话看出来：“社会之良否，系乎礼俗之隆污，故鄙礼恶俗急须厘正，以固社会根基。”②

孙中山无疑是这次革命中的灵魂人物。无论在理论上，还是在实践中，他都身先士卒，为树立良风美俗、推动社会发展作出了巨大贡献。在孙中山制定的《中国同盟会革命方略》中，他提出要革除“风俗之害”：

---

① ［美］阿·英格尔斯著，殷陆君译：《人的现代化》，成都：四川人民出版社1985年版，第281页。

② 《辛亥革命史稿》（第4卷），上海：上海人民出版社1991年版，第108页。

"如奴婢之畜养、缠足之残忍、鸦片之流毒、风水之阻害，亦一切禁止。"[①]民国建立之后，孙中山作为临时大总统发布了一系列旨在改革风俗的政令。革除前清官厅称呼、禁止赌博、禁止买卖人口、禁止缠足、禁止吸鸦片、限期剪辫、倡议改历等等。这些大刀阔斧的改革措施，在短时间内立竿见影。蔓延了成百上千年的习俗如蓄辫子、裹小脚，在这场轰轰烈烈的革命中，渐渐销声匿迹。在如何移风易俗的方法上，革命派产生了分歧。一种支持西化，一种主张复古。而孙中山等人却高瞻远瞩，做出了中西调和的决策。以改历为例，1912年颁布的《命内务部编印历书令》中，第二条规定新旧二历并存。第三条规定，新历下附星期，旧历下附节气。第四条规定，旧时习惯可存者，择要附录，吉凶神宿一律删除。[②] 这种方法不偏不倚，既屏除了封建迷信，又不至于盲目崇洋。新旧历合用的方法一直沿袭到现在。

辛亥革命失败了，革命派移风易俗的不彻底性，似乎已预示着它的不成功。譬如，女性的参政权就遭到了很多人的反对，连孙中山都只能妥协。而革命党人中也不乏多妻者。1912年，民国元勋胡瑛在北京公然于同一日与两女子结婚，广东同盟会会员叶夏声致函报社表示强烈愤慨。[③] 尽管如此，瑕不掩瑜，辛亥革命对习俗的改革还是卓有成效的："社会风俗人心，从某些部分看来，辛亥以后和以前大大改变了。所有卑贱、颓废、放荡行为，有些减少，有些完全消灭了。……辛亥革命无数头颅换来的，除推翻封建帝制以外，广大民众的体格、品格相当提高了。"[④] 应该说，辛亥革命时期对风俗的改造与前期有质的不同，革命派高举的反封建旗帜更符合社会现代化的需要，后来的改革也都是沿着这条路走下去的。

广州的诸多优势使它成为近代政治改革的中心地带。先天的自然条件，促成了广州发达的商业经济，同时又能够得风气之先、开风气之先。

---

① 广东省社会科学院历史研究所：《孙中山全集》（第一卷），北京：中华书局1986年版，第297页。

② 中国社会科学院近代史研究所、中华民国史研究室：《孙中山全集》（第二卷），北京：中华书局1982年版，第54页。

③ 《申报》，1912年11月15日。

④ 黄炎培：《我亲身经历的辛亥革命事实：辛亥革命回忆录》（第1集），北京：中华书局1961年版，第68页。

正是这种环境培育出了人民的开放性格和改革创新精神。戊戌变法和辛亥革命的领导都来自广州，就足以说明这一点。处在政治洪流中的广州，每一次改革都会对它有很大影响。这从民众日常生活的转变就可以看出来。很多习俗的转变都是从广州兴起，然后才波及全国的。如反缠足、兴女学、推广男女同校、争取女子参政权等。可以说，近代的广州是政治变革影响地方风俗的一个典范。

第三节　文化的冲突与并存

一、西俗东渐的冲击

（一）消费文化的变迁

西方习俗是伴随着洋货进入中国的。广州由于特殊的贸易地位，自然也是接触洋货最早的地区。鸦片战争以后，广州市面上更是充斥着大量洋货。而这些货品大都是消费品，如扶手椅、沙发、弹簧床、缝纫机、留声机、洋油、洋伞、洋针、洋线、毛袜、棉袜、手套、钟表、药品、炼乳、橡皮鞋、肥皂、面粉、玩具等等。从吃穿到娱乐，洋货已占领了广州人的日常生活。最初，洋货只是少数富人（尤其是洋商）用来装点门面的奢侈品。洋商们吃的是西餐、西饼、西洋糖果、外国罐头，穿的是棉毛织物、皮革靴履，用的也是各种各样的洋货。从一般的社会心理来看，富人由于拥有金钱，相应地也就具有自由选择生活用品和生活方式的权利。而这种自由是普通人所没有的。这对平民来说无疑具有诱惑力。富人的生活总是对普通民众起着一种示范作用。正是由于这种心理和需求，在广州人中间，出现了一种崇洋风气。为了挽回利权，同时满足民众的消费心理，很多“仿洋货”的行业在广州顺势而起。早在17世纪，广州人的模仿能力就已引起外国人的惊叹。一个18世纪末到广州的外国人说：“‘他们把所有在欧洲制造的产品模仿到了以假乱真的程度：从各种家具、工具、银餐具等器皿直至箱包。所有这些仿制品的工艺与英国制造的一样好，而价格要便宜得多。’在欧洲市场上出现过仿造中国的假古玩，现在轮到中国来仿造欧洲的新产品了。”① 这些模仿品价格都很便宜，普通群众也消费得起。这是生活方式改变生产方式的最明显的例子。据一位在1885年游历过广东的日本人黑田清隆所见，当时，广东人日常所用的器物，比北方人更多地使用外国产品。广州人还将新的生活方式带到了其他地方。他们成了被竞相模仿的对象。在天津，当地人都仿效广州人的装扮和习惯，例如吸纸烟。又比如，广州人习惯在衣襟下缝一布兜以便装置零碎物品，于是，天津人做新衣服时都要求加一布兜。“紫竹林通商埠头，粤人处此者颇多。原广东通商最早，得洋气在先，类多效泰西所为。尝以纸卷烟叶，衔于口吸食之。又如衣襟下每作布兜，装置零物，取其便也。近则津人习染，衣襟无不作兜，凡成衣店、估衣铺所制新衣，亦莫不然。更有洋人之侍童马夫辈，率多短衫窄绔，头戴小草帽，口衔烟卷；时辰表链，特挂胸前，顾影自怜，惟恐不肖。”② 诸如此类，足以见广州人领风气之先的事实。

到19世纪末，更多外国消费品进入广州寻常百姓的生活。“本地区最受欢迎的布匹依次是白色市布、本色市布、洋标布、擦光印花棉布。毛巾已普遍使用，并淘汰了国产品；据说较大的几种毛巾被广泛用来做内衣。现在，大量印花布从日本进口，几乎已完全取代了德国产品。越来越多的广东人，特别是手工艺人，穿起了西式棉汗衫和棉短袜。”③ 19世纪末，广州人对美国面粉的需求增长迅速。1882年只有12 857担，1891年上升到118 067担。在广州街头出售的饼干及糕点，都是用这种面粉制成的。除此之外，富有的广州家庭开始用炼乳来喂养婴儿，对扶手椅、沙发、弹簧床之类的西方高级家具也很感兴趣。而洋酒，特别是香槟酒，同糖果、饼干、沙拉油和罐头牛乳，一起陈列在许多商店的货架上。牛肉精和各种肉汁也成了广州人喜好的高级保健品。搪瓷器于1896年出现在广州，当时的进口价值为431海关两，到1901年，激增到12 334海关两。留声机、皮革钱包、钟表等外国奢侈品也成了广州城市居民的心爱之物。在1894年

---

① ［法］佩雷菲特著，王国卿译：《停滞的帝国——两个世界的撞击》，北京：生活·读书·新知三联书店1993年版，第502页。

② 张焘：《津门杂记》（卷下），天津：天津古籍出版社1986年版，第137页。

③ 广州市地方志编纂委员会办公室等编译：《近代广州口岸经济社会概况——粤海关报告汇集》，广州：暨南大学出版社1996年版，第856页。

（光绪二十年九月二十二日）的《岭南日报》上有一则出售洋货的广告：省城双门底开张的威建大药房，出售司各脱滋补乳、鱼肝油和花露水等各物。外来消费品对广州人的影响，还可从另一些事件中反映出来。1901 年 7 月，英国领事馆照会广州官员，称广州长寿里有一家华商所售的货物，为假冒英国公司的商品，要求官方出面制止。“假冒线盒”：“迩来洋货盛行，遍地皆是，即至一针一线，莫不尽夺利权。如日前英国领事官照会大宪云，长寿里有华商某字号，假冒英商布碌士公司线盒，骗卖伪线，于商务有碍，请为查禁等语。现大宪已如所请，札饬商务总局查明禁止矣。夫洋货何以流行，以其精良也。土货何以滞销，以其钝拙也。然则果能拣选纱料，讲究工夫，人将争购之矣，又何以假冒人之招牌哉。”① 这从侧面说明了洋货在广州的盛行。“问谁凭吊素馨斜，寂寞芳魂只自嗟。处处提倡崇国货，市场偏爱摆洋花。”（廖杏墀）② 甲辰年（1904）三月廿一日的《广东日报》上发表了一份“广东各洋关洋货进口及土货出洋价值最近调查表”，根据调查，当时广州的洋货进口价值达到 16 491 136 两。到 1913 年，牛奶已成为广东人饮食中的必需品。而牛奶公司也应运而生，还出现了牛奶干饼专利的申请等。洋货对广州人生活的影响可见一斑。

洋货在进入广州的同时，也将西方的生活习俗一起带进来。在广州人逐渐适应洋货的时候，他们也在慢慢地适应新的生活方式。从战前对西餐的排斥到战后充斥各个角落的洋货，广州人的生活以及文化都在悄然发生着变化。

（二）思想观念的更新

广州人很早就已经积累了与外国人打交道的经验，“番话”（“广东英语”，后来也被统称为“洋泾浜英语”）就是他们的发明。买办是广州的一个特殊阶层，他们是中外贸易中不可或缺的角色。买办懂得一些外语，并且帮助外商从事贸易活动，甚至照顾他们的家庭生活。而最早的买办自然出现在广州。这种先天优势使广州人在中外交流的过程中起了很大的作用。当广州对外贸易的地位下降之后，很多外商都迁往上海，而为他们联系、处理相关事宜的，大部分仍然是广州人。五口开放之初，在这些口岸

---

① 《安雅书局世说编》，光绪二十七年（1901）七月二十四日。

② 《广州历代竹枝词》，《羊城今古》1989 年第 4 期，第 29 页。

大显身手的几乎都是粤籍人士。“西方对中国的影响在广州人身上体现得最为明显。外国人家中的仆役、律师行中的中国商人、中国的鸦片商及宗教书籍分发者最初都是华南人，尤其是广州人。他们各操不同的方言（其实是不同的语言），各自有不同的行业规范，为上海、厦门等地的洋商服务，本身具有一种当地人无法比拟的‘洋气’。……他们经常身着西装革履，借此显示自己与众不同的身份。”①

随着对外交流的日益深入，广州人逐渐认识到西方文化的先进性，务实而开放的他们开始抛弃战前的鄙夷和战争中的仇视态度，用另一种心态去接受现实。1864 年，广州继北京、上海之后开设了同文馆。初时主要学习汉语和英语。此后，由于中外关系的加强，又增设了法文、德文等科目。广州同文馆培养了许多外交人才。而它的意义不只如此。“宏开馆舍庆同文，中外推诚两不分。盛德渐摩寰宇遍，梯航来仰圣明君。”（陈坤）②看得出，这首诗的作者是一个标准的旧式知识分子。他幻想着学习外语是为了将大清朝的威望遍被四海。而现实正好相反，广州人学习外语是为了更好地学习外国的知识和经验。由于一些人在洋务中获利，使得更多广州人想学习英文。为了满足这些人的需求，广州开办了一些私立的语言学校。19 世纪末，广州出现一种趋势：人们放弃旧学，学习西方学科，尤其是各种科学知识。光绪十八年（1892）的《中西日报》上登载了一则“教习英文”的广告：一个名叫罗沙路的外国人，精通中英文，会说广州话，并且熟悉洋务律例。曾经在香港臬司衙门做了十八年文案，如今退休，在广州设馆教习英语文字，地点位于河南洲头华光庙右邻第二间。广告词也极具说服力：“方今通商互市，中外一家。上而朝廷，时有玉敦珠盘之事，下而商贾，不乏梯山航海之人，莫不凭乎文字语言，方能通乎意气消息。”③ 说明学习外文是大势所趋，而且有利可图。“近日西学盛行，多通夷人语言文字，桀黠之徒趋之若鹜矣。”④ 根据 1904 年的调查，当时广州开设有 7 所专门的外语学校：2 所法文学校、4 所英文学校、1 所德文学

---

① ［美］费正清著，张沛译：《中国：传统与变迁》，北京：世界知识出版社 2002 年版，第 327 页。

② 雷梦水：《中华竹枝词》（四），北京：北京古籍出版社 1997 年版，第 2791 页。

③ 《中西日报》，光绪十八年（1892）六月十四日。

④ 李应珏：《广州府序》，《广东便览抄本》，广东中山图书馆藏本。

校。民国以后，学习外语的风气更甚，“学堂风气重英文，风度新充志士群。学得唉啤斯几句，居然蛮语傲参军”（张国康）。[①] 不仅是学校，即便是街头巷尾，通英语者也不乏其人，甚至连俗语中也有不少来自英语的词汇，如“第一”叫“林伯温”，“老人家”称“欧路文”，“铜币”为“仙”等，甚至英国的度量衡单位“磅”、“码”也为广州百姓所惯用。

由洋货到外语，再到文化教育和科技，西学就这样一点一滴地渗透到广州人的生活中，并且在逐渐改变他们的观念。基督教是较早渗透到广州本土的异质文化。其中，天主教在16世纪中叶登陆广东。19世纪初，新教也乘势而入。鸦片战争之后，更多的西方传教士涌入广州周边地区。清末民初，基督教在广州的发展很迅速，影响也相当大。教会创办学校和医院、兴办慈善事业，并且帮助本地人改革社会陋俗。在反对女子缠足、提倡男女平等诸多方面，基督教都曾经做过很大的努力。不仅如此，维新派的知识分子大都受过基督教的影响，而领导资产阶级改革运动的革命人士，很多本身就是基督徒。基督教对近代中国的影响是不可低估的。

新式教育的普及是西学对广州的又一贡献。1850年，外国传教士在广州创办了一所新学堂，但只招到三名学生，其中两名不久即被迫退学。其后西人还开办了各种新式学校，虽然收效甚微，但对本地的学校教育毕竟起了示范作用。在洋务运动中，清政府在广州开办了一些具有改革性质的学校。如培养外语人才的同文馆、聘请外国教员的广东水陆师学堂等。19世纪70年代，作为近代中国最早的留学生之一的容闳，回国后积极组织“官费生”赴美留学。起初，容闳在江浙、上海、福建一带开放省市招生，但是并没有得到民众的响应。于是回到家乡广东继续招生工作，不料应征者较为踊跃。第一批入选的30名学子中，有24个都是广东人。以后的三次招生，均以粤籍学生人数为最多，而且大部分来自广州地区。在总共招收的120名学生中，有76人是广州人。1887年，两广总督张之洞在广州西村设立广雅书院，开始采用不同于科举制的教学方法和内容来培养学生，使之成为两广地区的最高学府，影响深远。1891年，康有为在广州开办“万木草堂”，使新式学堂和西学的影响日益扩大。此后，这种带有西方色彩的新式学校，在广州逐渐多了起来。20世纪初，广州的新式学校

---

① 《广州历代竹枝词》，《羊城今古》1989年第4期，第28页。

有：5 所公立高等院校，94 所公立学校，3 所私立高等院校，168 所新式私立学校。在校学生达到两万余人。[①]“醉心美日与欧罗，授课分班各学科。设局专倡新教育，校员仍逊塾师多。”（胡子晋）[②] 尽管传统的私塾在民间仍然占主导地位，但是，新式学校的蓬勃发展预示着传统教育模式已是日薄西山：“罢行科举到而今，学校居然立似林。漫说新荫桃李好，已无城阙见青衿。”（孔沛然）[③]

西学对广州的影响还体现在医学和科技等方面。中国最早的西医院，就是由美国传教士伯驾于道光十五年（1835）在广州创办的博济医院。西医最早登陆中国就是在广州。最初到来的大部分都是传教医师，他们的目的是通过医药来介绍基督教。（当然一些人还有不可告人的目的。）这些人开设医局（诊所）、创办医院、医校、翻译医学书籍、开设药房等，把西方的医学知识和技术传入广州，客观上使人民获得了身体上的健康，并且在思想观念上也有了转变。到民初，广州已出现“西医门市百余家”。毋庸讳言，早期的传教医师为广州的现代医疗事业作出了贡献。

其他如报纸、自由民主的思想等，都对广州社会产生了深远的影响。这种影响可以从下列竹枝词中略知一二：“吸德文明风气早，自由花种自由开。此花不是寻常种，料自泰西异国来。”（徐朗轩）[④]“科学蒸蒸事扩张，六经芜秽虞苑荒。千年文献寻光孝，无复青蝇吊仲翔。”（邓维高）[⑤]“气象文明喜不禁，西关报馆盛如林。”（胡子晋）[⑥] 在中国人的传统观念中，女子不能抛头露面，要谨守闺门。并且以男女有别的借口，来强化男性的专权和女性的弱势地位。西方的平等观念为中国女性的解放奠定了基础。广州是较早实现男女平等的城市。“（羊城）迩来藩署前一带，每夕掌灯后，辄有妇女成群，时装革履，游行街市，或购买洋货、杂物。一班登徒子辈，相随猎艳，几有目不暇给之势，而彼等笑语自如，或口衔纸烟，

---

① 广州市地方志编纂委员会办公室等编译：《近代广州口岸经济社会概况——粤海关报告汇集》，广州：暨南大学出版社 1996 年版，1042 页。

② 雷梦水：《中华竹枝词》（四），北京：北京古籍出版社 1997 年版，第 2912 页。

③ 《广州历代竹枝词》，《羊城今古》1989 年第 4 期，第 27 页。

④ 《广州历代竹枝词》，《羊城今古》1989 年第 4 期，第 27 页。

⑤ 《广州历代竹枝词》，《羊城今古》1989 年第 4 期，第 26 页。

⑥ 雷梦水：《中华竹枝词》（四），北京：北京古籍出版社 1997 年版，第 2905 页。

毫无女子态度。是殆能知平等真谛者欤。”① 其后，最早的男女同校也出现在广州。这些都足以表明，近代广州人的观念在发生巨大变化。

二、广府文化的延续

历史上的岭南是古代百越民族的聚居地。后来，随着中原移民的不断南迁，当地的少数民族逐渐与汉族融合，形成了新的群体和文化。（罗香林认为，广府人混有汉、苗、瑶、摆夷、疍民以及黑人、阿拉伯人等血统，所以成为一种特别优异的民族。）② 广府民系、客家民系和福佬民系是该地区三个主要的汉族群体。广府民系分布的地区范围很广，而最具代表性的是珠江三角洲，其中心为广州市。清代广州府的管辖范围，大致就是珠三角地区。

（一）广府文化的形成

广府文化就是广府民系的文化。从广府人的历史渊源可以看出，他们的文化是一种融合性的文化，既有南越土著民族异端的色彩，又有汉民族正统文化的特点。

南越族的文化特征主要有：①崇巫尚鬼。南越人最显著的特征是断发文身，这种习俗与他们的宗教观念有关。南越族以图腾和祖先为其崇拜对象，具有明显的原始宗教的特色。由于南越人的生活与海洋休戚相关，而海洋又变幻莫测，因此他们希望借助神灵的力量以求得生存。屈大均说：“南海龙之都会，古时入水采贝者皆绣身面为龙子，使龙以为己类，不吞噬。”③ 这就是南越人以蛇为文身的原因。而从此处也不难发现南越人好巫鬼的习性。②开放兼容。南越族虽然处于边缘地带，却与外界长期保持联系。考古发现表明，在新石器时代，南越人已驾驶船只到达了海外的岛屿。到商周时期，他们已经与中原及长江流域的各国有经济文化上的往来。不但如此，他们还发挥了自然条件的优势，开展对外贸易。在这个过

① 《珠江镜日报》，丙午年（1906）五月十四。

② 罗香林：《广东民族概论》，《民俗》（第三册），上海书店影印，1983 年版，第 20 页。

③ 屈大均：《广东新语》（卷二十二），北京：中华书局 1985 年版，第 545 页。

程中，南越文化不断吸收百越各族和中原汉民族的先进文化因素，体现出强烈的开放兼容特色。③冒险进取。在与大自然共生的过程中，百越族逐渐形成了勇猛刚强、敢于冒险的民风："粤东居岭海之间，会日月之交，阳气之所，极阳则刚，而极必发。故民生其间者，类皆忠贞而文明，不肯屈辱以阿世，习而成风。"[①] 从陆地上来说，珠三角属于亚热带，丛林密布，气候湿热，极易滋生细菌，被称为"瘴疠之地"，兼有毒蛇猛兽，因此赋予了南越人顽强的生命力。从水上来说，广阔的海洋孕育了南越人开放的胸怀。同时，惊涛骇浪又造就了他们不畏艰难险阻的挑战和冒险精神。惟其如此，他们才能生存和发展。在谈到地理与文明的关系时，梁启超有一段很精辟的阐释："海也者，能发人进取之雄心者也。陆居者以怀土之故，而种种之系累生焉。试一观海，忽觉超然万累之表，而行为思想，皆得无限自由。彼航海者，其所求固在利也。然求之之始，却不可不先置利害于度外，以性命财产为孤注，冒万险而一掷之。故久于海上者，能使其精神日以勇猛，日以高尚。此古来濒海之民，所以比于陆居者活气较胜，进取较锐。"[②]

广府文化是中原文化与南越文化的融合。与南越开放性的海洋文化不同，中原文化是一种封闭性的农耕文化。这种文化最明显的特点是自耕自足、重视血缘宗法、讲究伦理制度等。随着人口的南迁，移民将中原文化带到了岭南，并对当地的文化产生了巨大影响。"自汉末建安至东晋永嘉之际，中国之人，避地者多入岭表，子孙往往家焉，其流风遗韵，衣冠习气，熏陶渐染，故习渐变而宿庶几同中州。"[③] 移民不仅带来了先进的生产技术，还带来了儒家的思想观念。忠君、爱国、孝悌、贞节等封建伦理道德观也逐渐融入本地文化之中。移民在促进当地的经济生产和文化教育等方面都取得了巨大的成就。而南越文化的各种特质也显示出它强大的延续能力。移民们也慢慢适应了本地的文化氛围，并融入其中。大概在宋代的时候，南越族已基本汉化。这意味着独立的南越文化或中原文化在珠三角已不复存在，取而代之的是一种新的区域性文化——广府文化。它是南越

---

① 温汝能：《粤东诗海·序》，广州：中山大学出版社 1999 年版。

② 梁启超：《梁启超全集》（第二册），北京：北京出版社 1999 年版，第 944 页。

③ 黄佐：《广东通志》（卷二十），广东省地方史志办公室誊印，1997 年版，第 399 页。

文化和中原文化共同孕育出的宁馨儿。

（二）广府文化的特点

对广府文化和广府人的民性，学界已做了大量研究，概括起来，主要表现在以下三个方面：重商务实、冒险进取、爱国护家。

重商务实的传统。广府人的重商，首先取决于其优越的自然条件。广州港水位深、流量大、不淤塞，是一个天然良港。加上这又是一个近海的河口港，港口就位于珠江岸边。珠江常年保持充沛的水量，出海航运非常便利。而珠江水域极广，内河交通也很发达。正所谓“靠山吃山，靠海吃海”。广州人面对广阔的大海，积极寻求出路。于是，对外贸易自然而然地发展起来。早在西汉的时候，海上丝绸之路已初步形成，广州（当时叫番禺）成为一个商业大都会：“中国与罗马等西方国家之海上贸易，要以广州为终止点。盖自 3 世纪以前，广州即已成为海上贸易之要冲。”① 在广东商人中，广州帮的人数最多，资本最雄厚，影响也最广泛和深远。很多著名的商人家族都是广州人。广州人务实逐利、吃苦耐劳的精神在商业过程中表现得最为突出。广州商人还大胆地走出国门，远涉重洋，到海外去发掘商机。在国内，很多偏远的地区都有广州商人的身影。他们也因此获得了好名声：“广州人属于中国的加泰隆尼亚人。他们和苏格兰人一样富于创业精神，很容易使自己适应各种场合。他们吃苦耐劳，精明谨慎，雄心勃勃，即使在中国最偏远的地区都能看见他们，他们靠步行到达各地。”②

广州商人极具经营理念，这也是他们取得成功的条件之一。“粤人之设肆贸易者，于营业之方法颇能讲求。如国货、绸缎、洋货诸肆，均任人观览，不问为谁，皆可迳入，肆人绝不加以白眼也。故著名之洋货公司，自晨至夜，终日喧阗，游人极伙。盖舶来品皆为奇技淫巧之物，必使人详观之，方足以引起其购买之兴趣。苟珍袭椟中，不令他人浏览，则人且不知某肆之有某物，又何论于购买也。吾国侨商之旅外贸者，以粤人为最多，势力亦以粤人为最盛。粤人之营业思想，固较胜于他省人也。”③ 广州

---

① 黄启臣、庞新华：《明清广东商人》，广州：广东经济出版社 2001 年版，第 35 页。
② ［英］莫里循著，张皓译：《中国风情》，北京：国际文化出版社 1998 年版，第 217 页。
③ 徐珂：《清稗类钞》（第五册），北京：中华书局 1986 年版，第 2331 页。

商人也善于把握机会。这种能力在近代的商品贸易中被发挥得淋漓尽致。在洋货盛行的时代，广州人的创新性和开拓能力表现在“仿洋货”的制造上。他们引进西方的机器和技术，生产出物美价廉的产品。一方面，可以挽回外溢的利权；另一方面，他们无形中也促进了民众生活的改变。在内地的很多地方，都能看见广州制造的“仿洋货”，一些人甚至将洋货称为“广货”，足见其影响之大。在商品意识的影响下，广府人形成了务实的个性。他们不是高谈阔论的空想家，而是精打细算的实干家。只要实际、实用，广府人都会乐于行动。对待洋货和西学如此，对待辫子和小脚也是如此。广府话讲求意头。猪肝称为“猪润”，猪舌称为“猪脷”，“空屋出租”称为“吉屋出租”等等。这与广府人重商逐利、务实的文化传统是一致的。

冒险进取的精神。梁启超以为，欧洲之所以优于中国，主要在于欧洲人富于冒险进取的精神。[①] 杨成志认为，广府民系之所以能够占据岭南最富饶的地区，并且向外发展，就是依靠他们的竞胜与勇进的素质。[②] 在社会升平的时代，冒险精神的意义难以得到彰显。但是，每到民族发展存亡的关键时刻，这种特质就表现出了它的优越性。远古先民为生存而冒险，中原移民为发展继承了冒险，到近代，在社会发生变革的时候，冒险精神的重要性又一次被提了出来。梁启超说，过渡时代最需要的德性之一就是冒险性：“过渡者，改进之意义也。凡革新者不能保持其旧形，犹进步者必当掷弃其故步。”[③] 从康有为、梁启超到孙中山，他们发起的运动都是史无前例的，也都体现出他们身上的冒险精神。如梁启超所言，正是由于这种冒险性，才使他们成为时代的英雄人物。除了这些领袖人物外，还有很多广州人以他们的胆量和勇气，为民族兴亡谱出了壮烈的乐章。在辛亥革命期间，为了推翻清政府统治，革命志士以身犯险，不惜用血肉之躯来推动革命前进的步伐。在暗杀活动中，有很多参与者都是广州人。正是因为他们的努力，才使积贫积弱的中国社会逐渐走上现代化的道路。在近代历史上，广州创造了许多第一，这都取决于广州人的创新性和开拓性。而这

---

① 梁启超：《梁启超全集》（第二册），北京：北京出版社 1999 年版，第 667 页。

② 杨成志：《广东人民与文化》，广州：国立中山大学研究院文科研究所 1943 年版，第 102 页，广州中山图书馆藏本。

③ 梁启超：《梁启超全集》（第一册），北京：北京出版社 1999 年版，第 466 页。

两者又都与冒险进取分不开。"如本地人（广府人），其活泼的禀性与巨大的奋励精神，早已出现多数的代表人物，占改革运动的重要部分。"①

爱国护家精神。岭南几次大规模的移民潮，大都是由战乱造成的。在这些移民中，有很多都是阖族搬迁。在跋山涉水的漫漫长路中，移民们也自动结为群体，以抵御外来侵害。到达广东以后，他们也是聚族而居，逐渐形成新的团体。南雄珠玑巷就是一个这样的大家庭。在生存和发展的过程中，或者以地域为界，或者以宗族为限，不同的人群依靠集团的势力，互相竞争。这些都使得他们的集体观念得以巩固。岭南人的乡土观念极为浓厚，对家庭、宗族和家乡的强调和重视，后来演变成了对国家危亡的担忧。梁启超曾说过："爱乡心扩而大之，即为爱国心。"② 其次，在很长的一段时间内，岭南是忠臣义士被流放之地。这些人必然对当地人民有所影响，忠君爱国的观念也逐渐形成于人民心中。再次，宋、明末年的移民高潮促使爱国主义、民族主义在广州人内心深处扎根。宋末，逃亡岭南的宋室君臣以此为基地抗击元兵，激励了当地人民的爱国精神。明末，明朝的遗臣也退守岭南，与清政府进行了长时间的对抗，使当地人民遭受了残酷的战祸。因此，民间反清的情绪高涨，民族主义盛行。可以看出，爱国主义是岭南文化也是广府文化的光荣传统。在鸦片战争时期，广州人的所作所为是对这种精神最好的诠释。为了抵御外族侵略，广州人民进行了长期不屈不挠的斗争。尤其是在拒绝英军入城的抵抗中，广州人誓死捍卫家园的精神闪耀出异常动人的光芒。如果说早期广州人更关注的是家族的兴衰，那么，到了近代，他们的注意力则开始转移到国家和民族的大义之上。"广东人视清政府如同路人一般，然而对自己国土的观念极为热烈。忽视冷淡甲午战争，太后驾崩一点也不表示注意。他们在二辰丸事件起来以后，都用'爱国'二字作商标，使商品在偏僻地方受到欢迎。为禁止鸦片而以'中兴'为商标的火柴，以燎原之势扩大其销路，足见广东人心的向背。"③ 在拒绝美货、日货的各种活动中，广州人的爱国心得到了最充分

① 中国社会科学院近代史研究所、近代史资料编辑部：《近代史资料》（七十五号），北京：中国社会科学出版社 1989 年版，第 242 页。

② 梁启超：《梁启超全集》（第五册），北京：北京出版社 1999 年版，第 2842 页。

③ 中国社会科学院近代史研究所、近代史资料编辑部：《近代史资料》（七十五号），北京：中国社会科学出版社 1989 年版，第 244 页。

的体现。在这个过程中，民众的观念完成了由家庭到宗族再到国家民族的升华。在清末的各种革命活动包括辛亥革命中，以广州人为主的粤籍党人前仆后继、为国捐躯。冒险精神在爱国主义的驱使下，发挥了巨大的能量，促使广州成为近代中国革命的中心。除此之外，广州人对国家和社会的发展也非常关注。以康有为、梁启超等人为主的维新运动以国富民强为目的，孙中山领导的旧民主主义革命同样也是出于对国家民族的关切。这些都是爱国主义的表现。无论是抵抗外来侵略，还是倡导社会改革，广府文化处处体现出这种难能可贵的传统。

第四节　城市现代化的影响

鸦片战争对广州的城市发展也产生了很大影响。西方的生产、生活方式带着强烈的侵入性进入广州，为广州带来前所未有的变化：一方面是经济地位的降低以及经济的衰退；另一方面是城市建设的发展和城市生活的改善。一个社会发生变化，主要是通过物质和精神两个领域表现出来的。相对而言，意识形态的变化比较缓慢，而且是间接的；物质的变化则是最直观、最明显的。城市的变化首先表现在城市建设上。城市的发展是以城市基础设施的逐步完善为表征的。从清代末年开始，广州已步入城市建设的现代化历程。广州城建的变化主要体现在建筑、交通和照明等方面。

“大新高楼十二层，巍峨俯瞰五羊城。西堤东堤好风景，夜来携手与郎行。”（易石公）① “大东东亚又西濠，酒店趋时竞俊髦。建筑谁家夸第一，层楼还让大新高。”（胡子晋）② 大新、先施、真光、东亚、西濠都是当时广州著名的建筑。先施公司由澳洲华侨马应彪投资，1914 年在长堤创建，是一个集百货、游乐于一体的大型百货公司。位于西堤的大新百货公司建于 1918 年，高达十二层，并且设有升降机：“本公司层楼十二，高瞩千里，特设备升降机四架，敏捷自如，俾游客登临，如凌空之椅，无烦步

① 《广州历代竹枝词》，《羊城今古》1989 年第 4 期，第 25 页。
② 雷梦水：《中华竹枝词》（四），北京：北京古籍出版社 1997 年版，第 2897 页。

履之劳。”[①] 高楼大厦的出现，是城市现代化的表现之一。

虽然广州一直都是重要的商贸城市，但是广州城内的街道却异常狭窄、拥挤不堪。直到19世纪末，这种状况才开始有了些许改变。1886年，两广总督张之洞在珠江北岸修建了一条长120丈的堤岸马路，并建了一座很大的码头——“天字码头”。这是广州修筑马路的开始。民国七年（1918），广州市政公所拆城筑路，使市内交通得到极大改善：“羊城今日已无城，不待佳人一笑倾。试上五层楼上望，马路车水路纵横。”（铨伯）[②]“穗垣景象不相同，马路新开四面通。纵使疏狂如阮籍，料应无复哭途穷。”（罗衡厂）[③] 光绪三十三年（1907），广州建成全国最早的一条公路——东沙公路。路况的好转也使交通工具有了变化，轿子逐渐式微，取而代之的是人力车、马车、脚踏车、摩托等。“马车快比手车多，息鞭亭过又沙河。于今此路游人少，摩托如飞似织梭。”[④]（罗衡厂）不仅城市居民可以享受交通变化带来的便利，农民的生活也因此发生了改变：“白云山下燕塘圩，怀葛风留太古初。同轨化行民俗变，村农入市也乘车。”[⑤]（孔沛然）如果说马路缩短了城市居民之间和城市乡村之间的距离，那铁路则维持着广州与其他城镇，甚至与其他省份的联系。“铁道车程送我郎，问郎何日转还乡。郎心今道不如铁，路线还输妾恨长。”[⑥]（张国康）清光绪二十九年（1903），广州至三水的广三铁路全线通车，是广东省最早建成的铁路。陆路如此，水路也由于交通工具的改进得到了改善：“游河快艇昔无奴，改用三扒胜画艛。人力终输机器力，电船今已遍珠江。”[⑦]（罗衡厂）

“金乌坠后电灯明，夜夜如游不夜城。别放大光俱乐部，愿郎听取鹧鸪声。”（诵先氏）[⑧]“电灯到处烂凝眸，堤内笙歌堤外楼。车水马龙人尽

---

① 慈航：《广州指南》，上海新华书局印行，1919年版，广东中山图书馆藏本。
② 《广州历代竹枝词》，《羊城今古》1989年第4期，第28页。
③ 《广州历代竹枝词》，《羊城今古》1989年第4期，第27页。
④ 《广州历代竹枝词》，《羊城今古》1989年第4期，第27页。
⑤ 《广州历代竹枝词》，《羊城今古》1989年第4期，第27页。
⑥ 《广州历代竹枝词》，《羊城今古》1989年第4期，第28页。
⑦ 《广州历代竹枝词》，《羊城今古》1989年第4期，第27页。
⑧ 《广州历代竹枝词》，《羊城今古》1989年第4期，第30页。

醉，春风十里胜扬州。”（道生园主人）[1] 爱迪生发明电灯是在1879年，而广州最早亮起电灯是在光绪十四年（1888）。时任两广总督的张之洞从美国购买了一台小型发电机，并在督署衙门兴建了发电机厂房，使总督衙内有了灯光。1890年，旅美华侨黄秉常创办了中国第一家电灯公司——广州电灯公司。新闻媒体报道了这件事：“电灯公司现寓源昌街，每晚在门前燃放，电灯光耀异常，如同白日，都人所未见，结队来观者如水如云，路为之塞。闻俟择有宽旷地段立局，所安置机器始能逐渐推广云。”[2] 电灯由于照明度强，价格相对便宜，而且还减少了因为使用油灯而带来的火灾，因此受到了广州市民的欢迎。两年后，在广州的40条街道和商店及公共场所，已安装了大约700盏电灯。到19世纪末，电灯在广州已得到普及。城外五分之三的街道上，或多或少都装上了电灯。使用电灯照明的店铺越来越多，有些还拥有私人的发电机。电灯对城市生活，尤其是夜生活的发达起了决定性的作用。洁净的食用水也是长期困扰广州市民的一个问题。19世纪末，要求改善城市供水的呼声时有所闻。1906年，广州出现了半官方性质的自来水公司。到1910年，所有主要街道都铺设了自来水管道，有1万多户家庭用上了自来水。这对改善市民的生活环境起了很大作用。

城市的现代化促进了城市生活的现代化，因而也引起了民众生活观念的转变：开始注意街道的清洁卫生和提高自身素质（接受教育和锻炼身体等）。1891年，广州成立一家清洁公司，专门收集并运走街道上的废物和垃圾。20世纪初又成立了洁净局，由巡警总局管理。广州的街道原本就狭窄，加上逐年增添的各种建筑随意侵占街道，使得官街愈发显得狭隘。而各家轿房的轿子也当街随处停放，致使通行受阻。不仅如此，街道的卫生情况也很令人担心。各类菜市鱼摊将果皮鱼屑任意丢弃，造成污水横流、臭味熏天，过往行人苦不堪言。为了整治街道，警局发布告示，对省城街道的卫生和管理做了规定。一方面讨论设立专门的菜市；另一方面，也对各种违规行为采取了管理措施，并且加大了处罚力度：“晓谕仰街坊商民、轿夫人等，一体知悉。须知侵占街道，大干禁例，污蔑道路，有碍行人，此后建造房屋，只准缩入不准占出。俾使街道宽展，逐渐整齐。各街轿

---

① 《广州历代竹枝词》，《羊城今古》1989年第4期，第27页。

② 《申报》，1890年8月9日。

房，亦不得任意将轿停放街中。鱼摊菜场，有铺户者，不准摆设门前外，其借赁门口者亦不得任意拥塞，乱弃鱼鳞菜根，致碍行人有违洁净，自示之后倘敢故违，沉抗不遵诰诫，一经查出，定必拘案惩罚，不稍宽贷，各宜自爱遵守云。”① 民国初年，广州的城市卫生系统已进入比较成熟的阶段。全市划分了6个卫生区，雇用了大约1 000名工人组成清洁队，每天清扫街道。② 还在街道附近设立熏洗所，每天派人监督工人挑水洗扫街道，以保持街市的卫生。这些举措都促使广州城市的现代化程度有所提高。

广州市民在接受新事物的同时，生活观念也在积极转变。他们开始重视生活质量和关注身体健康，并以很高的热情投身于其中。早在1887年，广州就已经修建了一个长25米、宽15米的室内游泳池。③ 1906年，广州出现了一个公立体育广武学会，专门研究体育科学，并以提高民众身体素质为目的。④ 1906年1月10日、11日这两天，由两广学务处发起，在广州大东门外大较场举办了广东运动会，这是中国最早的大型运动会之一。“每学堂皆备有军乐、旗帜，整队入场，计学生之数共有一万千余之多，比赛之技共有五十余种”，获胜者获得金银牌和奖旗等，这种奖励形式，已具有了现代意味。⑤ 民国以后，在广州还举行了各种城市运动会。学校里也经常组织体育比赛，足球、排球、跳高、跳远、自行车比赛等现代体育项目已经出现在体育比赛上。而步行也成了广州市民的一种新风尚：“吾粤自反正后，在城官商，除用藤兜之外，其西庄革履步行者，实居多数，以是各街轿房劳动人家，大有今非昔比之叹。”⑥ 其原因一则因为轿子过时，二则由于步行可以锻炼身体。公园、游乐园、公共图书馆等的建立，也使广州人的休闲娱乐方式日趋现代化。

---

① 《珠江镜日报》，丙午年（1906）五月初八。

② 广州市地方志编纂委员会办公室等编译：《近代广州口岸经济社会概况——粤海关报告汇集》，广州：暨南大学出版社1996年版，第1046页。

③ 成都体育学院体育史研究室编著：《中国近代体育史简编》，北京：人民体育出版社1981年版，第54页。

④ 《珠江镜日报》，丙午年（1906）五月初八。

⑤ 《时报》，1906年1月19日。

⑥ 《民生日报》，1913年1月24日。

第五节　近代广府风俗嬗变的“涵化”理论分析

从理论的角度来分析，本书涉及文化变迁的问题。从表面上看，发生变化的是社会观念和行为方式，究其实质，是文化的变迁。“文化变迁与社会变迁密切相关。社会变迁指社会各方面现象的变化，或更确切地说指社会制度的结构或功能发生的改变。而文化变迁总是与之相伴随，所以有的人类学家索性用社会文化变迁一词。”① 近代的中国处在一个社会急剧变化的时期，无论是社会制度还是社会形态都与之前有很大的不同。这种变化最直接地体现在文化的变迁上。

按照人类学的观点，文化变迁的主要原因有两个：一个是由社会内部产生的；另一个则是由外部的环境变化而导致的。用这种观点来解释近代广府风俗的嬗变是非常合情合理的。一方面，从鸦片战争开始，由于清政府的软弱无能以及封建制度的弊端而导致的各种社会问题得以凸显。面对西方的坚船利炮，有志之士不得已而寻求变革的出路。另一方面，作为最早通商口岸的广州，在战前已经接触了大量西方器物，战后更是在西风美雨的浸染之下。因此，生活和文化的变化是不可避免的趋势。而辛亥革命更是中国社会发展的一个转折点。受过西方教育的知识精英们，试图用民主、自由、平等的新思想来发起民心，从而改变中国的社会现状。如果说前一时期的变革主要是由外部环境所逼迫的，那么后一时期的改革则主要是从内部产生的。前一阶段，外部环境是主因，内部原因是次因。后一阶段，内部原因是主因，而外部环境是次因。就外部原因而言，也有不同的类型。有的是纯粹的暴力因素。那些被殖民的国家或民族，就是由于这个原因而发生文化变迁的。有的主要是文化模式的影响。这就是所谓强制涵化和非强制涵化的区别。从广府风俗的变化过程来看，在鸦片战争阶段已经开始，包括服饰、生活用品、医学、科技、新式教育等等。但是，大规

---

① 黄淑娉、龚佩华：《文化人类学理论方法研究》，广州：广东高等教育出版社1998年版，第209页。

模的、深刻的变化，还是在辛亥革命之后才出现的，比如剪辫、文明结婚、女性的解放等等。可见，内部原因比外部原因在广府文化的变迁中起了更重要的作用。

涵化是文化变迁的主要内容。到 2003 年，西方学术界关于“涵化”概念的解释多达 126 种。其中，经典的涵化定义是由雷德菲尔德（R. Redfield）、林顿（R. Linton）和赫斯科维茨（M. J. Herskovits）提出的：“涵化指的是这类现象，亦即具有不同文化的数个群体的个体之间，发生持续的、直接的接触，结果导致一方或双方原有文化模式发生变化。”① 涵化就是一种文化从其他文化中获得对新的生活环境的适应过程，是一个文化传递、交流和整合的过程。

20 世纪 90 年代，跨文化心理学家、加拿大学者贝理指出，完整的涵化概念必须包括群体和个体两个层面，不仅要关注群体在文化层面上的涵化，也要注意个体在心理层面上的涵化。群体层面的涵化主要表现在社会组织和政治制度等的变化。而个体层面则更多体现在个体在言谈、衣着、饮食等方面的行为、价值观念、态度乃至认同等方面发生的变化。② 从近代广州的情况来看，新的政治制度在辛亥革命之后业已建立。而这不是本书讨论的对象。风俗的变化主要有赖于民众生活和观念的变化。因此，通过个体的衣食住行的变化来关注涵化的产生更具有说服力。本书即侧重于分析大量个体在变革时期的行为，来说明习俗变化的原因，并大致描绘出一幅近代广府风情画。可以说，近代广府风俗就是涵化的结果。其中，既有融合，也有排斥。

贝理认为，“涵化中个体文化认同包括两个维度——保持本群体传统文化的倾向性以及和其他群体文化交流的倾向性。这两个维度是相互独立的，也就是说，对某种文化的高认同并不意味着对其他文化的认同就低”③。不仅如此，贝理还根据个体在面对涵化时的不同表现，区分出了四

---

① 转引自常永才：《人类学经典涵化概念的局限及其心理学视角的超越》，《世界民族》2009 年第 5 期，第 33 页。

② 转引自常永才：《人类学经典涵化概念的局限及其心理学视角的超越》，《世界民族》2009 年第 5 期，第 36 页。

③ 转引自常永才：《人类学经典涵化概念的局限及其心理学视角的超越》，《世界民族》2009 年第 5 期，第 37 页。

种文化适应策略：整合、同化、分离和边缘化。整合是将外来文化与自身文化加以融合；同化是外来文化被主流文化合并；分离是对外来异文化的抗拒；边缘化则是对原有文化和外来文化都加以排斥。在近代广府风俗中表现比较突出的，是整合和分离两种情形。本书所探讨的广府风俗包括新风尚和传统习俗两大类。大体而言，新风尚是整合的结果。无论是穿着打扮还是文明结婚，都表现出中西文化融合的趋势。而传统习俗则表现出了分离的一些特点。在民间信仰方面，民众对外来文化的入侵曾经表现出了强烈的抗拒态度。不过，在对待岁时节日等传统方面，民众的反应说明，他们更多的不是对外来节俗的排斥，而是对自身传统的坚持。正因为如此，近代广府风俗才呈现出中西结合、新旧并存的特点。并且，这个涵化的过程也是广府文化的扬弃过程：一方面，移风易俗得以实施，具有现代意识的良风美俗初见端倪；另一方面，传统仍然是本地文化的根基，否则，也就不能称其为广府文化了。诚如清初学者叶梦珠在《阅世篇》中所言："一代之兴必有一代冠服之制，其时尚随时变更，不无小有异同，要不与世迁流，一新一时之耳目，其大端大体，终莫改焉。"

从涵化的行动特征来划分，涵化又分为强制涵化和非强制涵化两种类型。前者是某个文化群体通过军事武力或强权政治等方式，来强迫另一群体放弃自身文化的过程。这种方式通常都会引起被涵化群体的强烈抗争。相反，非强制涵化主要是通过文化交流，来促使原有文化要素（比如生活方式）的变化。这种方式相对比较温和，也比较容易被接受。以发式的变化为例：清政府初期采取的"留发不留头"的粗暴手段，曾经导致无数流血冲突，也成为中华民族交流、融合过程中的一个惨痛记忆。而近代广州的剪辫运动，最初是由知识分子和商人发起的，其中大部分人都有留洋的经历，他们以发展生产、促进卫生和民族振兴等为口号，将西方的观念和经验注入剪辫运动。他们的方式主要是以身作则、演讲宣传等。就是这些手段，逐渐在社会上显现出成效。到辛亥革命时期，剪辫已然成为一种社会潮流。辫子也就逐渐退出了历史舞台。

小 结

大体来说，风俗发展演变的原因有经济的、政治的、地理的、文化的等等。同时，经济、政治和文化也是社会现代化的主要因素。风俗和现代化原本是两个概念，但是，在近代的广州，它们之间有了联系，相互影响直到现在。（大多数学者认为中国的现代化是从鸦片战争开始的。）

先天的地理优势，使广州成为中国对外交流的前沿。这对地方经济、文化以及人民个性的形成都大有裨益。从明代晚期开始，广州的经济地位逐步上升，到清代已成为大清帝国的经济命脉之一，尤其是在对外贸易方面，其作用更是首屈一指。在封建专制统治下的广州人，简朴勤奋，富有创造精神和容纳的胸怀，在对外交流中有一种优越感。但是，两次鸦片战争改变了广州和广州人的生活。大众的行为习惯和价值观念在战争的冲击下开始蜕变。几个广州人的呼号代表了当时社会精英的声音。他们为了国家存亡积极寻求改革之道。在外来压力和内在动力的双重作用之下，广州一步一步艰难地率先走上了现代化的道路。可想而知，在这个过程中，风俗民情也会随之发生变化。

经济是现代化的首要内容。近代广州的对外交流是通过对外贸易来实现的。对外贸易的活跃说明经济已突破地域限制，具有了国际性的特征。正是这种贸易关系为文化的交流奠定了基础。而工业技术的引进也具有划时代的意义。以缫丝业为主的广州手工业逐渐走向工业化，这不仅促进了经济的增长和现代化，还对当地的女子不嫁风俗起了推波助澜的作用。政治改革在社会现代化过程中的作用也不可低估。以推动社会发展为前提的政治精英敏锐地发现，要实行风俗改革才可以改变老百姓旧的生活习惯和观念，然后才能达到改变社会的目的。于是，移风易俗成了政治改革的重要部分。西方文化从器物到思想，逐步融入到广州的文化之中。洋面、洋装改变了广州人的生活习俗，而民主自由的思想则进一步对社会改革产生影响。在异质文化的冲击下，广州本地的文化也经历了吐故纳新的过程，焕发出了时代的光彩。在这些变化中，最为明显的是城市的现代化变迁。各种现代化建筑和设施成了广州市的一道道亮丽风景。与之相辅的，是市民生活方式的现代化。这些都是促使当地的风俗发生变化的主要因素。

在这种中西结合、新旧交替的背景下，广州的风俗必然呈现出一种复杂的状态：新风尚和传统习俗并存。新风尚是移风易俗的结果。有的是对旧习俗的颠覆，有的是对传统的扬弃。同时，传统习俗在传承中也或多或少地发生着变化。这就是社会大变革时期的特色。

第三章

近代广州的社会风尚

上导之为风，下习之则为俗。风就是风尚。所谓风尚，是一定社会时期中社会上流行的风气和习惯。风尚最初只是部分人的专利，但是，随着社会的发展，一些风尚被广泛接受，逐渐传承下来而形成习俗。社会风尚是风俗演变的结果，与移风易俗的现代化要求相适应。

第一节　从头到脚的革命

一、发式习俗的改变

满族入关之前，汉族男子都是蓄发挽髻的。清朝建立之初，为了巩固其统治，统治者强制汉族人民剃发，为此而引起了一场又一场剃发与反剃发的斗争。头发的去与留成了民族矛盾的集中表现。随着清政府政权的稳固，剃发留辫的发式逐渐普及，成为俗制。这种习俗延续了两百多年。及至近代，反对清朝统治的人重新向辫子发起攻击。19 世纪 50 年代，洪秀全领导的太平天国，就坚决反对剃发，并且重新蓄起头发。当时的外国人对这种举动表示赞赏："妇女摆脱了缠足的恶俗，男子摆脱了剃发垂辫的奴隶标记，这是太平天国最显著、最富有特色的两大改革，使他们的外貌大为改善，和在鞑靼统治下的中国人的外貌显出了巨大的区别，并表现了巨大的改进。"① 戊戌变法期间，康有为向光绪皇帝上奏《请断发易服改元折》，其理由大致如下：①辫子不便于作战；②辫子对操作机器有碍，不利于生产，进而影响社会发展；③垂辫容易产生污垢，有碍观瞻；④辫子遭外人耻笑。与前人所不同的是，康有为倡导的发式不是留发，而是剪辫。他的目的是为了谋求清王朝的发展，而并非反对政府。这使他的意见有被采纳的可能。

广州早已出现剪辫事件，但与后来的剪辫运动不同。开始，剪辫是妇

① ［英］呤唎：《太平天国革命亲历记》，上海：上海古籍出版社 1985 年版，第 240 页。

女对付登徒子的行为。广州民间认为，剪掉辫子是不吉利的。因此，女性往往以剪刀作为防卫武器，不轨男子生怕辫子受损也就不敢接近了。而那些出洋者，既要顾及外国人的眼光，又要遵循习俗，因此采取了一种折中的办法。等船起航以后才开始剪辫，而且并不完全剪掉，还要留一些盘在头顶。[①] 足见辫子在时人心目中的地位。剪辫之举反而说明了辫子的重要性。到19世纪末20世纪初，随着民主思想的兴起，辫子成了革命与否的标志，辫子的去留被看作民族振兴的关键。越来越多的社会精英疾呼剪辫，广东人的意愿显得尤其迫切："做乜人话要长你就长，人话要短你就短，终日听人拘制，总不肯跳出奴圈，好似一只曳尾猕猴，将体格作贱，就係满清无谕咯，亦要自己揸权，我大叫汉族一声，你休眷恋。唉，随我便，操刀来割断。"[②] 广州是最早发起剪辫的城市之一。起初，反对蓄辫的人将辫子盘在头顶，然后戴上帽子，或者搭在口袋中。这种行为很快演变成剪辫的举动。丙午年（1906）十一月十九日的《广东日报》登载了一则消息：一些广州人好端端的突然没有了辫子，社会上谣传是妖人所为。有人认为这只是剪辫的借口。作者将此事称为剪辫的先声，大加称赞。最初，响应者多是学生。此时，剪辫之举在广州城里已成了一种时尚。大部分城市居民对这种行为渐已认可。"（1906年2月16日）岭南学堂之学生，同日剪辫者数十人。近日剪辫之旅客由洋回乡，行游城市，见者不唯不惊为奇，且赞之曰时尚。"[③] 连官家子弟也加入了剪辫的队伍。有的"疑为妖人所为"，而更多的则是"不惊不奇"。民众的心态也在悄悄发生变化。1907年第一期的《广东白话报》上刊登了一篇评论，极力劝说众人剪辫。原文是用粤语写成的。作者从辫子的来历讲起，将辫子与国仇家恨等同起来，号召民众剪辫。如果说这种思想境界一般人难以企及的话，那么另一种反对辫子的理由就比较容易让普通人接受了。一首"嘲发辫诗"写道："脑后长垂似钓竿，匀编三股发鬈鬈。鞠躬每向胸前曳，遗屎还从颈下盘。倚枕蓬松艰帖服，架衣垢腻碍瞻观。而今国粹将焉用，并翦捐除莫说难。"[④] 从日常生活的不便来谈剪辫的必要性。务实的广州人在新思想的感

① 邬庆时：《南村草堂笔记》（卷一），1920年版，广东中山图书馆藏本。

② 《无所谓》1904年第5期。

③ 《大公报》，1906年4月20日。

④ 《改良岭南即事丛刊》，广州益群书局印行，1931年版，广东中山图书馆藏本。

召下，对有碍于生活的辫子，自然也就表现出了革新的热情。1910 年，当清政府尚未议决剪辫易服案时，广州已成立了“华服剪发会”。这个协会由粤商何乐琴发起，伍于簪、谭教玉、苏尧臣等应之，赞成者已有多人，定会章二十条。而顺德、香山等地也陆续出现了剪发同志会。1910 年十月初三广州《南越报》刊登了一篇谐文《豚尾出卖广告》，嬉笑之中见精神，可知当时的广州，剃发已渐趋成风。同一时期，港澳的剪辫风气并不普遍。剪辫的人，除了从海外归来的之外，只有一些在政府机关任职的华籍人员。一方面，民众担心这种反清的行为会招来政治压迫；另一方面，很多人误认为剪辫以后就必须穿西装。所以，不喜欢或穿不起西装的人也就姑且搁置不论了。[①] 西人管制的地方尚且如此，内地的情形也就可想而知了。相较之下可以看出，对广州“开风气之先”的赞誉也并非虚妄之说。1910 年 12 月，在社会形势的逼迫之下，清政府的资政院做出决议，剪发先从外交人员、海陆军、学生、警界开始。辛亥革命之前，广州剪辫的人多为华侨、学生和教徒。辛亥革命以后，剪辫的呼声越来越高，付诸行动的人也越来越多。1911 年 9 月 30 日，《南越报》又登了一篇《辫卦》的谐文，以解卦的形式，提出“去辱诮而不垢”、“剪辫则昌，留辫则凶”的观点，申说剪辫的好处。种种迹象表明，剪辫已是大势所趋。与维新时期的观念所不同的是，革命人士不仅将剪辫视为反对民族压迫的手段，而且还借此向封建伦理和专制统治发起挑战。

1912 年 3 月 5 日，南京临时政府颁发《临时大总统关于限期剪辫致内务部令》，要求“凡未去辫者，于令到之日，限二十日一律剪除净尽。有不遵者，违法论。……又查各地人民有已去辫尚剃其四周者，殊属不合。仰该部一并谕禁，以除虏俗，而壮观瞻”。广州光复以后，剪辫者更是踊跃：“自宣布独立而后，不待下令，而割辫者日益纷纷。”[②] 其后，广东军政府响应南京的号召，积极实行剪除发辫的政令。剪辫在省城广州迅速成为一股风潮，并形成大规模的剪辫运动。广州的居民，不论老弱少壮，还是士农工商兵，大家都争先恐后，纷纷将这条天然锁链剪去。一时之间，

---

① 赵连城：《同盟会在港澳的活动和广东妇女参加革命的回忆》，《广东辛亥革命史料》，1962 年版，第 101 页。

② 中国社会科学院近代史研究室、近代史资料编辑部：《近代史资料》，北京：中华书局 1961 年版，第 469 页。

理发店人满为患。在广东宣布独立当日，广州沿江堤岸一带的剪辫店，从早到晚都非常拥挤，店员几乎连吃饭的时间都没有。据统计，当天剪辫的人就有二十多万。[①] 而广州当时的人口大概300万。有的人在理发店正式剪辫，也有人在渡船上或者其他地方随意进行。辫子剪去之后，众人还要燃放鞭炮，互相祝贺，像过年一样热闹。“渡船中之剪辫：九月二十大良中兴轮拖，有苏天锡者，演说辫发来由历史，痛快淋漓，激动同舟。有一八十老者起坐，愿当场剪去，以为众倡。继又有何籥南者，相继剪发。同舟共剪发者十数人。众皆燃爆相贺，鼓掌之声不绝于耳，洵一时之剪辫热闹也。”[②] 剪辫的好处甚至还体现在出口贸易上。禁止蓄辫的命令下达以后，中国的人发出口贸易激增。

在广州，除了个人自觉的行为之外，还有专门的剪辫队伍对付那些顽固不化的人。这些队伍有军队组织的，有警察，也有学生或者其他人自动发起的。尤其是在政府颁发政令以后，剪辫还带有一点强制性。剪辫队穿梭在城镇的大街小巷，大凡碰到拖着长辫或盘发于顶的男子，一律就地将其辫子剪去。就广州地区而言，除了政府的行政干预之外，知识分子充分体现了他们在社会改革中的中流砥柱作用。他们利用演说发动群众，通过报刊宣扬新思想。其中，报纸成了广州志士发动剪辫的没有刀光剑影的舞台。翻开清末民初的广州报纸，有很多文章都是与剪辫相关的。有时苦口婆心，有时义正词严。报纸不断鼓吹剪辫的好处，认为剪除发辫等于脱去奴性，恢复自由。同时也力陈辫子的“有十害而无一利”。1912年6月17日，《民生日报》登载一则消息，讲述一个水性很好的人下水作业，因为辫子被缠而溺死。用活生生的例子来奉劝世人。不仅如此，媒体对坚持不剪辫子的人也毫不留情，称他们为“怪物”、“长尾奴”，对这些人的态度也是非常坚决的，欲先剪之而后快。有一则消息题为“何不早死保存此发入棺”。从这个“咬牙切齿”的标题中，不难看出当时广州剪辫运动的高涨。在全国很多地方都发生了由于强制剪辫而导致的暴力冲突，而广州的这种现象并不多见。可以想象，在民国之初的广州，辫子以极快的速度退

---

① 中国社会科学院近代史研究室、近代史资料编辑部：《近代史资料》，北京：中华书局1961年版，第456页。

② 中国社会科学院近代史研究室、近代史资料编辑部：《近代史资料》，北京：中华书局1961年版，第457页。

出了民众的生活舞台。

在以广州为中心的珠江三角洲，人民得风气之先，因此极富创新精神，也易于接受新事物。广州是剪辫运动最早开展的地区之一。在这个文化中心的影响下，省内其他地方也时有剪辫之声。例如，1906 年，海丰县城有六个学生在学校剪掉辫子，家人还特别设宴以示祝贺。席间还有人演说剪辫之事，借此发扬光大。[①] 但是，与此形成对比的是，在一些北方的城市，剪辫运动遇到的阻力要大得多，特别是在乡村。1905 年，就在广州的剪辫风潮正在酝酿的时候，北京却出现“留学生拖回豚尾之怪剧”。一些已剪去辫子的留学生，为了进宫觐见，竟然戴上假辫发。[②] 还有一些留学生为了参加考试，甚至重新蓄辫。可见，他们心中的辫子并未剪去，旧观念仍然在作祟。1912 年，就在辫子已告别广州人的时候，北方很多省份如河北、河南，无辫者竟然遭到官方的缉捕和杀害。即便是广东省内，这种不平衡现象也非常明显。在一些离中心城市广州较远的地区，“豚尾长垂”的现象仍然非常普遍。以潮州为例，1912 年的潮州城内，有 80% 的人都未剪辫，即使是谋生在外的潮州人，也有很多与潮流背道而驰。在潮汕铁路上，没有剪辫的大部分都是潮州人。[③] 直到 1913 年，这种现象才逐渐有所改变，民众的观念也相应地发生了变化。年轻女子甚至视辫子为“狗尾”，不愿嫁留辫子的男性。而地处粤北的南雄，有人因逃避剪辫而身亡。有些人虽然剪掉了头上的辫子，但观念中的辫子仍然还在。这就产生了种种怪象：“南雄自反正后，迭经县长通告，剪除豚尾，不料至今两年，剪除者固多，而未剪者亦间有之。惟最可笑者，一般人民，或已剪去而剃其四周，或剪去而留回数寸。有东装者，有西装者，有结髻者，有披发者，有留当天印者，有长文顶盖者，甚至结一数寸豚尾，陆离光怪，书不胜书，阅之令人捧腹。”[④] 剪犹未剪，足以看出民众的观念仍然停滞不前。而这种对比更凸显出广州在剪辫运动中的先导地位。

---

① 《唯一趣报有所谓》，丙午年（1906）四月廿二日。

② 《东方报》，丙午年（1906）十月初二。

③ 《民生日报》，1912 年 8 月 8 日。

④ 《民生日报》，1913 年 9 月 10 日。

二、脚的解放

中国汉族女性缠足的习俗，与男子蓄辫一样，时常被外国人所耻笑。不同的是，辫子最初是由民族间的政治问题导致的，而缠足则是由变态的审美观以及对妇女的压迫引起的。一般认为，这种习俗始于南唐，盛于南宋。关于缠足的兴起，鲁迅先生有一段很精辟的论断：“先是倡伎尖，后是摩登女郎尖，再后是大家闺秀尖，最后才是‘小家碧玉’一齐尖。待到这些‘碧玉’们成了祖母的时候，就入于利屐制度统一脚坛的时代了。”① 缠足给女性带来的不仅是肉体上的痛苦，还有精神上的折磨。纤细病残的小脚令妇女失去行动的自由，不得已而依附于男性。这使女性从一出生便注定成为男人的附属品，任由他们摆布。女性地位之低下可想而知。缠足与低微成了如影随形的伴侣。更加可悲的是，很多女性意识不到这种压迫。“缠足是一种政治机制，它反映和存续了妇女社会的和心理的劣势；缠足将妇女牢牢地固定在特定的位置、特定的功能——作为性的对象和生育机器。”②“缠足不是强调而是创造了男女之间的差异，然后，这些差异就可以以道义的名义永存永续了。”③ 缠足的习俗在长达一千多年的时间内流行，一则说明习俗本身的稳固性；二则反映出移风易俗需要一个适当的社会环境。

广州当地的妇女是不缠足的，随着移民的到来，女性的脚逐渐变小。具有讽刺意味的是，残损的脚竟然成了女性身份的象征。“岭南妇女，多不缠足，其或大家富室闺阁则缠之。妇婢俱赤脚行市中，亲戚馈遗，盘榼俱妇女担负，至人家，则袖中出鞋穿之，出门即脱置袖中。女婢有四十五

---

① 《鲁迅全集》（卷四·南腔北调集），北京：人民文学出版社 1981 年版，第 505 页。

② ［美］安德里亚·德沃金：《杀女——谈缠足》，李小江等：《主流与边缘》，北京：生活·读书·新知三联书店 1999 年版，第 238 页。

③ ［美］安德里亚·德沃金：《杀女——谈缠足》，李小江等：《主流与边缘》，北京：生活·读书·新知三联书店 1999 年版，第 244 页。

十无夫家者，下等之家，女子缠足，则皆诟厉之，以为良贱之别。”[①] 一般的下层贫民妇女，由于要参与养家糊口的劳动，因此免遭切肤之痛。家境稍好的女性反而要遭受毁肌肤折肢体之苦。即使是富家贵室，通常也以脚的大小来区分嫡庶。正妻必须是小脚女子，否则会被公婆及乡里看不起。而妾侍则可以是不缠足的女子，以此证明她们出身的低贱。天足被看成是下层妇女的标志，缠足之妇却引以为荣。由于大多数乡村女性要参加劳动，自然更需要一双健康的脚。而城镇妇女生活相对比较优裕，所以缠足之风也较盛行。19 世纪 70 年代游历广州的外国人就曾提到，广州汉族商人的太太都是小脚的，并且很难见到，因为男人不许她们露面。以反映地方风俗为主要内容的竹枝词，对此也有记载：“五里春风十里香，踏青相约步南塘。邻家姐妹弓鞋小，米大尖头绣凤凰。”（唐柳青）[②] 以广州所属的番禺为例，不仅缠足之风盛行，并且还有赛金莲的活动，与山西大同的赛足会一样。在富庶的番禺市桥有很多陋习，其中之一就是盛行缠足。丙午年（1906）七月初一的《香港少年报》有题为“番禺市桥乡陋俗之一斑”的记录：“番禺市桥乡，素称富庶，惟陋习最多。而于缠足之风为最盛，无论贫富，均以金莲之大小为争巧。故每值迎神赛会诸景，各家妇女，俱浓妆艳服，坐列门首，翘其双足，以博来往游人采阅品评，互争声价。伤风败俗之事，每由此而见者，罄竹难书。前年来仍复如是。近有某志士思得一善法以抵制之。结一团体会，以不娶缠足女为宗旨。先入会者已有二百余人之众，并四处演说。刻闻其已缠足者大为恐怖云。”

实际上，反对缠足的声音在历史上很早就已出现，但是，由于势单力薄而被湮没不彰。鸦片战争以后，更多人开眼看世界。经过欧风美雨的浸润，人们更加清醒地觉察到传统习俗中的渣滓，放足的风潮已在酝酿之中。而放足之风也是从广州地区吹起的。广州拥有天然的地理优势，使其成为接受外来文化的前沿阵地。西方习俗的示范，传教士反对缠足的努力，这些都对广州的习俗有所影响。此外，还有一种另类的力量也是不容忽视的。据成书于 1852 年的《梦轩笔谈》（卷十五）记载，当时羊城的青

---

① 吴震方：《岭南杂记》，《丛书集成初编》，北京：中华书局 1985 年版，第 10 ~ 11 页。

② 《广州历代竹枝词》，《羊城今古》1989 年第 2 期，第 34 页。

楼女子多数已不缠脚。作者把小脚妇女称为“缠足妖”，反对缠足。作者一方面是从封建文人的喜好出发，认为妇女赤足“最足销魂”，而缠足之妇“令人生厌，多致败兴”。另一方面，他也从缠足对女性身体残害的角度，来说明应该禁止这种恶习。这个记载算是一个信号。封建社会对女性有很多限制，即便是穿衣戴帽这样的事情也不能随心所欲。而娼妓，作为一个特殊群体，她们本身的职业已经违背了礼的规定，因此，她们所受的礼的束缚相对也就少一些。在服饰史上，引领潮流的往往就是这些人。从缠足的历史来看，始作俑者是娼妓，然后才成为时尚逐渐被众人争相模仿。在封建社会，娼妓既受人轻视，又令人艳羡。由于求生的需要，她们把女性的敏锐观察力表现得淋漓尽致，尤其是在穿着打扮方面总是走在时代的最前端。因此，一般爱好时尚的女性，即使对青楼女子心存鄙视，也会不由自主地效仿她们的服饰。一千多年的习惯不会朝夕即逝，也不会因为少数几个人而改变，更何况是青楼女子。1859 年，英国人呤唎在广州见到这样的情形：“很多中国姑娘的天足上穿着欧式鞋。”[①] 或许这些时髦姑娘正是上文提到的青楼女子，或者这只是个别现象，没有普遍的意义。但是，当一种新的风气当起而未起之时，她们的行为无形中起了一定的推动作用。当然，在推行放足的过程中，起决定作用的不会是她们。真正的功臣还是进步的知识分子，其中尤以广州人士最为突出。

光绪九年（1883），康有为在家乡南海与邻乡绅士商议创办“不裹足会”，虽然议而未行，影响不大，但毕竟有了一个开始。而康家的女孩子自然已将“不裹足”付诸现实。1895 年康有为与其弟康广仁创办了“粤中不缠足会”，条例规定凡入会者皆不缠足。其会众之多，实为一时之美谈。在戊戌变法时期，力陈缠足之弊，要求以政治手段来废除缠足习俗的知识分子之中，广州人最为激烈。1894 年，郑观应出版著作《盛世危言》，书中极力反对裹足：“此种浇风，城市倍于乡曲，世家巨室尤而效之。人生不幸作女子身，更不幸而为中国之女子，戕贼肢体，迫束筋骸，血肉淋漓，如膺大戮，如负重疾，如觏沉灾。”[②] 不仅如此，他还认为，妇女裹足

① ［英］呤唎：《太平天国革命亲历记》，上海：上海古籍出版社 1985 年版，第 7 页。

② 郑观应：《盛世危言》，北京：华夏出版社 2002 年版，第 121 页。

对后代有影响，进而对社会有所不利。郑观应建议政府重申禁令，已裹足的在其门口贴上“裹足”二字，没有裹的一律禁止，对违者进行处罚。1897 年，梁启超上疏光绪皇帝，陈述缠足之弊，力求革除。1898 年，康有为再次上奏《请禁妇女裹足折》，与郑观应一样，他将国家的发展与缠足相联系。以前反对缠足的人大多以女性的身心健康为理由。而康有为进一步关注由此带来的后果：女性身体受到摧残，使得后代也变得羸弱，不利于与其他国家的竞争。这种“强国保种”的论调，加强了废除陋俗的意义。反对缠足不仅是为了消除妇女所受的身体上的伤害，更是为了国民素质，最终目的是民富国强。缠足从妇女问题，上升成为一个与国家存亡相关的政治问题。正是在这种危机意识的刺激下，晚清政府公布了不准缠足的禁令。1904 年，一梁姓广东人留学美国，在参观博物馆时赫然发现，展品中竟有粤籍女子的小脚。羞愧激愤之余，他联合其他中国人一起，要求展览方撤展。坚持之下，终达成所愿。无独有偶，同一时期，在日本的东京博物馆内，也有一双用药水浸渍的纤小缠足，上面还专门注有“支那广东十四岁女子之足”的字样。这使留学生们深感耻辱。[①] 这些留学生回国后必然成为反缠足的生力军。1912 年，临时大总统孙中山发布禁缠足令，小脚才在激烈的反对声中逐渐消失。可见，在反缠足的运动中，广州的知识分子最先倡导，而他们所起的作用也是有目共睹的。

广州是全国不缠足活动开展得最早也最活跃的地区。1894 年，顺德出现了最早的不缠足会——龙山戒缠足会。到 1897 年底，广州附近已有 9 家较有影响的不缠足会，如顺德龙山戒缠足会、香山不缠足会、顺德戒缠足会、佛山不缠足会、南海不缠足会、陈村不缠足会等。这类团体的活动在广州地区一直都没有停止过。他们在报刊上刊登启事，指出缠足之害及放足的意义，动员众人入会。并且编印不缠足歌谣，对下层民众进行宣传。这些活动的开展对移风易俗起了很好的作用。禁缠足运动的发起者大多是男性。如果女性的解放也要靠男性来完成，那么女性仍然还是男性的附庸。早期的禁缠足运动并没有触及女性的内心世界，有隔靴搔痒之嫌。因此才会出现一些女性不愿放足的情形。只有女性的苏醒和参与，才能使禁缠足的观念得到普及。1905 年 9 月 11 日的《唯一趣报有所谓》上有两首

---

① 《东方报》，丙午年（1906）十一月廿二日。

诗，可以看出女性冰冻的内心正在复苏。“缠足之风始窅娘，天刑自作复何伤。可怜后世东施女，颦到如今千载长。”“圆趺光致古云然，何必潘妃步步运。妇女不知亡国恨，鞋山当日火弥天。”女性认识的提高对放足有很大的推动作用，同时也深化了放足的意义。也是在1905年，报纸上登载了政府要员的子女反对缠足的消息。广东大员岑春煊与李准欲结为亲家。李准为了遂岑之意，要为自己11岁的女儿缠脚。不料岑孙拒绝娶缠足妇，而李女也坚持不缠足。此事传为佳话。① 足见反对缠足已逐渐形成一股新风潮。1906年，番禺的一些志士创办不缠足团体，以不娶缠足女为宗旨，入会者有两百余人。会员四处演说，影响渐增，使缠足者大为惊恐。同年六月，省城广州也成立了不娶缠足女会社。丙午年（1906）六月廿九日的《东方报》发表题为“缠足女之镜”的文章：“（羊城）月之廿三日，访员路经十八甫，见一少妇，双足甚纤，有二佣妇，或左或右以扶掖自。凡洋货店必流连片刻方去，但少买物，不过一饱眼福而已。迨行至十八甫中约，径入一药材店，少憩，大约双足苦甚也。呜呼，可以镜矣。按世界妇女，肉刑有三，中国缠足乃其一也。近日放缠者日众。女界渐除此肉刑，吾方为女界幸，今见此缠足女，又不禁悲从中来也。”可见，缠足之害和不缠足的观念已逐渐深入民心。广州不缠足运动的开展比较顺利。究其原因，既有社会精英引导的功劳，也可看出广州民众的觉悟。相比而言，广州地区缠足之风稍逊于北方各地，且又较早接触西俗。因此，对毫无利益的旧风习也乐于改革。正是这种环境培育了大量开明的知识分子，而这些人又对移风易俗起了推动作用。这两者互相作用，促成了习俗的改变。

辛亥革命对民众日常生活的影响之大，从风俗民情的转变可以窥见。在民初的广州，“溺女之恶习既革，缠足之惨痛全消”。缠足的旧俗在广州已渐趋销声匿迹。缠足的放足，未缠足的则以缠足为耻。这与从前以缠足为荣的风气截然不同：“妇女缠双臭脚缠，原是封建将你欺，如今革命已成功，你不掐掉待何时?!”② 放足的风气，甚至可以从当地报纸的广告上略知一二。“放脚卫生洗药水：奶奶把足放，多得泰安大药房有的药水精

---

① 《唯一趣报有所谓》，丙午年（1906）五月初二。

② 中国民间文艺研究会资料室：《中国歌谣资料》（第一集），北京：作家出版社1959年版，第139页。

良。”[①] 从市场经济的规律来看，某种商品得以出售，说明它有市场。这则广告从侧面揭示了广州放足的普及程度。此外，广告词还有一层暗示：放脚的是老一辈人，年青一代已不再缠足。所谓江山易改，禀性难移。要解放缠了一千多年的小脚，关键是要改变社会观念。长期以来，习俗轻易地左右着人的思想。于是，人们便产生了惰性，不想也不愿去做改变。习俗成了一道枷锁，锁住了小脚，也锁住了文化的发展和社会的进步。近代的广州，拥有天时、地利、人和三方面的因素，社会观念的转变也就成了水到渠成的事。

放足是清末民初移风易俗最具成效的行动之一。放足的意义在于：解放了妇女的身体，更解放了她们的心灵；同时，也解放了男性扭曲的审美观和占有欲。这对两性的和谐共处和社会的正常发展有重大作用。

三、穿戴的时尚

在中国的封建社会，服饰是地位和身份的象征。不仅如此，朝廷还有严格的服饰等级制度，从衣料到服色都有规定。例如，很多贵重的衣料，即便是有钱，也不允许平民穿戴。“顺治三年定庶民不得用缎绣等服。……康熙元年，定军民人等有用蟒缎、妆缎、金花缎、片金倭缎、貂皮、狐皮、猞猁狲为服饰者，禁之。……又兵民人等鞍辔不得用绣缎、倭缎、搭线、镶缘及镀金为饰。”[②] 统治者用这种规定来表现自己的与众不同，巩固阶级地位。商人拥有财富，却不被正统社会接纳。倘若服饰可以随意变动，就商人的财力而言，一些富豪可以在穿着方面为所欲为。统治者不甘心被商人、平民模仿或超越，因而制定出种种规章制度来约束服饰，以此达到专权的最终目的。服饰是从侧面了解社会的一个窗口。在封建社会的中国，由于服饰有等级规定，服装的样式很少有变化，更谈不上什么个性和时尚。当社会处在稳定状态时，这种情况尤其突出。一旦社会发生变革，服饰就首当其冲。

---

① 《真相画报》1912 年第 14 期。

② 赵尔巽等：《清史稿》（卷一〇三），北京：中华书局 1976 年版，第 3062 ~ 3063 页。

服饰还是社会风尚变革的风向标。由于广州长期开展对外贸易，使得外国的物品源源不断地涌进来，对城市生活的改变产生了很大影响。鸦片战争以前，广州进口的商品绝大部分是生活用品，例如从欧美各国进口的主要是羽缎、毛织品、印花布、玻璃镜、皮货等等。乾隆年间到中国的外国人已经注意到了学穿西装的广州人。在第二次鸦片战争期间，一小部分广州居民的服饰就已经有了变化。1859 年，一个英国人走在广州街上，他看到了这样的情形："我在街上散步，看见很多中国姑娘的天足上穿着欧式鞋，头上包着鲜艳曼彻斯特式的头巾，作手帕形，对角折叠，在颏下打了一个结子，两角整整齐齐地向两边伸出。我觉得广州姑娘的欧化癖是颇引人注目的。"① 可见，当时已出现了穿着洋装的时尚。然而，传统依然在遵循着它原来的轨迹。19 世纪末，广州府官员仍旧对穿衣戴帽颁布政令："迩者金风荐爽，天气渐凉，省垣各大宪顺时布政，定于九月初十日换戴暖帽，先期牌示辕门，谕令所属文武官员绅士军民人士一体遵照。"② 连换衣服这样的事情也要遵照规定执行，实在是令人啼笑皆非，同时也反映出官府对民众生活的严重干预。这种专制在新的社会思想的观照下，其落后性不言而喻。

1898 年，康有为提出"断发易服"的主张。他指出，欧美也经历了由蓄发而断发，由长服到短衣的过程。认为改穿"衣制严肃，领袖白洁，衣长后衽"的西服，可以"发尚武之风，趋尚同之俗"。康有为易服的建议带有很明确的政治目的。服装的变化最初代表着社会观念的变迁。而这种观念对民众的影响也逐步显现出来。戊戌变法之后，维新思想的传播令大众的思想有了很大的不同，这在服装的变化上体现得尤为明显。西式服装开始流行起来。棉线衫裤、西式内衣、洋袜等都成了消费者的心爱之物。在这种情势下，除了进口，广州商人也引进机器，开设织造厂自制。这无形中也对西式服装推向民间起了促进作用。"（广州省城）崇尚维新，社会中无论男女，均喜西装服饰，即棉线衫一项，亦销流甚广，计是年进口估

---

① ［英］呤唎：《太平天国革命亲历记》，上海：上海古籍出版社 1985 年版，第 7 页。

② 《申报》，1899 年 3 月 23 日。

计关平银十三万四千两，其胡礼号卫生衫裤，最为时尚。”[①] 清代末年，外国进口的衣物日益受到广州人的欢迎。1894 年，几个在美国旧金山从事过裁缝业的广东人，在广州下九甫开办了一家名为“大兴隆”的车衣店。广告中提到他们的业务包括唐装和洋装等。[②] 不难想见，穿着洋装在当时已是一件平常事。1906 年 3 月 6 日的《羊城日报》有一则制作洋装的广告：永和祥制作华洋服式。20 世纪之初，讲究穿着的广州人越来越多，服饰的花样也日新月异。这些行为显然与传统的观念相违背，并且超越了身份的界限。这是对政府权威的挑战，因此引起了官府的紧张：“省垣每有一种纨绔少年，身穿华服，头带西人小帽，招摇过市，恬不知耻。无赖之徒更相率效尤，自鸣得意。南海县杨大令闻而恶之，特饬差役在城厢内外严查，见即拘回重责取保。一时风行雷厉，居民无不懔遵，是亦整齐风俗之一道也。”[③] 也是在这一年，广州女学生的服装居然成了引领一时的潮流：“女学生之服饰装束，稍异于往日女界之腐败。而间有好尚新异之良家妇女，亦仿效之。”不仅如此，青楼女子也以此为时尚。[④]

辛亥革命将移风易俗与革命紧密地联系在一起。因此，服饰的改革也与此一致。从某种程度上来说，服饰表示出时人对革命的态度。支持的人自然穿着新式服装，而反对的人则相反。人们可以从服饰上判断个人的政治倾向。辛亥革命以后，服饰的变化日趋显著，式样也更加丰富。西方简洁方便的短衣窄袖式的服装，与传统的长袍马褂并行不悖：“时尚秃襟短制装，欧风渐被感沧桑。可怜南海衣冠地，几个钟仪旧楚狂。”（崔海帆）[⑤] 男性服饰的改变与发式的变化一致。广州是最早剪辫的地方之一。辫子剪掉以后，帽子也相应有了改变。以前的缎帽纱帽不适合新发式，很多人选择西式的毡帽。1911 年，几乎整个广州城都听得到剪辫子的咯嚓声。而广州城中的帽店也跟着热闹起来。即使洋帽的价格翻番，商店里的顾客仍然应接不暇。而那些做旧式帽生意的商店则囤积了大批滞销的货物，后来，

---

① 彭泽益：《中国近代手工业史资料》（第一卷），北京：中华书局 1962 年版，第 377 页。

② 《岭南日报》，光绪二十年（1894）九月廿二日。

③ 《申报》，1900 年 3 月 6 日。

④ 《唯一趣报有所谓》，丙午年（1906）闰四月十九日。

⑤ 《广州历代竹枝词》，《羊城今古》1989 年第 4 期，第 26 页。

幸亏他们想出了一个变通的方法才得以渡过难关。他们在旧式小帽上加了一条硬边，形状类似荷花毡帽，加上定价较低，购买的人也就多了起来。"粤人剪辫后，各买呦帽及毡帽，以致卖帽者增价一倍有奇，仍应接不暇，利权外溢不知凡几，省中各帽店所做缎帽纱帽，均无人过问，各帽店之货皆由上半年做定，若不变通，则不堪设想，现在多将旧日之小帽各加一硬边，其状略如荷花毡帽，其上等者售银二元左右，次者售银一元二角，买者颇多，此亦挽回利权之一也。"① 到车衣店定做新式服装的人也纷至沓来。而洋服的时兴的确引起了商人强烈的反响。广州的商业团体联合发起维持土货会的活动。他们要求新政府颁定服制，以免中国的布帛被外国的呢绒所替代，致使利权外流。1912 年，民国新政府颁布服制草案，对男女服装的面料、样式和颜色都做了规定。例如，女子礼服为套裙，不采用西式衣料，均用绸缎，其用意就是要维持国货。但是，既然思想上要求自由，生活方式上也不应该有太多的限制。民众有自己的选择和审美观。与新的政治观念相适应的是生活观念。和辫子一样，前清的官爵命服及袍褂补服翎领朝珠等装束，都逐渐退出了大众的眼帘。进入广州市民生活领域的有西装，也有传统的唐装；有汉族的长衫，也有满族的马褂，还有改良的服装——中山装等，各种样式的服装应有尽有。从衣料来讲，广州特有的香云纱、黑胶绸等与进口的毛料、棉布平分秋色。"去岁反正后，粤人一律割辫，趋时者即改西装，寻常中人，亦改穿对胸衫。其旧日之大衿衫遂无人过问。各故衣店存货登时减跌，照往日价格不及五成，其袍褂马褂，更不堪问。各故衣店皆受影响。而当押店存货，向值十足九成者，亦跌至四五成。今年春夏两季皆如此。迨交秋后，各人既知改西装衣服，各物无一不贵，且利权外溢，以一套西装，便可做唐装多件，加以中央政府，新颁常礼服，仍可穿长衫马褂，因此已改西装者，亦穿回唐装。而近日对胸衫遂大为减价，大衿衫及长衫马褂，复回原价。各当押存货，亦价值日增，现高价者则贵至照当本加零几，低则八九成。盖目下所断之货，乃去年三月廿九后之所押，均抑低当入之货也。"② 服装的多样性意味着服装的解放，同时也预示着广州人生活观念的变化。辛亥革命使清朝官服与

---

① 《申报》，1911 年 11 月 30 日。

② 《安雅报》，1912 年 11 月 30 日。

清政府一起被社会所淘汰。进入民国，即使是一般民众，也对前清制服表示反感。政治对习俗的影响之大，服饰习俗的改变是最好的佐证。

最初，服装只是政治家用来改良社会的一粒种子。随着种子的萌芽和生长，它开出的却是一朵自由之花。年青一代开始追求服装的时尚，并以此作为个性的展示。时尚是以标新立异为主要特点的。这使得他们的新潮穿着更具有破旧立新的象征意义，是他们与上一代人区别的标志。一时之间，广州街头成了一个新式服装的展台。各种时髦的、极富特色的时装纷纷登场亮相，其中尤以女服为最。1912 年的夏天，广州流行一种叫“笠衫”的西式女服。这种洋笠衫细腰窄袖，紧贴肌肤，使女性身材凹凸毕现。广州的女学生则“穿着猩红袜裤，脚高不掩胫，后拖掘尾辫”。民国初年，广州女子的流行装扮为：梳东洋髻，穿西式裙。更有甚者，还出现了女扮男装、男扮女装的穿着打扮：“近日自由女装束，有高髻者，有崛辫者，且有光头效少尼者。甚有花胶短发，效男子之法装美装者。怪怪奇奇无所不有。至堂堂男子，而效妇女装束，则未之前闻。不意昨日行经长堤，见有军士数人，拿一身白绸裙衫，首梳东洋髻，雄而雌之男子。妖孽女子，假扮自由男者，有之矣。今此雄而雌之男子，又假扮女装。若是两家相遇，又恶知谁之雌雄。”① 有些时髦的女青年甚至男装和女装混穿等等。对于这些奇装异服，普通民众一时还难以接受。但是，这些追求时髦的青年人，却显示出他们革故鼎新的勇气。“不知是否纯属巧合，事实上未来属于这样一类社会，它们既关心改变服装的颜色、用料和式样这类琐事，又关心改变社会等级制度和世界秩序——就是说未来属于那些勇于与传统决裂的社会。因为一切都是相互关联的。”②

广州人服装的改变是从穿西式服装开始的，后来逐渐由“洋气”转而追求时髦：“髻盘委堕鬓如云，窄袖蛮靴衬布裙。妆束工趋时世样，女儿还喜演英文。”（戴达士）③ “妆束趋时出大家，长裙短袄小皮靴。销魂最是风兜髻，斜插金簪押缎花。”（铨伯）④ 在服装的颜色上，以白色为时尚：

---

① 《民生日报》，1913 年 8 月 29 日。

② ［法］费尔南·布罗代尔著，顾良、施康强译：《15 至 18 世纪的物质文明、经济和资本主义》（第一卷），北京：生活·读书·新知三联书店 1992 年版，第 382 页。

③ 《广州历代竹枝词》，《羊城今古》1989 年第 4 期，第 29 页。

④ 《广州历代竹枝词》，《羊城今古》1989 年第 4 期，第 28 页。

“丰采鲜明着白鞋。”（胡子晋）[①] 原注云：近日广州女子好穿白帆布鞋。除了乡村女子偶尔穿红着绿，城市中最流行的女服颜色即为白色。服装之外，装饰品的变化也让人耳目一新：“颈练金表火钻嵌，薯灰裙子杏灰衫。履声橐橐长堤路，眼镜逢人尽蔚蓝。”（易石公）[②] “手表项链镜双眸，闲步长堤逐队游。郎发鬈鬈侬髻耸，笑他一样是风兜。”（朱子夷）[③] 手表、金链、金边眼镜、高耸的发髻，这些都是当时广州士女最时尚的装扮。以眼镜为例即可知当时广州人之时髦。“眼镜之用，原以助老者或短视者目力之不及，惟挽近少年男女，多藉此以为猎艳之媒。外人得窥心理，更制为五色，投其所好，索值虽昂，所不靳也。试观省垣各眼镜店，男女错杂，其门如市，获利颇厚。说者谓新少年好架眼镜，其眼光可知云。”[④] 可见，变色眼镜很早就已在广州流行了，而它所起的是装饰作用。戒指的流行也大抵如此。它最初的作用是为了证明女性的清白，后来逐渐演变为婚姻的信物。除此之外，戒指还有告诫的作用：“今俗人有可悔可戒之事，虑其遗忘，以金银做环，约于指间，使触目惊心，以示不忘，谓之戒指。”[⑤] 到了近代，作为饰物的戒指大为流行。随俗物移，竞尚成风。有意思的是，当广州人极力模仿西方人服饰的时候，外国人也对东方服饰产生了兴趣：“东方人好饰西方，绸缎绫罗似滞场。厌旧喜新同一慨，美洲士女又唐装。”[⑥]

服饰是社会观念的反映，从穿着可以看出民心向背。清末民初，缎花是广州妇女头上常见的装饰品，可在一段时期内，这种头饰却被弃之如敝屣。针对同一事件，有两则报道。第一则发表在1912年11月27日的《民生日报》上，题为“缎花价值一落千丈”：

日前报载，有人函揭女子头髻所戴之各色缎花，系始于日本妓妇所为，中国妇女无知，群而效之，实属贻笑外人。自报章揭载后，一般青年

① 雷梦水：《中华竹枝词》（四），北京：北京古籍出版社1997年版，第2908页。
② 《广州历代竹枝词》，《羊城今古》1989年第4期，第25页。
③ 《广州历代竹枝词》，《羊城今古》1989年第4期，第30页。
④ 《时事画报》1912年第7期。
⑤ 梁松年：《梦轩笔谈》（卷三），咸丰二年（1852）版，广东中山图书馆藏本。
⑥ 雷梦水：《中华竹枝词》（四），北京：北京古籍出版社1997年版，第2909页。

妇女，弃之若浼。连旬以来，来往街上，甚少见有此种怪剧，再污眼帘。不期日昨午后，有市桥渡抵省，有两少妇上渡，向西堤而去，衣服粲然，头上均戴湖水缎花。有一梳佣跟随其后。讵行至潮音街口，有二三无赖，沿尾讪笑，谓日本货，连声不绝于口。该少妇不知其侮已，随有迎面而来者，望见其头上缎花，掩口而笑。该梳佣醒觉，于是代其拔去，弃诸河边。该少妇面赤耳热，密步而去。

第二则登载于1912年12月18日的《安雅报》上，题为“调笑戴缎花女子者重罚”：

本日检阅各报登载，日昨午后，市桥渡抵省，有两少妇上岸，头上均戴湖水缎花，一梳佣随之，行至潮音街口，有二三无赖，沿尾讪笑，连声谓日本货。该少妇尚不知其侮已，该梳佣醒觉，将其头上缎花，代为拔去，该少妇面赤耳热云云。查此种缎花，在西洋妇女，亦尝有插戴头上者，正不独日本为然。惟此项妇女服饰品，无论其是否日本妓妇所为，但无赖之徒，因此沿街调笑，殊属无理已极。如果女扮男装，或其他奇装异服，自应由岗警按律拘罚。至此等头上缎花，不过为妇女服饰之一种，何能干涉。倘后再有无赖，因此沿街调笑，许由该妇女告知岗警或岗警查见，均即带区，从重惩罚，除行区知照外，特此通告。

这两则新闻起码有三种解读：第一，民众对服饰的选择有趋同性，因此，从服饰可以看出时代观念的变化。第二，报纸在当时已经起到很大的作用。第三，对同一事件众说纷纭。前一则新闻将戴缎花的行为称为“怪剧”，“污眼帘”。言下之意是反对此举的。后一则新闻的评论则已将此事件延伸到其他社会问题。文中用了“特此通告”的字眼，应该属于官方的观点。文章认为，缎花不过是妇女的服饰品，不论是否是日本妓女所为，都是正当的，不能干涉。而对于女扮男装，或其他奇装异服者，则应由岗警按律拘罚。官方出于社会控制的目的，对大众化的事物比较宽容，而对那些极具个性的行为会有所顾忌，因此对不合服制规定的穿着持反对态度。但是，一些妇女团体却不敢苟同。她们倡议妇女不戴缎花，以此举来证明她们的尊严。在此期间，广州缎花的销量呈直线下降。服饰成了表达思想的一种媒介。

从上述过程不难看出，民国以后的服饰改革尤其激烈。这就证明了政治对生活方式所起的作用。广州人的服饰所表现出的政治性和个性，是近代广州社会变化的一个缩影。

第二节　礼俗的新陈代谢

一、婚俗的变迁

家庭是人类社会最基本的组成部分，而家庭是以婚姻为前提的。婚姻随之成为社会最基本的一种组合方式。它使男女两性的自然结合得以名正言顺地完成，从而可以繁衍生息，人类社会才能有序地向前发展。“婚姻在任何人类文化中，并不是单纯的两性结合或男女同居。它总是一种法律上的契约，规定着男女共同居住、经济担负、财产合作、夫妇间及双方亲属间的互助。婚姻亦总是一公开的仪式，它是一件关涉着当时男女之外一群人的社会时间。婚姻的接触及婚姻的结束，亦都是受着一定传统规则所支配的。”① 婚姻是一种历时的文化现象，在不同的历史时期呈现出不同的特色。同时，婚姻又带有明显的稳固性和传承性。基于这种性质，婚姻也成为一种民俗现象。中国古代婚姻习俗沿袭久远，影响甚深，直到近代才发生了较大的转变。具体来说，这种变化主要是在清末民初完成的。在中国传统婚俗的大背景下，广州的婚俗既有同一性，又有浓厚的地方色彩。而清末民初的广州婚俗更成为当时中国婚俗变革的一面镜子，从中可以看出社会的变化，也可预见中国婚俗的大致趋势。

（一）广州传统婚俗的表现

从民俗学的角度来看，婚姻习俗包括：婚姻形态和结婚仪礼。以下即

---

① ［英］马凌诺斯基著，费孝通译：《文化论》，北京：华夏出版社2002年版，第29页。

从这两个方面来分析广州的传统婚俗。

首先是婚姻形态。“由于男女双方婚前关系、婚配条件、婚后居住及所有的权利、义务等有种种不同情况，便呈现为不同的婚姻形态。”① 婚姻形态包括婚姻制度、成文以及不成文的婚姻律法或规范等。婚姻形态体现出婚姻对结婚双方的约束，也反映出两性在婚姻中的不同地位。近代广州的婚姻形态比较流行的有一夫多妻，父母之命、媒妁之言，冥婚，不落家等。

在传统的广州人家中，一夫多妻是相当普遍的现象。“南中生齿繁衍，女浮于男。豪富家姬媵满前，固所常然，甚至奢沽隶卒，亦多有妻妾二三者，女之无夫者众，而男无妻者则罕闻焉。”② 作者以人口的比例来说明一夫多妻的原因，固然有不实之处，但从中不难看出广州男子多妻的习俗。胡朴安在《中华全国风俗志》中也提到：广东盛行多妻制，并且社会上以妻妾的多寡来判定一个人财产的多少。因此，有些男人纳妾只是为了撑门面而已。从中国婚姻的发展史来看，进入文明社会以后，一夫一妻的对偶婚成为主要的婚姻形态，在礼制和法制上都得到了一致认可，形成一套严格的礼仪和律法，例如，不得多妻，可多妾；不得以妾为妻；妻妾地位不同，等等。可见，所谓一夫一妻实际上只是对女性的约束，而男性可以打着“一妻”的幌子光明正大地纳妾。“在多娶中，仅有一人为妻，则严别妻妾之地位，使不相乱，即所以为一夫一妻制之维持耳。”③ 广州人的祖先来自中原，自然将这种习俗带到了地处南海之滨的五羊之城。

清代末年，省城广州及其附近很多城镇的女子已染婚姻自由之风气，这让绅士们极为不满，联名要求县官予以禁止。县官出示禁令云：“男女婚姻，由父母之命，媒妁之言，岂能任听妇女自由择配。据禀前情，在女子固越礼逾闲，在父兄亦疏防失教，应候出示严禁。该绅等仍传谕各乡绅耆父兄，善为教训，妥为约束，俾使习娴礼义，未嫁前则贞静自守，已嫁则敬戒无违，以挽浇风，是为至要。”④ 与中国传统婚俗一致，广州人家在嫁娶时要以父母的意见为金科玉律，同时，儿女也不能私自谈婚论嫁，必

① 钟敬文：《民俗学概论》，上海：上海文艺出版社 1998 年版，第 173 页。
② 陈徽言：《南越游记》，广州：广东高等教育出版社 1990 年版，第 169 页。
③ 陈顾远：《中国婚姻史》，上海：上海书店 1992 年版，第 50 页。
④ 《时报》，1910 年 9 月 16 日。

须由媒妁从中撮合方合乎礼仪。私订终身于后花园的行为是对父母权威的挑战，也是对礼制的蔑视，是不为封建礼教所容忍的。因此，类似的故事只是那些书会才子们的想象，用来满足一部分人美好的愿望而已。除此之外，同姓不婚和冥婚等习俗也存在于广州婚俗中。1913 年 3 月 29 日的《申报》上登载了一则新闻，其大要为：新会某陈姓女不愿与父母所订之人成亲，另与一陈姓男子结为夫妇，终不为乡里所容。乡绅以同姓成婚有伤风化为由，将其起诉至衙门。“节孝兼全负盛名，缘知亲重此身轻。繁华易谢春常去，不及冰轮万古清。”（陈坤）[1] 广州有一种习俗，富家子弟去世以后，家属仍然如常为其择婚。而一些家庭贪图财礼嫁女守贞，叫“慕清”。这就是流传在闽粤一带的冥婚习俗。一般的冥婚是将两家已死的男女结为“鬼夫妻”，以此使亲属求得心理上的安慰。而“慕清”却是活人与死人成婚，这种婚俗更加残忍。活男死女称为“娶木主”，活女死男称为“娶烈女”。烈女的生活是很痛苦的，不仅没有感情上的自由，有时甚至连行动自由都被剥夺。顺德女子梁保屏，刚成年便由父母做主嫁为死人妻。这种毫无人道的习俗，最终使她走上了反抗的道路。[2] 与此相关的习俗还有“守白贞”（也叫“守清”），未嫁而夫死，则女子要一生为所谓的丈夫守寡。“一曲离鸾未足悲，要将贞节著坤仪。存亡继绝英雄志，不属男儿属女儿。”[3] 这种“英雄”行为的背后，隐藏着的是女性的悲哀和无奈。传统婚姻对女性的迫害正如一首广东民间歌谣所写的：“萝卜苗，侃侃浮，人家养人交（换）猪头，猪头来到娘欢喜，花轿来到女忧愁。”[4] 广州的自梳婚俗就是女性对这种婚姻的反抗。对于这个问题，下文将会作具体分析。

其次是结婚仪礼。中国人向来讲究礼仪。这种精神贯穿于民众生活的方方面面。婚姻对个人乃至社会都非常重要，所以在礼数上也相当细致周到。中国古代的婚仪讲求“六礼”：纳采（又叫下定）、问名（也叫通庚）、纳吉（即文定）、纳征（即行聘）、请期（俗称挑日子）和亲迎（即

---

① 雷梦水：《中华竹枝词》（四），北京：北京古籍出版社 1997 年版，第 2839 页。

② 《大公报》，1904 年 9 月 7 日。

③ 雷梦水：《中华竹枝词》（四），北京：北京古籍出版社 1997 年版，第 2838 页。

④ 中国民间文艺研究会资料室：《中国歌谣资料》（卷二），北京：作家出版社 1959 年版，第 261 页。

迎亲)。广州婚仪主要包括“三书”、“六礼”。“三书”为文定书(聘书)、纳征书(礼书)、迎亲书(迎书);“六礼”中除“亲迎”被称为“御轮”之外,与中国传统一致。成书于光绪三十二年(1906)的《广州婚仪备览》,可以说是广州传统婚仪的备忘录,其作者称之为“诚为粤俗之时趋婚仪之法程”。书中不仅罗列了“六礼”中应该具备的物品和来往书帖的格式,还非常详尽地介绍了冠笄(俗称上头,男为加冠,女为加笄)、迎亲等习俗。从中不难看出广州婚仪的烦琐和奢侈。另有《戊戌娶媳妇支用簿》和《癸卯年娶媳妇支用簿》两本账册,事无巨细,将分别于1898年和1903年广州所举行的两场婚礼,从订婚到完婚的过程都记录了下来,其中包括择日、购物、礼仪等内容。刘万章的《广州的旧婚俗》一文也对传统婚俗做了详细描述。广州婚仪除了最为重要的“三书六礼”之外,还有很多细节也是必不可少的。从男方来说,有收嫁妆、加冠礼、迎亲礼等。而女方则有加笄礼、出阁礼等。婚后还有二朝、三朝、四朝等不同内容。仅以女方加笄礼仪为例,即可窥见婚俗之一斑:结婚当天或头天早上,在厅中间放好桌子,摆上备用的物品,然后新娘哭着出来,坐下之后,好命婆(命好的妇人)点上蜡烛,让伴娘为其开脸,好命婆再为其梳头。一边梳一边唱“梳头歌”:“一梳梳到尾,二梳梳到白发齐眉,三梳梳到儿孙满地……”梳好发髻之后,新娘还要拜神灵、祖先、主婚人、尊长和亲戚朋友等。这些程序,非亲历之人难以体会个中艰辛,但其复杂却是显而易见的。在各种礼仪中,不能不提的是“吃烧猪”的习俗,这是最具广州特色的婚俗之一。“女子定婚,先订明聘金若干,名曰礼事。礼饼若干斤,回门烧猪若干头。女子过门成婚之夕,喜娘为新郎脱靴,即递一白布,备交合后拭秽也。如有新红,即为完璧,俗名吃烧猪。三朝回门,即以烧猪送归母家。母家以之分送亲友,夸示新女之良洁者。富绅巨贾之家,辄用烧猪数十头。若非完璧之女,次日纳于小轿,退回母家,不免涉讼公庭,追索聘礼。”① “吃烧猪”的习俗在当时非常盛行,这在竹枝词中也有反映:“鸳鸯帐暖落花殷,私语声低蹙玉颜。来日门楣光耀甚,金猪载送彩亭还。”② “男婚女嫁斗繁华,三十芳龄未破瓜。花落花开浑不管,金猪还胜

① 《民生日报》,1913年9月18日。

② 雷梦水:《中华竹枝词》(四),北京:北京古籍出版社1997年版,第2822页。

守宫砂。”[①] 男子可以妻妾成群，而女子却不能越雷池半步。礼俗对女性的禁锢由此可见一斑。还有很多婚仪都显示出了对女性的不公平。在番禺，新娘按俗例须在半夜三更才上花轿。到夫家后也不能即刻下轿，过一段时间才能出来，而且待的时间越长越吉利。如果新娘身体稍弱，必然经不起这番折腾。而南海的婚俗更加不堪。新娘半夜出发，到达男家下轿时，一众人等，无论男女老幼都要上前推搡新娘，如同打沙袋一般，叫做“炒螺”。[②] 新娘成了众人玩弄的对象。这些习俗对女性造成的伤害不仅是肉体上的，还有精神上的。

广州婚礼的奢侈是全国闻名的。以送烧猪为例，富人以此来夸多斗靡，有人家所用烧猪多达数百头。也有入不敷出的人家，用小猪形状的饼来代替。逐渐就形成一种恶习，选择媳妇或女婿，不是以对方的贤惠或好歹作为标准，而是以聘礼或嫁妆的多少为准则。广州的婚俗礼节很多。每到端午节，新嫁女的娘家就要准备精制的香袋、纨扇送至男方，名叫“追节”。有钱人家也借此机会炫耀身价。这些习俗都是造成广州婚俗奢靡的原因。1897 年底，广州城内白姓、周姓、邓姓三家娶亲，其奢侈程度令人咂舌。“广东省垣迩来百物腾贵，生意艰难，比户小民皆忧如长安之居大不易。而嫁娶之事，则反奢侈于前。向之铺垫用大红呢金线花者，今则改为红缎顾绣矣；向之桌椅用梱木者，今则改红木，即香楠矣；即小而镜盖脂奁亦无不取诸外洋，务极鬼斧神工之妙。某日，白、周、邓三宅迎娶，仪仗之威固不待言，所奇者前导有美女十余人，戎装执刀，花团锦簇，中队更有女顶马，明装艳服，高跨连钱，轿旁复用艳婢十余人扮作旗装，手持玉唾壶、五彩花瓶、白玉如意、宣德铜炉之类，后则女郎四十余辈，均盈盈三五，姿首绝伦，较之大观园中晴雯、袭人、雪雁、紫鹃，当亦不相上下。”[③] 不仅是大户人家，即便是普通人家也难以幸免。在 1905 年，民间嫁娶，一般人家花费千元左右，至少也要两三百元。而在 1912 年，广州一个高等专门学校教员的工资是每月十元，小学教员为二元五角。[④] 根据有关资料，此间广州的工资和物价都有所上涨，因此，相同的婚礼，所需

① 《广州历代竹枝词》，《羊城今古》1989 年第 2 期，第 30 页。
② 《香港少年报》，丙午年（1906）五月十四日。
③ 《点石斋画报》（利集），广州：广东人民出版社 1983 年版，第 38 页。
④ 《民生日报》，1912 年 12 月 27 日。

费用较之前几年可能又会有所增加。稍一计算，便可了解当时广州人举办婚礼的艰难了。人们以嫁娶费用的多少来显示家庭的实力，这是中国人普遍的要面子的心理使然。因此，有些家庭即使砸锅卖铁也要将婚礼办得风风光光，否则会觉得有辱门楣。在这种风气的驱使下，大家都竞相攀比，甚至有人因为嫁娶而导致破产的。在广州的婚嫁中，嫁女之家的破费往往超过了男家。这也是有原因的。“阔绰、讲究的嫁妆能为女方家争‘脸面’，提高声望，积累象征性的资本。从长远来看这会给女家带来经济方面的好处。同时又能保证女儿在婆家能有较好的地位。”①《广州婚仪备览》中有一份女家奁仪录，包括木器、金银器、首饰、衣服、被垫等共计20种约307类，数目之大可想而知。大到桌椅，小到针线盒，吃的穿的用的一应俱全。例如，吃的有糖果、京果、海味、盐味、酸味、酱味、腊味，而仅海味一项又有海参成匣、鱼翅成匣、燕窝成匣、带子成匣、鲍鱼成匣、鱿鱼成匣、瑶柱成匣。虽然这只是一个个案，但是，作者将其作为一个程式来进行推广，足见时人对婚姻财帛论的认同。

从以上论述可以看出，广州传统婚俗有以下特点：讲究繁文缛节、崇尚奢侈、女性地位低下。结婚礼仪是人生进程中一个重要环节的标识，它标志着一个家庭的建立，也对各自应尽的责任和义务起了规范和警示的作用，并表现出对新生活的祝福之情。例如：新娘进门后，要给公婆敬茶，这是所谓的“心抱（媳妇）茶”，表明以后要孝敬公婆。婚仪中的每一个民俗都有它特定的含义，此处不赘述。讲求礼仪并无不妥，但是，过于烦琐的礼仪导致的后果必定是劳民伤财。而婚礼的奢侈之风更成了社会痼疾，给每一个经历过的家庭都留下了印记，富贵的是自豪，而贫穷的则是伤痛。它不仅对社会风气造成影响，还直接使一些家庭走向破产，社会问题由此滋生。相较而言，婚俗中的女性问题显得更为重要。人伦中，男女缺一不可。但是，在社会现实中，男女地位却极为不平等。这种失衡现象在广州传统婚俗中表现得非常突出。这种种问题都凸显出广州传统婚俗的落后。在社会改革的大背景下，婚俗的变革也势在必行。

（二）文明结婚的滥觞

清末民初，中国社会发生急剧变化。日益更新的社会环境为各种新思

---

① ［德］罗梅君著，王燕生译：《北京的生育婚姻和丧葬》，北京：中华书局2001年版，第196页。

潮提供了展演的大舞台，也为移风易俗奠定了基础。广州作为得风气之先、开风气之先的城市，在婚俗改革方面也呈现出鲜明的时代特色。

19 世纪中期，西方思潮开始大量登陆广州，广州人纷纷开眼看世界。有识之士逐渐认识到传统习俗的糟粕，进而提出移风易俗的要求。以康有为为首的维新知识分子对传统婚姻进行批驳，在社会上引起了反响。“男女婚姻，皆由本人自择，情志相合，乃立合约，名曰交好之约，不得有夫妇旧名。”[①] 康有为从自由平等的精神出发，要求婚姻自由，男女双方可以自主结婚或离婚，并且向一夫多妻制和“饿死事小，失节事大”的守节制度发难。这些倡导成为婚俗改革的先声。1904 年，上文提到的顺德女子梁保屏，为了争取婚姻自由，掀起了一场轩然大波。梁保屏刚成年就听从父母之命，嫁给一周姓人家的亡子，成为死人妇，要守贞一辈子。年事渐长之后，她开始懂得人伦之中还有男女情爱，后来与一照相馆店主相识并相爱。但是，她的爱情受到了各方面的非难。梁保屏遂毅然与情郎奔赴香港结婚。此举在当时无疑是扔下了一颗重磅炸弹。梁保屏的这种行为看起来只是个人行为，但不难看出社会观念在知识分子的引导下，已经悄然发生变化。在 1904 年 7 月 5 日的香港《广东日报》上，就有人撰文为梁保屏摇旗助威，文中称：“喜吾粤有此奇女，能牺牲其富贵家之势利，犯天下之大不韪，以为女界自由结婚之破天荒……吾惊、吾喜、吾敬、吾爱。”其后，各种媒体包括报纸、画报等，都开始大张旗鼓地阐述婚姻自由之说。1906 年，广州荔湾居民陈淑文发起组织了“改良婚嫁会”，订立了《广东改良婚嫁会施行纲领》，并以身作则，举行了隆重而简单的新式婚礼。1910 年 9 月 16 日的上海《时报》上，则登载了一则题为“粤绅请禁自由婚嫁之恶习”的新闻，文中提到：“邻近各乡女子皆染有自由习气。”这说明要求婚姻自由的风气已从城市扩散至乡镇。也就是在这一年，因追求婚姻自由而屡遭迫害的广州女性许有女士，从被凌辱的地位勇敢地站起来，最终得偿所愿。进入民国后，要求自由结婚的呼声日涨，而奉行者也益众。这种自由结婚在当时被称为文明结婚，以与旧式的封建婚姻相区别。文明结婚之所以文明，表现在两个方面：第一，婚姻观念的变化；第二，结婚礼仪的改革。

---

① 康有为：《大同书》，北京：华夏出版社 2002 年版，第 200 页。

婚姻观念的变化主要体现在要求婚姻自主、反对一夫多妻等方面。婚姻不自由是很多婚姻悲剧产生的根源。因此，千百年来，多少痴男怨女都盼望着能够拥有婚姻的自主权，而不是听父母之命、媒妁之言。直到近代，这种愿望才有了逐步实现的可能。有一首流行于广东的歌谣唱道："革命世界，新式头派，女子解放，自由选婿。"[①] 婚姻自主包括自主择偶、自由结婚和离婚。广州府属顺德陈氏女，已许配给何某，因其娶妻前先纳妾，遂不落夫家。"娶陈氏女时，女问其姑曰：贱妇汝要否。姑曰不要。女即曰，汝子是贱夫，侬不要他矣。遂即乘舆归母家不返。已十余年，妾已生子女，年前妾没，何某遂以归宁不返禀官传讯。当审讯时，女以其夫先立妾为说，鼓如簧之舌，满口平权平等，官不能判，遂交下日再讯。"[②] 1912 年 12 月 12 日的广州《民生日报》上也登载了一则题为"自由女不愿作三奶"的新闻："毓桂坊某甲，近有自由女悦之，愿许以终身。甲固情种，不忍拒却，日昨遂以生花藤兜，迎之返家，殊料甲已纳有妻妾，该女入室后，因不甘执三奶之礼，而又恨甲不先声明，遂即鼓其雌威，与甲大开谈判云。"这些都说明了民众尤其是女性在婚姻观念上的转变越来越明显。除此之外，在自主结婚的精神引导下，离婚、退婚的诉求也逐渐多起来。"近日文明结婚之风大盛，而离婚之案亦随之而增。"[③] 离、退婚的理由五花八门，有的固然是为了追求真正的爱情，也有人嫌贫爱富，或因嫌弃对方的长相而要求退婚："肇庆向来风俗淳朴，不期近因欧风东渐，女子误染自由，以致廉耻道丧。闻得北门福肇社，有乔氏女，凭媒许配三圣宫之梁某为妻，梁操竹器为业，貌颇不扬，该女子不欲嫁他，屡次迫他退婚，梁不允，前日纠率多人，亲到乔宅理论。该女子竟然出头辩驳。面对未婚夫，谓尔不靓，我宁死都不嫁尔。我之靓丈夫就来了。即使勉强娶我，我亦不向尔，有何好处。该梁某闻之，默然不答。久之，乃谓娶之恐性命难保，不如罢了，各人哗然而散。"这则新闻出现在 1912 年 7 月 19 日的《民生日报》上。而这样的事件屡见报端。广州东门外青龙里有一青年男子，欲娶一蛋女而为母不容，遂以死相逼，最后达成愿望。报纸上称为

① 中国民间文艺研究会资料室：《中国歌谣资料》（第一集），北京：作家出版社 1959 年版，第 140 页。

② 《民生日报》，1912 年 6 月 6 日。

③ 《民生日报》，1913 年 3 月 18 日。

“是真恋爱自由”，传为佳话①。不论出于何种理由，用的是何种手段，这种前所未有的自由确实是别开生面而且令人向往的。广州民间向来重视妇女的贞节，所谓节妇、烈妇、贞女、烈女，随处有之，地方志上还专门为她们作传。而再婚则被人看不起：“再醮者则百不一二，间有之，辄为姊妹所不齿，绝之终身。”② 近代妇女观念的改变也体现在广州女性对再婚行为的接受：“扣子脱了重新按，寡妇再嫁无相干。莫听旁人讲鬼话，一人单身手寒酸。”③ 1912 年 8 月 13 日的《民生日报》上有一篇《戏拟自由神通告男女自由结婚示》谐文，文中所言可以说是追求婚姻自由者的心声：“在父母则积重难返，以无媒为可羞。在儿女则情非所钟，视有家为对敌，夫妇之道苦矣。……须知自由二字，为神圣不可侵犯之物，万勿轻视放弃。……尔等男女结婚，务守自由宗旨，各尽爱情，各父母亦不得以无媒苟合为词，强行制止。”在广州婚俗中，还有一种“阻头”的说法。习俗规定，兄姐成婚之后，弟妹方可结婚，否则视为不祥，被称为“阻头”。随着观念的更新，人们逐渐摒除了这种旧俗。1913 年，广州西关逢源中路吴宅便为兄弟俩同时举行了文明婚礼。“西关逢源中吴宅，女议员吴桂嫦之异母兄弟两人，排行二十一兄弟，同日行文明婚礼。……行婚礼，兄弟各携新娘，自房中出，先由证婚人，演说婚姻历史，旋给证婚书，交换指环，兄弟雁行鞠躬，两新人鱼贯旅进，亲宾献颂，主人致答，礼毕。”④ 最初，实行文明结婚的大多是一些受过新式教育的、比较开明的家庭，其后逐渐为普通人所接受。民国成立之初，革命人士掌握了广州的政权，开始推行移风易俗。1914 年 7 月 22 日，广东地方审判厅在审理案件时决议，子女无须遵守父母所订的婚书。毫无疑问，这是对传统的父母之命的婚姻观念的颠覆。政府的介入，对新婚俗的普及应该有正面的作用。当然，对于民众来说，婚姻观念的转变是一个艰难的过程，并非朝夕之间可以完成，而接受者也在少数。相比之下，婚姻礼仪的改革更容易为一般人所接受，也更加深入人心。

---

① 《民生日报》，1913 年 4 月 1 日。

② 邬庆时：《南村草堂笔记》（卷一），1920 年版，广东中山图书馆藏本。

③ 中国民间文艺研究会资料室：《中国歌谣资料》（第二集），北京：作家出版社 1959 年版，第 230 页。

④ 《民生日报》，1913 年 3 月 18 日。

婚仪的变革是从很多细节上体现出来的，并贯穿于整个婚姻仪式的各个环节。从婚前定亲到婚后回门，从衣着到婚礼的进行，这一切都在不知不觉中，或多或少地发生着变化。从改革的方式来看，有的是循序渐进进行的，有的则是疾风骤雨般地一切推倒重来。种种迹象表明，婚俗的改革在近代呈现出一种多样化的趋势。

婚俗改革的内容是多方面的，有的在衣饰和用品上吐故纳新："碧藤轿子簇新花，婚礼文明半世家。吉服却嫌红锦俗，新人头罩白轻纱。"[①] 迎亲的大红花轿变成以鲜花装饰的藤兜，既时尚又好看，不失为一桩美事。而传统的凤冠霞帔显得有些不合时宜。中国人向来以红色为吉祥喜庆，因此嫁衣都以红色为正色。而白色则是丧葬的颜色。与此不同的是，西俗以白色为婚嫁之色，因为白色象征纯洁。此风传入之后，一般女性皆喜着白布鞋，而新娘的装扮也由红变白，并且仿效西方婚俗穿上了婚纱。虽然这种改革并非人所共识，但是，这无疑为传统注入了一丝新的活力。有意思的是，有人竟因为在这些方面不能达成一致而导致婚礼陷入僵局。1913年，广州城内崔府街黄姓男子与朱姓女子结婚，准新娘受过新式教育，思想开明，要求以生花轿迎亲。而男方较为保守，坚持要用凤冠霞帔和彩舆。双方争持不下，朱姓女子遂置之不理，于成婚当日仍然如常上课。[②] 这个例子不仅反映出当时对于传统婚俗的不同态度，还隐喻着一层深意：婚俗中用品的改变，表面上是器物的区别，实际上是观念的不同。民众生活最直接的改变往往都是通过器物体现出来的，而观念和意识则蕴涵在具体的衣着和用具当中。

有人反对，自然也会有人支持。"吾国未能遽至结婚自由，亦当改良婚礼，以俗间通行者，多舛忤不经，大失古人情意，况世界既开明，有决不能墨守古昔者。黄君季熙忧之，于其妹绮芳于归之前二日，开会集戚友，各抒所见，以改良婚礼为指归。于是先拟删去开叹情（粤俗如此），加笄后于戚友相见，道达谢意。彩舆既至，从容以登，不作痛苦流涕状。一切繁文末节，见笑大雅者，概为删除，此盖可作社会之导师，而为粤俗

① 《广州历代竹枝词》，《羊城今古》1989年第4期，第26页。

② 《民生日报》，1913年5月28日。

放一光彩矣。仿效有人，余日望之。”① 很明显，这个婚礼是有意要进行改革的，并且有人效仿，说明当时的部分民众已经有了移风易俗的认识。而婚礼的内容是新旧参半。开叹情是极富地方特色的一种广州婚俗。出嫁前几日，新娘要在闺友的陪伴下啼哭诉苦。这就是开叹情。实际上反映的是旧时女性对婚姻的愤恨。而从上面的例子可以看出，这个婚礼的主人是支持结婚自由之说的，他们对婚姻的认识也与传统有所不同。婚姻是两个人自由、幸福的结合，不是父母和媒妁的强行逼迫。因此，结婚是幸福的，不是悲惨的，笑容才是婚礼上最好的祝福，痛哭流涕反而显得不吉利。另外，这个婚礼是在传统的基础上的改良，所以还保留了传统习俗中合理的部分。加笄预示着女性身份的转变，而且有祝福之意。所以婚礼中将其保留了下来。从报道中可以看出，这个婚礼的实行者并不是试图颠覆传统礼俗，将其全盘否定，而是试图进行扬弃，将良风美俗加以保留，而落后的习俗则抛弃。应该说，这种改革是比较温和的，也比较容易为人所接受，因此有推广的可能。

婚礼的改革在清末民初并非昙花一现，有很多濡染过新思想的人都乐于接受西式婚礼。西式婚礼最早偶尔出现于 19 世纪末 20 世纪初，到 1905 年以后逐渐成为一种时尚。在笔者搜集到的报刊资料中，对于文明婚礼的报道，有 13 则。其中，最早的是在 1904 年，最多的是在 1912 年。而且，其中有 11 则都是刊载于同一份报纸。换言之，其他报纸刊登的，或是没有见报的这类事件应该还有很多。从中也可以看出辛亥革命对移风易俗的影响之巨大。当时的西式婚礼，也被称为文明婚礼。之所以称“文明”，是因为这种新式婚礼受西方文化的影响。相对于我国长期占统治地位的封建文化而言，18 世纪以来的西方文化要先进得多，且更具有文明意味。因为文明，所以有自由性和平等性。这与当时整个社会的观念更新是相符的：“柳波丛外荔枝湾，眉语姻缘摄合山。如此文明如此地，自由笑煞彼罗兰。”（乐闲斋）② 广州的文明婚礼是如何举行的呢？从以下的例子可以窥见一斑。这个题为“最新之亲迎礼”的报道记载道：“日昨黄君兆珪与吴女士蓉芝文明结婚，所行亲迎礼，尤能不失古意，兹略记其仪节如下：

① 《时事画报》1909 年第 6 期。
② 《广州历代竹枝词》，《羊城今古》1989 年第 4 期，第 28 页。

（一）新郎到女家时，先入招待室稍憩；（二）新郎入礼堂，同主婚新娘来宾行相见礼：（甲）新郎新娘，彼此行三鞠躬；（乙）新郎新娘向女父母行三鞠躬；（丙）新郎新娘向来宾行三鞠躬；（三）父母训词；（四）来宾颂词；（五）来宾演说；（六）新郎答词；（七）茶会；（八）辞行礼。”① 文中指出此婚礼是文明结婚，又说其“不失古意”，可见这个婚礼是新旧相结合的，属于过渡阶段的产物。仪式中既有传统的体现家长权威的父母训词，又有带有民主色彩的来宾演说和茶会等。可见，广州的文明结婚很少有纯粹的西式婚礼，更多的是中西结合的形式。还有人借结婚之机，进行新思想的宣传，这也是文明婚礼的特点之一。“文明结婚为改良社会之导线，昨新会大湾乡温继显，与邻村山头乡伍女士，行文明结婚礼。各社团千余人，证婚人温述德主席、吴玉田宣布，主席读训词，各男女来宾谭恒甫等上颂词，主人复读答词，徐唤民等次第说演，略言中国旧时腐败学说，谓男尊女卑，最为男女平等之障碍。文明结婚，系除此种障碍点。复指陈礼之亟宜改良，莫不娓娓动听，乡人闻之，均赞成此举云。”② 文明婚礼不仅在形式上成为社会改良的窗口，而且在根本上成为改革的武器。这是当时社会变革的要求所决定的。下面这副婚嫁对联，足以说明社会改良人士借婚礼改革社会的良苦用心：“开殖民地，种自由花，胚胎廿世纪英雄，于兹起点。登大舞台，结团体力，希望四百兆男女，从此平权。”③

按照传统婚俗，新人婚后还有一系列复杂的活动。这类活动是婚礼的延续，经过这些礼节，最终确定两家的亲属关系，结婚才算最终完成。新娘回门是这类活动中很重要的一个环节。那些不愿嫁人的女子就是借此机会归宁不返的。那些做丈夫的，即使知道妻子有可能一去不回，也无法阻止她们回门，因为这是传统。旧习中的回门礼规定女方家要操办酒席，自然是以盛大隆重为体面。这样一来，贫穷的家庭必然捉襟见肘，而富有的家庭则必然又是一次铺张浪费。婚俗改良的风气吹过之后，回门的习俗也有了改良的迹象：“近来女子半风骚，旧俗拘墟笑尔曹。新妇归宁无用轿，两人携手更时髦。”④ 新娘抛头露面已与旧俗有所不同，而新婚夫妻携手并

---

① 《民生日报》，1912 年 6 月 13 日。

② 《民生日报》，1912 年 5 月 27 日。

③ 《无所谓》1904 年第 29 期。

④ 雷梦水：《中华竹枝词》（四），北京：北京古籍出版社 1997 年版，第 2914 页。

行更体现出了平等思想的实践意义。

以下这组词刻画了一个女子从恋爱到结婚的过程，充分展现出新的婚姻观念和婚俗："池上平明恰遇君，睹面现红云。栏边并坐，花枝披拂，香雾氤氲。漫言膝下黄金贵，拜倒石榴裙。三生缔合，百年偕老，从此难分。"（秋波媚）两个人是一见钟情，自由结合。男方的求婚颇有些西方骑士的风度。"电火明于画，风琴韵若仙，画堂今日列琼筵，花好月圆寿缔良缘，女伴双双拥，宾朋个个颠，婚书一纸写金笺，两两新人并立恰随肩。"（南歌子）婚礼也显得比较特别：奏响礼乐的并非八音班，而是西洋乐器风琴。婚礼上，两人在亲朋的注视下，郑重地签下了一纸婚书。这是对婚姻的尊重，也是对女性的尊重。"相见礼，起立不胜情，夫婿人前烦介绍，鞠躬启口唤先生，态度最文明。环顾处，四座尽宾朋，欲索解人何处是，正如匹马入围城，灯火报三更。"（望江南）① 传统婚俗中的闹房有许多恶习，有的甚至还闹出了人命。而文明婚礼中的闹房却处处体现出文明之风：新郎向新娘逐一介绍亲朋好友，而新娘则起立一一鞠躬致意，口中的称呼也是尽显新风的"先生"。

从上面的论述可以得出以下结论：广州地区文明结婚最明显的特点是删繁就简和崇尚节俭。普通新婚礼通常如下：结婚当日，男女双方家里均废除了一切繁文俗例，用生花轿迎接新娘，举行简单的文明结婚礼，并且所有的聘礼妆奁免除。还有更为简单的。为了不让两家破费，一女子自己携带行李，在女伴的陪同下，径直到男方家成婚："（香山）南区陈某之女阿六，年华二九，已许字与北区界木厂某甲为妻，拟于今年迎娶。讵阿六吸自由风，以为秋期已过，竟与女友数人，手抱衿裯，亲踵某甲家，以姑礼谒见甲母，请即夕成婚，以免两家破费，求吾姑做主等语。某甲之母见新妇主至，不得已从之，即着其子与之合云。"② 有些地方还成立了婚姻戒奢会："自小榄婚姻戒奢会成立，各处踵行。若平洲，若大良，现皆极力鼓吹，将来逐渐普及，亦改良社会之一效果也。吾粤近年，竞尚奢侈，即婚姻一事，在寻常人家，亦非千百金不办，至有因嫁娶破产者。奢侈之

① 《南越报》，1914 年 12 月 16 日。

② 《民生日报》，1912 年 11 月 21 日。

风，诚不可长也。”[①] 有意思的是，这种改良的新风俗最开始并不是出现在广州，而是在周围乡镇。这种改革对普通民众来说，是物质上的节约。而对改良主义者来说，婚俗转变的意义在于：这不仅解决了一些社会问题，而且还成为社会改造的一个典范。传统婚俗的烦琐奢靡面对社会转型，必然遇到前所未有的冲击，并不得不与新婚俗分庭抗礼。而后者在社会进化的过程中将逐渐居于上风，并最终完成了改革的使命。这是社会发展的趋势，而这种趋势在清末民初的婚俗变革中表现得很明显。不仅如此，新婚俗与传统婚俗的区别还体现在女性地位的变化上。值得注意的是，当时报纸上登载的离婚案、退婚案中，大部分都是由女方主动提出来的。这与盲婚时代女性任人摆布的情形有很大不同，也与自梳女消极的抗争有区别。

清末民初是一个风云突变的时代。正是由于这种多变，社会呈现出一种畸形的丰富性。在各种新思潮风起云涌之际，诸多落后的习俗也依旧大行其道。在这个过渡时期，广州的婚俗也打上了多样化的烙印。有人选择传统婚俗，也有人顺应时代潮流，实行文明结婚。1914 年，广东省都督龙济光与广西省长张鸣岐结为亲家。婚前男方即派人到广州行文定礼。礼物有一载羊牲之属，一载海味之属，一载衣服首饰之属，一载礼书等。即便是文明婚礼，也是各式各样的。有的婚礼则采取折中的办法，既不愿抛弃旧俗，又不愿落后于时代，因此出现了不中不西不今不古的过渡时代的婚礼：新郎哥头戴高插金花的西式喼帽，身穿贝服长衣。新郎新娘手拖红带行对拜礼。新郎依照旧例行屈膝礼，而新娘则效仿新例行鞠躬礼。有的婚礼则是新娘乘着传统的大红花轿，周围却仿效新俗缠绕生花；或者新娘头带翠围，却穿着时尚。也有结婚礼服中西合璧的：“前山刘某，于十五号娶亲，自号为文明，身穿西式大褛，头戴常装绒帽，插一对金花，挂一条神红，远而望之，若一位神像，路人见之，为之捧腹不已。”[②] 这种中西新旧一网打尽的婚礼也被称为“婚礼共和”。虽然仁人志士疾呼破除神权，而信神观念根深蒂固的广州人却仍然迷恋于烧香拜佛，这种行为与文明结婚一结合，就产生了一个具有讽刺意味、极富喜剧色彩的婚礼：“近人娶妻，多用生花轿，所有一切仪仗，亦均不用，在彼之意，亦以为脱俗耳。

① 《时事画报》1909 年第 4 期。
② 《民生日报》，1913 年 1 月 21 日。

乃西关石榴巷黄宅，日昨娶妇，门悬绿叶，座挂生花，载妇之舆，则用生花藤兜，不知者见其如此，皆曰此乃文明缔婚之例式也。自是遐迩喧传，门前聚观者如蚁，惟其生花藤兜之间，贴有一纸，大书张王爷座镇数字。见者至是，又争相嘲笑之。”① 张王爷是广州人祭祀的一个神灵，每当修造房子或婚嫁之时，都要在神前占卜祈祷，如有不祥，就要鸣金燃放爆竹以禳解，然后才能诸事顺利。这种做法真可谓周到，既不得罪神灵，又不至于因落伍而发生婚变之类的事情。这种中西结合的婚礼既有落后的成分，又蕴涵着进步的因素，可以说是广州早期现代化的一个例证，有鲜明的时代特色。

广州婚俗的改革日见成效，这对整个珠三角的改革起了有力的推动作用，并且对偏远地区也起了示范作用。中山、新会、佛山、东莞等地的文明结婚也时有所闻。从实施对象来看，既有知识分子，也有赳赳武夫；有平民百姓，也有政府官员；有城市居民，也有乡中望族。“佛山松桂里梁姓为镇中望族，其婚嫁礼仪，向泥守前法，从无起而改良者。昨有该族人梁恭寿，为其子订婚李氏为妻室。特行文明婚礼，以为阖族倡。婚期为十二号星期四。来宾□众，会场几无容足地。伊子为农林专门学生，其同学多人到场歌诗演说。是日来宾虽极挤拥，而会场秩序整然，参观者均称道不置。”② 连一向拘于旧习的大家族也闻风而动，可见文明结婚之风越来越强劲。广州婚俗转变的原因是多方面的：西方自由民主观念的影响，新政府的倡导，习俗自身的调适功能等。但是，这种转变并非无源之水或空中楼阁，它是以整个社会的转变为基础的。同时，旧婚俗的普遍存在也说明了传统习俗的根深蒂固。这是社会转型时期不可避免的情形。另外，广州的新婚俗并非是对传统的全盘否定，而是对传统的一种更新，是移风易俗的结果。这一点从上述文明结婚的混合性可以看出。

清末民初是一个跨世纪的时期，也是一个前所未有的变革阶段，无论是思想还是生活，都没有一种单一的模式。中西新旧掺杂在一起，组合成了一个光怪陆离的世界。而此时的广州更是充斥着陈腐与鲜活两种截然不同的味道。它的婚俗为后代读者提供了一个了解老广州的场景。而这个场

---

① 《民生日报》，1912 年 11 月 5 日。
② 《民生日报》，1913 年 7 月 15 日。

景并非是静止的，它是流动的。透过它，看到的是五彩斑斓的生活。

二、社交礼仪的变化

中国被称为“礼仪之邦”，礼仪贯穿于中国人生活的方方面面。反过来，礼仪也像一面镜子，投射出中国人的心态。中国人讲究礼节，尤其是在公共场合。传统的社交习俗加强了人与人之间的交往，同时又有意彰显出人的地位差别。等级森严、繁文缛节、虚与委蛇、缺乏平等和真诚等，充分反映出传统社交礼仪的弊端。如民间常见的跪拜礼就体现出尊卑有别的性质。跪拜礼十分烦琐，不同的场合，不同的对象，有不同的跪拜方法。在封建社会，这种礼仪有意强调人的不平等，实际上是为了维护统治者对下层人民的控制。废除跪拜礼的意义在于，这是对君权、族权、神权的挑战。因此梁启超极力主张改跪拜为西式的鞠躬。近代的有识之士早已将社交礼仪的改革，作为社会改造的一部分。胡汉民就任梧州中学总教习时，“岁时令节，容许学生披洋衣以揖孔孟；又使其妻若妹，与某总理之十余龄少女偕学生同班听讲，废跪拜之礼”①。而官场礼仪的改革，是从两广总督岑春煊开始的。1906 年 1 月 24 日（农历除夕），他向属下发布示谕，痛斥下跪请安之类的行为是“婢膝奴颜、有伤气节”之举，宣布从第二年正月起，广东、广西两省官员，在下级觐见上级时，一律废除跪拜礼。其示谕全文如下：

照得臣工之事，皇上属员之奉上官，在尽心不在屈膝。徒以文貌相承而情谊不通，必多壅塞之弊。况屈膝请安之礼，实钦定礼部则例百官接见礼仪条内所不载。司、道、府、厅、州、县佐杂，于督抚常见之礼与初见不同，止有三揖而无屈膝，无论婢膝奴颜，有伤气节，且钦定则例所不载者，而臣下贸贸然行之，延久不改，未免违反王章，习非胜是。受此仪者，迹近矜高；而行此仪者，亦先卑屈；一举而失，甚为无谓，本部堂心窃非之。自明年正月为始，文武大小官员，入见概用长揖，普免屈膝请安

① 丘权政、杜春和：《胡汉民自传》，《辛亥革命史料选辑》（上册），长沙：湖南人民出版社 1981 年版，第 166 页。

俗仪，以符定制而挽颓风。除札行两司外，合行出示晓谕，一体遵行毋违。特示。①

辛亥革命之后，广东军政府也颁布了一系列法令，废除前清的叩拜、相揖、请安、拱手等旧式礼节，改行鞠躬、脱帽、握手礼等。社会风气为之一变，连书信的落款也由旧时的“顿首”、“百拜”，改为“立正”、“免冠”或“握手”、“鞠躬”等。广东省都督胡汉民身体力行推行改革。据载，胡汉民经常在黎明时外出，遇到军警行礼，必脱帽还答。② 上行下效，新的礼仪很快就得到了社会大众的承认。

称谓是社交礼仪中的重要组成部分，它体现出交际双方的关系和身份。在封建社会，称谓必须遵循严格的等级制度。广东的情况如下：“乡民在官长前，多自称草民或蚁民。此不过自卑之辞。至于崇奉官长，则或称龙驾，或称天心。牒诉亦然。此最僭妄不经，忽宜严禁。”③ 官僚及富绅之家的奴仆甚至只能自称“奴才”，而权势之人皆称“大人”或“老爷”。老爷、大人成了社会下层民众对上层人物的称呼。从大人到草民，从老爷到奴才，地位的尊卑由此可见。1906 年，两广总督岑春煊下令，禁止府县的公牍中称“卑”。④ 1910 年，清政府下令废除“奴才”的称呼。⑤ 1912 年 3 月 2 日，孙中山领导的南京临时政府发布内务部令规定：“嗣后各官厅人员相称，咸以官职；民间普通称呼则曰先生，曰君，不得再沿前清官厅恶称。”在该年广州的报纸上有一则评论：“民国成立，大人老爷之名号一律取消。故自总统至于平民，凡公文往来，宾主称呼，统以先生二字代之，以期扫除亡清专制之阶级，而达共和平等之目的。”⑥ 新的称谓体现了资产阶级革命派要求平等的意向，因此极易得到民众的支持。即使是“先生”这个称谓，也有一个意义转变的过程。“先生”的称呼，在民间沿用已久，其所指非常广泛。教书的是先生，看风水的是先生，算命的是先

① 《大公报》，1906 年 2 月 18 日。
② 《民生日报》，1912 年 7 月 6 日。
③ 张渠：《粤东闻见录》（卷上），广州：广东高等教育出版社 1990 年版，第 57 页。
④ 《申报》，1906 年 2 月 6 日。
⑤ 《国事报》，1910 年 5 月 6 日。
⑥ 《民生日报》，1912 年 7 月 24 日。

生，看相的是先生，男觋称为喃唔先生，上海的妓女也叫先生。可见，先生不仅不是尊称，还带有低贱之意。民国以后，“先生”成为一个对男性的统称，并且有尊崇的意味。1913 年，龙济光据粤，成为袁世凯的代言人。他制定的许多政策倒行逆施，对广州的改革起了很大的阻碍作用。原已取消的“大人”、“老爷”的称呼在政界又复兴起。这一现象引起了世人的关注，1915 年 3 月 11 号的广州《南越报》上，刊发了一篇题为“呵呵又闹大人大老爷架子”的评论，对此进行了批驳。青山遮不住，毕竟东流去。社会改革的洪流是挡不住的，先进终将替代落后。先生、君这类称呼逐渐在广州等城市里盛行起来：“女郎装束尚文明，橐橐风传革履声。十里长堤人似海，相逢大半唤先生。”（刘紫东）①

夫妇称谓，表面上看起来是个人行为，实际上也反映出两性不同的社会地位。夫妇称谓的变化体现出深层次的社会文化内涵。1912 年 11 月 25 日的广州《安雅报》上，有人撰文专门讨论这个问题。“吾粤习惯，夫妇睹面，不相呼唤，恒有伉俪终身，而不解呼妇为何者。闺房感情之淡漠，未必不由此。”传统的婚姻制度使得夫妻的交往是在一种缺乏平等和了解的基础上进行的，因此称谓也打上了这种烙印。妻子称丈夫为“少爷”或“老爷”，自称“妾”。这些称谓明显地反映出了传统夫妻关系中的男尊女卑。作者认为，随着欧风东渐，习尚开通，对有关称谓之词，应该有所规定。例如：丈夫称妻子，要以其在家的排行称曰几姑娘，或者直呼其字；而妻子对丈夫，应以其字为称呼，既表敬慕之诚，又合平等之义。此外，夫妻之间还可以互称兄妹。从这些称谓的变化中，可以看出近代婚姻关系的变迁。由于古代一夫多妻制的流行，才会出现“妾”这样的谦称。随着一夫一妻制的推行，这个字眼必定被淘汰。而平等观念的普及，也打破了原来的称谓习俗。

在社会交际中，经常要拜谒通名，从而出现了名刺。最初是将姓名写在削好的木片上，因此叫“刺”。后来改用红纸，上书本人姓名、职衔，称为“名刺”或“名帖”。古人使用名刺还有讲究。六卿以下投刺，要用双折式样。而翰林则用单红刺（也叫单片）。一般与亲戚朋友道喜或拜见

---

① 《广州历代竹枝词》，《羊城今古》1989 年第 4 期，第 30 页。

均用单红刺。如果是卑幼拜见尊长，则在全柬上附一单片，类似双折刺。①名刺的使用也体现出地位、身份的不同。在倡导平等的近代社会，名刺逐渐退出社交舞台，取而代之的是名片。这种小卡片受到西式名片的影响，体积较小，便于携带。最初颜色有红有白，后来多用白色。清末的广州已经有很多人使用名片。1910 年 2 月 9 日，广州新军第二标第三营士兵吴元英到双门底绣文斋取定制的名片，与店主发生争执后被巡警逮捕。此事成为广州新军起义的导火线。由此可知名片的普及。民国初年，广州有三种社会最新趋向：一是女士服饰的洋化；二是结婚所用花轿的革新；三是名刺的变化："现在投刺请谒，无论个人及社团及商店，多用咭片，不用柬贴，城内开多数间接印咭纸，可见销流之广。"② 虽然只是一张小纸片，但社会风俗的改变却是显而易见的。它反映出社交礼节由繁而简的趋势，并且表明了民众观念的变化。

礼仪的变化贯穿于社会生活的各个方面。除上述之外，在广州，无论是节日庆典，还是商店开张的仪式都体现出改革意识。以丧葬为例，传统的仪式烦琐而且耗费很大。新的仪式简洁而又庄重。1905 年，为反美志士冯夏威举行的追悼会，一切礼节均为新制。首先，众人齐集，由主持人宣布开会理由，读诔词，然后分批行礼，再由招待员引至礼堂，在纠仪员的安排下排列就位，向烈士行鞠躬礼，礼成即退。礼毕，还有学生唱爱国歌。③ 很显然，这个追悼会也是一个反美集会，其政治目的非常明显。相较之下，冯如的追悼会更加隆重。1912 年 8 月 25 日，中国最早的飞行家冯如因飞机失事身亡。9 月 9 日，各界为他举办了一个新式的追悼会："是日系在寺内（海幢寺）大雄宝殿之大殿为追悼场，场之内外，满挂挽联诔词，中设冯君肖像，而以生花供张之，场中并悬冯君生时驾驶飞机态度之影片。……总计赴会追悼者不下万人。……开会次序，附录如下：（一）齐集；（二）宣布；（三）行礼、随读祭文；（四）奏乐；（五）唱追悼歌；（六）演说；（七）奏乐；（八）散会。"④ 从会场的布置及仪式的程序来看，这种新式的丧礼已相当成熟，并且沿袭至今。

① 梁松年：《梦轩笔谈》（卷十二），咸丰二年（1852）版，广东中山图书馆藏本。

② 《民生日报》，1913 年 1 月 8 日。

③ 《广东日报》，乙巳年（1905）九月十六日。

④ 《民生日报》，1912 年 9 月 9 日。

第三节　女性的自我救赎

女性地位的低下，使得女性不堪忍受。到了近代，她们有了争取自身权利的可能，首先是以自梳的方式，后来是用争取女权的方式。

一、自梳女的自赎

（一）近代自梳习俗兴盛的原因

自梳是广州地区独有的一种婚姻习俗，对社会的影响颇大。从上文的传统婚俗可以看出，女性在婚姻中处于被欺压被凌辱的地位。正因为如此，一些女性才选择用自己的方式，来抵制这种婚姻对她们的迫害。这也是在父权社会的主流文化中，妇女以群体的方式表达出来的一种抗争。自梳女的主要表现是女子不嫁。女子不嫁的习俗在历史上也曾出现过。据《汉书·地理志下》："始桓公兄襄公淫乱，姑姊妹不嫁，于是令国中民家长女不得嫁，名曰巫儿，为家住祠，嫁者不利其家，民至今为俗。"此外，古代的百越民族已有"不嫁"的习俗。苏辙《竹枝歌忠州作》："俚人风俗非中原，处子不嫁如等闲。双鬟垂顶发已白，负水采薪长苦艰。"但是，相较而言，自梳女的情况要复杂得多。自梳的习俗出现在珠江三角洲，最早在明朝，而其盛行则在清末民初。本书所讨论的自梳女有三种情况：一是明确表示自梳并义结金兰；二是以不落家为借口实行不嫁；三是以独身为由，虽没有自梳而独善其身。

自梳习俗形成和风行的原因是多方面的。首先是社会原因。传统婚姻对女性的压迫是导致女子不嫁的罪魁祸首，自梳实际上就是抗婚的一种形式。封建婚姻的弊端上文已有论及，在此不再赘述。

其次是文化的原因。古老的"不落夫家"习俗是自梳女出现的基础。两广和福建等地的少数民族，自古以来就有一种"不落夫家"的原生态的婚俗。婚后新娘只在夫家住几天就返回娘家，偶尔与丈夫相会，直到怀孕生子才返回夫家。这种婚俗本身就已说明女性在婚姻中所处的弱势地位。

女性必须能够繁衍后代才能成为夫家名正言顺的一分子。这种习俗是社会由母系氏族向父系转变的特征。除此之外，这些“不落夫家”的女子通常都有一定的性自由。清代广州地区的“不落家”可能与“不落夫家”习俗的遗留有关系。“华南汉族社区的不落夫家等婚俗可能是儒家贞操观与岭南瑶、侗、黎等非汉族婚俗文化以及妇女对自由的要求之间的一种妥协。”①“不落家”的妇女获得了一定的自由，但是，她们也不能有越轨行为，否则将受千夫所指。“不落家”有两种表现形式：一种是古制的延续：生子之后即返回夫家；或者过一段时间才逐渐乐家。而另一种则表现为女子根本不与丈夫共同生活，夫妻关系形同虚设，实际上也是女性独身主义的一种表示，与自梳女的性质是一样的。

“不落家”也称为“归宁不返”。在南海、番禺、顺德、香山等地都很盛行。例如在番禺沙湾，男女按照传统礼仪举行婚礼，三几天后，女方循例回门，然后就常住娘家。一般只在年节回夫家一两天，或者在公婆寿辰的时候回去住一晚。即使在夫家，女方也坚持尽量不与丈夫发生关系。以扇遮脸，不愿见人，甚至连夫家的饭也不吃。因而有“未食尔家饭，不是尔家人”的谚语。如果夫家人强留，就会哭闹不止。过两三年，女方才逐渐返回夫家，并且开始吃饭见人，来往次数比以前略多。再过两三年，直到该妇愿意打扫祖先香灯，才说明她真正成为这个家庭的成员。这叫“乐家”。而后公婆才能将她当媳妇对待。有一些女性则归宁之后终身不返。“不落家”这一习俗是得到地方社会公认的。清初大学者屈大均就因为前妻刘氏不落家而续娶王华美。可想而知，不落家的习俗在当时并不鲜见。实际上，女子不嫁在清初已成风气：“国朝百年来，番禺一邑，其所称贞女者志不绝书，而其甚者，相约不嫁，联袂而死。”② 可见，不嫁就意味着抵制婚姻，也就是抗婚。而“不落家”是女性为达到不嫁目的而采取的一种方式。有学者将自梳习俗看作是“不落家”在某个历史阶段的特殊表现：“二十世纪初顺德劳动妇女看起来由缫丝业引发的‘抗婚’或许只是

① 叶汉明：《华南家族文化与自梳风习》，李小江等：《主流与边缘》，北京：生活·读书·新知三联书店 1999 年版，第 88 页。

②《同治番禺县志》（卷六）。

这种行为的历史发展过程中若干表达方式之一。”① 正因为有这种古制俗例对地方社会的影响，自梳习俗才会被民间所接受，并浸染成风。

促使女性自梳的还有“跨头”、“阻头”的习俗。按照广州地区的习俗，弟妹在兄姐之前先行嫁娶称为跨头。如果兄姐不娶不嫁，因而耽误弟妹婚期的叫做阻头。民间认为：阻头不便，跨头不祥。所以，通常孩子到十二三岁就要订婚。有的女子因为挑选过严而造成阻头，父母心急之下只能为其草草完婚。这就是民间俗谚所谓的：千拣万拣，拣只烂灯盏。很多女子都是在这种情况下选择自梳的。对于封建时代的女子来说，婚姻就是她的人生所在。对于不幸的婚姻，男性可以通过纳妾来得到平衡。而女性只能从一而终，即便是丈夫去世后也不能随意改嫁。民间有“男怕入错行，女怕嫁错郎”的说法，可见婚姻对于女性的重要性。草率而成的婚姻，给女性带来的是一生的噩梦。因此，既为了避免不幸的婚姻，又要遵从习俗的规定，一些女子只有选择终身不嫁。

再次是经济原因。女性的经济独立是自梳风气高涨的重要条件。“大抵主张女子不嫁者，当以女子之生计为重要问题。盖女子能自立生活，不需男子之扶助，即父母之力亦无依赖之必要，夫然后可言不嫁。”② 明清以降，珠江三角洲的手工业得到了很大发展，到清代中后期达到高峰。这些行业中以纺织业和缫丝业最为著名。自梳女是广州缫丝业发展的另类结果。广州缫丝工业的发展不仅促进了对外贸易，还对当地女性的生活起了很大作用。这是创办者始料未及的。据《宣统南海县志》记载：“从前丝厂以顺德为多，南海次之，新会亦有，约近百家，近数年日更多，设其大厂有用至八九百工人者，大率以四五百居多。……邑中丝厂均用女工，每工每日缫丝约二两零至三两零之谱，其工资视乎缫丝之多寡及丝之粗细，约一毫以上至三毫零不等。”（卷四）可以想见，缫丝厂成为女性的聚居地，为她们营造了一个属于自己的场所。自梳风气的两次高潮都与缫丝业的发展有关。第一次是在清朝嘉庆、咸丰年间，第二次是在 19 世纪末 20 世纪初。缫丝女工多为自梳女，这也与丝厂的规定有关。丝厂不欢迎已婚

---

① 萧凤霞：《妇女何在？——抗婚和华南地域文化的再思考》，《中国社会科学季刊》（香港）1996 年春季卷第 14 期，第 28 页。

② 胡朴安：《中华全国风俗志》（下编），石家庄：河北人民出版社 1986 年版，第 387 页。

妇女，因为家庭、儿女会分散她们的精力。除缫丝业外，广州妇女还从事其他行业。“当纺织业兴盛之时，沙亭一带独以凿铜钮著。……纺织业、凿钮多属女工。”[①] 这些行业为女性提供了一个正当的职业，使她们有了经济独立的机会，也有了人身独立的可能。经济独立使部分女性从家庭的桎梏中走出来，获得了一定的自由。她们有了生存的空间，也就有了为自身争取权利的资本。尽管这点权利微乎其微，却是一个不小的进步。自古以来，用劳动去换取自己的生活所需，这是天经地义的事情。但是，对于封建制度下的妇女来说，她们只是男性的附属品，她们甚至连为自己付出劳动的机会都没有，更不用说什么自由、权利。一些自梳女甚至从乡村走入城市，从事充当妈姐等工作，用一技之长换取生活之资。在当时的社会条件下，自梳与经济独立是一种互动的关系。有了经济基础，才使女性有独立的条件，继而有选择独身的权利。另外，梳起后的女性才有出入工厂的自由。而一般女性则仍然沿袭着不逾闺阁的旧俗。经济不是自梳习俗的决定因素，但是，它对这种风气有助长的作用。

最后是心理问题。心理学家认为，男性和女性心理问题的表现不一样。男性的心理问题主要是通过攻击行为、捣乱、反社会行为和极度活跃表现出来的，属于“外化问题”。相较之下，女性的心理问题是“内化问题”，如抑郁、焦虑和社会退缩。由于这些问题发生在个体内心深处，通常呈现出一种封闭状态，所以不易发现也常被忽视。而且，从年龄段上来讲，青春期的女孩更容易发生心理问题。[②] 在封建社会，父权和夫权的压迫、社会角色的缺失、生活的不自由等等，这些对女性心理的影响是可想而知的。因此，有部分女性出于对婚姻的恐惧而形成一种以婚嫁为耻的观念。之所以视婚姻为畏途，主要还是由于对传统婚姻中女性弱势地位的担忧。在盲婚哑嫁的年代，女性根本没有婚姻的自主权。幸运的话，可能会碰到好人家。即便没有很深的男女情爱，起码也会获得一份安稳的生活。可是，如果不幸遇人不淑的话，这个女人的一生就注定是个悲剧。不仅要忍受夫家的欺凌，还要面对丈夫的三妻四妾和打骂等等。这种种原因使得

---

① 邬庆时：《番禺末业志》（卷四），广东中山图书馆藏本。

② ［美］埃托奥、布里奇斯著，苏彦捷译：《女性心理学》，北京：北京大学出版社2003年版，第112页。

很多女性对两性婚姻充满了怨恨，因此逃避抗拒婚姻。也有因为对生育心有不安而抗拒结婚的："又其甚者生育苦辞于燕翼，愿还二万聘钱。"①

除了上述原因之外，由于缺乏嫁资，贫苦人家也只好任由女儿自梳。也有一些人家为了生计，不得已要留下人手帮补家用。"广东顺德各乡，每有已嫁之女不返夫家，或母族本系赤贫，则宁佣于大姓家亦所不悔。故有娶妻数载，而春风娇靥未能省识分明者。"② 或者是为了照顾父母和年幼的弟妹，家庭迫使她们不结婚。有的女子在十二三岁时就已梳起，她们的行为主要是受习俗影响所致。也有富人家庭疼爱女儿，生怕其出嫁之后受苦而支持其梳起。还有观点认为，自梳行为还受宗教的影响。自梳女供奉的观音菩萨在民间就有不嫁和抗嫁的传说。总之，造成女子自梳的缘由是多方面的。姑娘们年纪轻轻就放弃了人伦的乐趣，这绝非天性使然，主要还是社会环境造成的。所以，不仅乡间女子有自梳者，即便是城镇中的大家闺秀，也不乏仿效之人。"不落家风俗，其野蛮情状，尽人皆知。初仅由于习惯使然，殊非一般女子自愿，嗣后变本加厉，致成不堪。"③

（二）自梳的各种行为

按照传统习俗，未出嫁的女子要梳辫子，而出嫁以后即改为梳髻。那些不愿出嫁的女子于是自己梳髻，表示终身不嫁，叫"梳起"（也有一些是终身拖着一条大辫子，表示丫角终老）。"自梳女"的称呼也由此而来。梳起的仪式很庄重，具体程序见《自梳女与不落家》一文。④ 女儿家一旦梳起并为人所知后，家庭就不应强加干涉，否则如同破坏她的贞操。因此，有些自梳女受到父母的强迫后，自感羞愤而自杀。"自家梳起古今无，眉黛风流与众殊。羞说梧桐待栖凤，阿侬原不似罗敷。"（陈坤）⑤ 这种特殊的习俗主要流行于广州周边的番禺、南海、顺德等地，而省城广州也受到波及。根据民间传统，女子不能死在父母家，年节时也不能住在母家，

---

① 诸名家老师戏墨：《后续岭南即事》（第四集），粤东书院前守经堂藏版，广东中山图书馆藏本。

② 《申报》，1894 年 3 月 31 日。

③ 《民生日报》，1913 年 7 月 29 日。

④ 陈遹曾等：《自梳女与不落家》，《广东风情录》，广州：广东人民出版社 1987 年版，第 23～38 页。

⑤ 雷梦水：《中华竹枝词》（四），北京：北京古籍出版社 1997 年版，第 2840 页。

否则会带来厄运。所以，有些自梳女集资买屋共同居住，即所谓“姑婆屋”。这些女子还结为金兰姐妹，使她们的关系更加牢固。“金兰契结岂前因，姊妹恩情太认真。结习闺中牢不破，不从夫婿不从亲。”[①] “香闺结友倍情痴，盟重金兰信不疑。翻手作云覆手雨，芳心从此薄男儿。”[②] 自梳的习俗也渐渐被社会所认可。一些立志自梳却又不被家庭所允许的女子，采取的是不落家或冒清的习俗。俗例，新娘于三朝或十朝八朝之时要回门（即归宁），女子一旦回到母家，就再也不愿返回夫家。有的终其一生也没有回过；有的偶尔回去一两天；有的即便回去了，也与夫家人形同陌路。而冒清则是自梳女主动为亡人守清。“粤俗妇女，夫死守节不嫁曰守寡，未嫁夫死而守曰守清……缘俗例女子不能死于母家，余则年节亦不能在母家居住，故有‘过冬空，过年穷’之说。谓于母家不利。于是冒清之说遂起焉。凡女子不愿嫁人者，将字人时候，闻附近有丧明者，即奔赴哀求，纳为媳妇，订允即赴社坛梳髻为伊子服丧，若夫妇焉。间有养姑之累，亦所不计。守至年久，志无他向，即出囊积择各侄中一人为之娶妇，作为继子，为身后香灯之侍奉云。此冒清之大概也。”[③] 有的则寻找丧男之家，请求娶其为“鬼妻”，终身为死人服丧守寡，以此达到不出嫁的目的。也有一些自梳女自愿出资与男方解除婚约，或者为其纳一侍妾（这样做，是为了保留一个名分，到自梳女临终时就可以到夫家办丧了。俗称“买门口”）。女性就是用这种“赎身费”来换取一点点的自由。这些习俗都反映出封建婚俗对女性的压迫，使她们不得已采取种种极端的方法来逃避婚姻。婚姻成为人生的牢笼，甚至成为妇女的地狱。这种婚姻何其不幸，而这种人生又何其惨淡！封建婚姻的不合理性，使自梳女的种种行为有了合理的解释。下面就是一则关于自梳女的消息：“夫人之贵有妻者，所以上延宗嗣，下事翁姑计耳。顺德乡俗，间有女子既嫁归宁不返，即岁时伏腊偶一归婿家，饮食亦以自随，不食其食。节过即归母家，不少留焉。每有娶妻数年而不得一亲者，更有数十年而终不得有亲者。其或有数年而得亲者，则以为罕遇也。”有一位何某，以小贩为业，虽然早已娶妻，但是女

---

① 雷梦水：《中华竹枝词》（四），北京：北京古籍出版社 1997 年版，第 2757 页。

② 雷梦水：《中华竹枝词》（四），北京：北京古籍出版社 1997 年版，第 2825 页。

③ 《香港少年报》，丙午年（1906）十月十九日。

方嫌弃他家贫而又木讷，因此常归宁不返。一日，何父染病身亡。向亲家报丧之后，其妻也不回家奔丧。于是何某向局绅申诉。在他们的责成之下，该妇勉强返回夫家，却并未送丧，导致两家交恶。后来在绅士的调解下，让女家偿还何某钱财以置妾，事情才算了结。[①] 不难看出，实际上，自梳或不落家习俗对于女性可能是一种解脱，而对男性来说，却是一种无可奈何。他们是男权社会的缔造者，同时也承受着不嫁习俗带来的烦恼。这不是某个人的过错，而是社会制度的落后造成的。因此，一旦封建制度倒塌，这种习俗也会发生变化。

自梳的习俗滥觞于顺德，其后蔓延至周边地区，呈愈演愈烈之势。自梳女拥有自己的生活方式和团体，这是一般人所无法窥见的。

同性之恋："僧尼无室家之累，而有室家之乐，其择术良工而流弊日广。如妇女之契相知，亦师其意而变通之者也。《汉书》两女相配谓之'对食'。此风已古。粤俗女子三五成群相联不嫁，嫁亦不归，初犹顺德、南海等县有之，近则相习成风，随地皆是。所谓后生梳头妈者……诗礼之家亦多渐染。"[②] 虽然自梳习俗久已有之，但她们的生活却并不是一成不变的。自梳女虽然奉行不嫁的观念，摈弃了异性之恋，但是她们也有生理需要，同性恋遂成为自梳女生活的一部分。在清末的文人笔记中，有关自梳女同性恋的记载并不少见。张心泰的《粤游小志》（十二）中写道："广州女子多以拜盟结姊妹，名金兰会。女出嫁后归宁恒不返夫家，至有未成夫妇礼，必俟同盟姊妹嫁毕，然后各返夫家。若促之过甚，则众姊妹相约自尽。此等弊习为他省所无。近十余年，风气又复一变，则竟以姊妹花为连理枝矣。且二女同居，必有一女俨若藁砧者。然此风起自顺德村落，后传染至番禺，沙茭一带效之。更甚即省会中亦不能免，又谓之拜相知。凡妇女订交后，情好绸缪，逾于琴瑟，竟可终身不嫁。风气坏极矣。"还有一篇《戒契相知文》中也有类似的记录："结拜相知，借称姐妹始共言，继共笑，两两情投，日同坐，夜同眠，双双意合，于是指白水一联盟，对青灯而发誓。十年不字，本是无郎，二女同居，何妨作婿。以上颠倒，帐

---

① 《广报》，光绪十三年（1887）十月二十一日。

② 史澄：《趋庭琐语》（卷七），光绪乙酉年（1885），广东中山图书馆藏本。

中认作鸳鸯。"[①] 这些记载都揭示了自梳女的同性恋生活。张心泰的著作出版于1900年。根据他的说法，自梳女的同性恋风气是19世纪后期才产生的，当时正是缫丝业的兴旺时期。因此，这种风气与缫丝工厂女多男少的情况不无关系。可以想见，作为知识分子的记录者们对此必然是深恶痛绝的。但他们毕竟保留了真实的社会生活片段。而在官方主持修订的地方志中，编纂者对自梳或不落家习俗的记录很简略。当时官方禁止张贴归宁不返的告示，对此也很忌讳，文字之中闪烁其词。这是可以理解的。到后来，自梳女的私生活逐渐进入了公众的视野。《时事画报》1912年第6期上就记录了自梳女的生活："顺属缫丝女子，持无夫主义。虽托名婚嫁，惟恒不落家，守身如玉，不轻易与男子真个消魂也。计日所入，仅小洋数角，然衣食而外，常有余蓄，乃集姊妹数人，出赀购宅，名曰姑婆屋，屋置丝机数事，日中缫事既毕，即与金兰辈并肩交膝，抵掌谈心，夜则同榻，名为相知，义同夫妇，此中乐趣，有非局外人所能领略者。故此辈多终身未尝一近男色。""相知"又叫"夸相知"、"识朋友"、"金兰契"。两个情投意合的女子可以结为金兰契，从此以后要严守契约如法律。经过一番类似结婚的仪式，两人正式结为相知，然后生活在一起，形同夫妻。"二女同居，虽不能具有男女之形式，实具有男女之乐趣，或云适用摩擦力，或云适用机械的。"[②] 这种生活方式并非完全出于感情需要和性价值取向。当今社会，同性恋已被很多人所接受，视为正常现象。究其原因，主要是由于个人因素。社会的容纳表现出大众观念的民主化和自由化。而自梳女的同性之恋则更多地反映出其畸形的一面。因为女性惧怕传统婚姻所带来的压迫，所以用不嫁的方式来进行反抗，争取自由。但是，她们对男女爱情仍然会有一丝憧憬。倘若碰到如意郎君，她们也会情不自禁。这使得自梳女的同性之恋也笼罩着一层悲剧的阴影。欢笑的背后是辛酸的泪水。结为金兰的女子行动一致，生死与共。当她们相约赴死时，会用一根带子将彼此连在一起，为的是死后也可以并肩携手，不致失散。

有关同性恋的形成原因，学界大致有以下观点：社会文化或境遇假

---

① 诸名家老师戏墨：《后续岭南即事》，粤东书院前守经堂藏版，广东中山图书馆藏本。

② 胡朴安：《中华全国风俗志》（下编），石家庄：河北人民出版社1986年版，第390页。

说；其他同性恋者的诱惑（学习行为）；特定时尚、思潮的影响；生理因素决定。从自梳女的情况来看，诱惑和时尚的因素或许也有，但肯定不是主要原因。生理因素应该是微乎其微的。从上述自梳女形成的原因来看，文化才是决定因素。当代的研究在一定程度上也证明了这一点。“在男女交往能促进异性恋体验的环境里，女性同性恋者要少得多。许多受雇于工厂和办公室、被女人包围、几乎见不到男人的女人，会很容易与女性形成色情友谊：她们会觉得，使她们的生命发生联系，无论在肉体还是精神上都是简单的。异性恋接触的缺乏或困难，会注定她们要搞同性恋。”①

金兰之交。《周易·系辞上》：“二人同心，其利断金；同心之言，其嗅如兰。”据此可知，金兰之交指的就是志同道合、同生共死的朋友情谊。在传统的文本中，义结金兰的通常都是男性。但是，珠三角的妇女竟然也仿而效之，结成了一个特殊的社会团体。自梳女的这个团体美其名曰“金兰会”。美籍华裔社会学家杨庆堃提到，在广东从事桑蚕业的独身女性结成了一种拟似亲缘的妇女互助会。这种互助会对其成员来说，作用非同一般，它不仅是一个社会团体，也是家庭的补充形式。在这种互助会中，“当一个成员死去后，其所属团体的姐妹会供奉并祭祀她的灵位。……当家庭无法满足个人的物质和精神需要时，这些团体组织就履行了家庭的功能”②。这个妇女互助会就是金兰会。加入金兰会的自梳女自称为“姐妹”。实际上，她们的关系远比姐妹或者朋友之类要复杂得多，也更有意味。金兰会不仅是自梳女有形的家，也是她们精神上的归依。她们在这里获得认同，受到尊重，也享有一定的自由。金兰会以姑婆屋为形，以金兰契为神，将自梳女聚集在一起。从入会开始，自梳女的一生都将在金兰会的影响中度过，尤其是一些在地方上终老的自梳女。她们的生老死葬，包括祭祀，都是由金兰姐妹承担的（在现存的姑婆屋顺德“冰玉堂”中，就有专门供奉亡人牌位的地方）。即便是对于后来涌到城市甚至海外的自梳女，金兰契也犹如一道符咒，与她们的人生如影随形。金兰会的清规戒律，或多或少，都会在她们的生活中有所体现。

① 巴莺乔、洪炜：《女性心理学》，北京：中国医药科技出版社 2006 年版，第 304～305 页。

② ［美］杨庆坤著，范丽珠译：《中国社会中的宗教》，上海：上海人民出版社 2007 年版，第 68 页。

自梳之规：女性一旦成为自梳女，加入金兰会后，就终生不得翻悔，还要遵守一些不成文的规定。违规者将受到严厉的处罚，甚至还会被浸猪笼。对于那些不愿意出嫁而又为家庭所逼迫者，金兰姐妹必想方设法帮助她们逃脱。而自梳女也必须同男欢女爱划清界线，否则乡党不容而姐妹见弃。当自梳女在父母威逼之下不得已出嫁之时，金兰姐妹会为她缝制一件特别的衣服："花烛届期所衣亵服，诸女为之缝纫，上下密联，使难解脱，虑其与夫相昵，致背盟也。"① 姐妹们用厚布或者就是一个布袋，将新妇的身体上下结结实实地包裹起来，并且用麻绳将开口处密密实实地缝好，使新郎无法扯开，以防失身，并且还在上面做了记号以备检查。倘若有破损就等于违背盟誓，将遭到姐妹们的唾弃。因此，在新婚之夜，为了保全处子之身，新娘会不惜以武力相抵抗。而违约之人所受的惩罚，轻则受鄙视，重则被拳脚相加。有一个自梳女，在新婚之夜与新郎两情相悦，于是成夫妻之礼。后来事情暴露，该女子的金兰姐妹们非常愤怒，争相用剪刀将其扎至体无完肤，性命垂危。不仅如此，两个自梳女交好，就不容许第三者插足，否则也会受到惩处。如《同治番禺县志》（卷六）所记："女子在室订为契姊妹者，不得他约，有他约则共其逐之，谓之打相知。"1894 年 4 月 24 日的《申报》上曾报道了一桩控案，涉案双方是两个结为相知的自梳女，因为其中一人另结新欢而引起争斗。而那些被迫出嫁的自梳女在三朝回门时返回娘家，其后只在年节吉庆时才去往夫家，第二天黎明就要返回，迟了就会遭到姐妹们的嘲笑和鄙视。自梳的规定对这种习俗的形成和延续有很大的作用。一方面，这些不成文的规定使自梳女们自成一体，既利于团结，也在某种程度上保护了自己；另一方面，这是社会环境对她们的要求。如果没有内部的自我约束，就很难得到社会的认可。

自梳女还有自己的宗法继承的规矩。由于自梳女没有子嗣，她们的遗产继承也就具有特殊性。除了指定给亲属之外，更多的则是由其弟子或金兰姐妹继承。很显然，她的所谓弟子也要是自梳女。这是为以后养老送终而做的准备。

迷夫之术："粤俗女子向有结为金兰友者，大都以十人为率。凡所结契之人，皆愿与姊妹行常，相聚处不以有夫为乐。父母有强嫁者，则预习

① 陈徽言：《南越游记》，广州：广东高等教育出版社 1990 年版，第 170 页。

迷夫术以杀之，必归宁与金兰相聚而后已。此实该处一大恶俗，惜无人焉起而革除也。”[①] 民间相传，自梳女中流行一种迷夫术。这种法术有很大威力，轻则使人生病，重则置人于死地。道光《南海县志》（卷八）记载：“（广州女子）习为巫蛊之术，新昏夕，瘗木偶于床帐间，持髑髅以诅其夫，立使昏迷，旬日多死，了无证验。”当时的媒体上曾报道了一件有关迷夫教的真人真事：“粤俗有所谓迷夫教者，凡习此邪术，若不迷人必祸友及己，故虽伉俪之笃，亦不能不施毒手，势逼之然也。顺德人罗某娶何氏女为室归。自于归后即回母家，久而不返，翁姑屡遣人迎之，母家迫于大义，强之而归，是夕忽闻媳房有喃喃私语，□亦不之异。翌早忽见其子状若癫狂，手持钢刀势欲自杀，父母夺其刀而穷诘其媳，媳以不知对问答之余，忽见有黄纸自媳身坠下。捡视之则禁夫箓也。诘所由来，媳不能答。再行穷搜，则席底床下皆有之，并在地主香炉得乱发一束。翁大怒，立投诉公局，或为翁计曰，解铃须问系铃人，子盖婉求于媳。翁从之，媳遂代为祈祷数夕以来，子渐痊愈。”[②] 对于那些变节思嫁的自梳女，金兰姐妹也用作法念咒的方法加害其丈夫，以断绝其脱离金兰会的行为。这种利用符咒、巫蛊来攻击他人的方式，属于民间迷信的范畴。符咒和巫蛊所具有的神秘性，使民众怀有恐惧心理，因而对此也就深信不疑。“结拜仪式不仅将新结成的社会关系神圣化，而且还意味着对任何忠义原则背叛的行为都将招致超自然的惩罚。”[③] 自梳女利用习俗的控制作用，对大众进行警戒，以维护本集团的利益。这使得自梳女逐渐形成了一股社会势力。在女性地位低下、男权盛行的年代，自梳女的金兰会得以立足，迷夫教恐怕也是因素之一。一方面，它对男方的强娶行为是一种约束。另一方面，对心存二心的金兰姐妹也具有威慑力。这是自梳习俗可以长期延续的保证。

（三）近代自梳女的情况

近代经济的发展，尤其是缫丝业的发达，为自梳风气提供了肥沃的土壤。在广东缫丝业发展的顶峰时期（1860—1929），珠三角的自梳习俗也达到了高潮。据统计，在最高峰的时期，珠江三角洲的自梳女曾占到女性

---

① 《点石斋画报》（巳集），广州：广东人民出版社 1983 年版，第 27 页。

② 《点石斋画报》（石集），广州：广东人民出版社 1983 年版，第 60 页。

③ ［美］杨庆坤著，范丽珠译：《中国社会中的宗教》，上海：上海人民出版社 2007 年版，第 67 页。

人口的10%。[①]

辛亥革命前夕，自梳的风气很盛，各种记载俯拾皆是。丙午年(1905)十月十三日的《香港少年报》有载：

番禺沙湾茭塘两司，凡娶妇后，十朝八朝，或十余朝，备具金猪酒肉，送妇返岳家，亦古礼归宁父母意也。省垣各处往来稍多，亦以女子骤离膝下，依恋母家，人情之常，亦无足怪，无如该两司一带。自归宁后，凡遇年节，仅到一两夕，余则翁姑寿辰，亦间或一到，一夕则去。若到接不允，赤足者多黉夜遁归。近以疯人纵淫，强徒劫掠，始稍敛迹。然亦白日自去，若一挽留，叫天喊地，如失常性。其永世不返者，姑勿具论。即归返者，亦必三两年后，始食人家饭，出而见人。否则以扇遮面。稍一逆意，□口毒骂，翁姑夫婿，与路人等。故有“未食尔家饭，不是尔家人”之俗谚也。然食饭见人后，来往仅比初时略多，年中五六次。若有姻亲至，或能接返，必再俟三两年后。来者渐多，以打扫祖先香灯为度，名曰乐家，而后翁姑可视为娘妇，叫为几嫂。否前误呼一语，龟公猪□之声，不绝于耳。陋俗至此，良可慨也。且有赔钱买妾，便作了事，仅赔数十元，永拥夫妇虚名，年而返时，携同闺友作伴，来往自由，莫能拘束。自为可笑。

据时人邬庆时的记录，在1908年前后，番禺南村数千名妇女中，出嫁的只有几个人。1909年甚至无一人出嫁，全部梳起。民国初年的广东民政司长黎国廉的胞妹也是自梳女。进入民国以后，有关自梳或归宁不返的消息仍然屡屡见诸报刊。“归宁不返之恶俗，惟广州顺德有之。近虽渐革，而顽陋者尚时有所闻。谭义阮某有妻，娶数年矣。溺于恶习，不甘作使君妇，眷恋女友，不返夫家。日昨阮以礼接之归，甫经进门，大肆怒骂，是晚竟自缢于室中，家人觉时，已施救无及。”[②] 直到1919年，归宁不返的事件仍然时有发生：“归宁不返之风。为顺属女子恶习，历经官厅示禁，

---

① 转引自叶汉民：《权力的次文化资源：自梳女与姊妹群体》，马建钊等：《华南婚姻制度与妇女地位》，南宁：广西民族出版社1994年版，第80页。

② 《真相画报》1912年第9期。

仍不少息。”[①] 这些消息足以说明自梳或不落家习俗的根深蒂固。民国建立之后，诸如缠足、蓄辫等陋俗都迅速消失，而自梳习俗却依然强劲。一方面，固然是由于社会观念还没有完全拨乱反正；另一方面，也表明自梳行为与女权主义有相通之处，因此未被社会洪流淹没，还有它生存的空间。

自梳的习俗最初发轫于乡村，后来逐渐波及城镇。在广州城里也有不少自梳女。这些人中间既有本地人，也有的来自周边乡镇。丝业不景气时，一些自梳女为了生计而流入广州等城市，她们充当的主要是“梳头妈”、“近身”、“大妗姐”、住家女佣等角色，被称为“妈姐”。这种情况在近代尤其明显。20世纪初，广州的梳佣成千上万。通过具体材料可以了解近代城市中自梳女的生活状况。“乡间妇女之守贞不字者，每至省垣学做梳佣，为富家香闺梳掠云鬟，月得工金，或充义会，或权子母。及至腰缠既富，即买屋僦居，或为娱老之谋，或作从良之策，计殊得也。”[②] 自梳女的晚年生活通常是很凄凉的。中国人最讲究的就是养老送终，而这些孤苦的女性大多数只能在寂寞中走完人生的旅程。所以，在年轻的时候，她们就要预留养老所需。光绪十三年（1887）十月二十二日的《广报》上有一则题为“美人黄土”的新闻，记录了一个梳佣的葬礼。这个女子生前姿容娟秀，而且技艺高超，在富人家做梳头妈，颇有积蓄，却英年早逝。在送葬的人群中，除了一个仵作是男的，其他的都是女子，其中有她选中的继承人，即女弟子，也有她生前的姐妹。从这个事件也可看出自梳女群体的独立性。“广州市为梳佣荟萃之区，其中有终身不字者，有已嫁而早失所天者。故若辈无家庭之累，无儿女之苦，晚年无归，则出赀购宅，招其平日之契男契女同居，或蓄青衣一二，颇不寂寞也。彼辈擅积铢之术，佣值而外，又有集会及嫁婢等入息，故不十年间，所蓄不菲，死后赀财，则分赠其生平所昵爱之人，颇有遗产归公之义焉。”[③] 文中提到的“集会”和“嫁婢”，是自梳女的两条畸形的生财之道。“集会”又叫“埋月会”，是民间一种资金的互助形式，类似现在的银行信贷。而自梳女却借机放高利贷，以此来获取高额利润。“嫁婢”俗称“捻妹花”，即专门培养女童供权

① 《广州共和报》，1919年6月6日。

② 《申报》，1894年3月2日。

③ 《时事画报》1912年第6期。

贵作妾，借以获利。（详见《自梳女与不落家》一文）梳头妈等职在广州颇受欢迎。“粤中大家妇女，每多佣妇梳髻，俗呼梳头妈。或三日一次，五日一次，月中给资若干，富贵家则专雇一人，名曰近身，即贴身伺候者也。此中不无粲者，有师傅，有别馆，其香巢多在西关，其人多从顺德容奇、桂洲各乡来者。衣服之整洁，语言之尖厉，真足令人销魂也。”[①] 顺德妈姐是妈姐中的翘楚。由于她们善于烹饪，又体贴入微，深受雇主欢迎。雇用“顺德妈姐”甚至成为富贵人家的一种风尚。不仅如此，这些居住在城市的自梳女还成了街头的一道风景。梳头妈大都不施脂粉、淡妆素服，别具一格。她们穿的是用香云纱制作的黑衣服，头发光鲜，纤毫不乱。这种独特的装束被叫做“妈姐装”，成为妈姐的标志。她们穿行在城市的大街小巷，非常引人注目。因此，还有大家闺秀仿效她们的装束，目的是借此引起旁人注意。在城市新风气的影响下，梳头妈也别具思想。据报载，在一些演说民主自由的活动中，就出现了梳头妈的踪影。[②] 这些身份特殊的女性，虽然没有投身到社会变革的洪流中，但是，社会环境的急剧变化，必然会给她们的生活带来一些变化，即使只是死水微澜。

宣统年间的《南海县志》（卷四）有这样一段记录：“归宁不返之风，以主簿、江浦、黄鼎为最多。近十年来稍稍改革，然亦非三四年不能服从也。”从这段文字可以得知，清末的自梳习俗已经有了些许变化。按照一般的理解，守旧即传统，而更新则是新气象。在清末广州的各个领域都出现了守旧和更新冲突、交替的情况。关于女性和婚姻，普通人认为遵循儒家伦理就是守旧，而追求自由就是更新。而对于那些身份特殊的女性来说，出嫁之女不归夫家是守旧，归夫家者则是更新。[③] 这种颠覆性的观念也反映了自梳女的独特性。同时还透露出一个信息：在自梳习俗延续的同时，珠三角的女性也有了新思想，开始向往夫妇间正常的天伦之乐。因而出现了女性乐家的新气象。这种情形不仅对一般女性有鼓舞作用，对自梳女也形成了一定的冲击。民初，关于自梳女偷欢的新闻开始常常出现在广州的报纸上。1912 年 7 月 20 日的《民生日报》上登载了一段新闻：两个

① 《民生日报》，1913 年 9 月 18 日。
② 《游艺报》，乙巳年（1905）六月十八日。
③ 《申报》，1894 年 3 月 31 日。

结契相知的年轻梳佣租住在广州高第街，后与某店伙计滋生情愫而珠胎暗结，惹出事端。1913 年 7 月 29 日，又有一个不落家的女子与一男性相会被发现。可见，在社会环境相对比较宽松、女性所受压迫减弱的情况下，由不落家而乐家的转变是自然而然的。这也成为一个反证，说明女性自梳或者不落家并非出于天性，她们也有对爱情的渴望。“新妇归来百不应，每为穷裤峭峰棱。近年始悟男人好，话说男朋胜女朋。”作者原注云：南海、西樵、顺德、大良等乡，处女多好结女朋友，名曰相知，事有甚于画眉。如父母逼其出嫁时，女朋友为之制穷裤，使不能近夫婿。今则此风改矣。（胡子晋）① 回门的新娘考虑的并不是归宁不返，而是如何回归自己的身份。穷裤与上文提到的自梳女裹布袋的功能是一样的。穷裤类似小孩子穿的开裆裤，中间有缝，用带子结起来，可以方便，也可以防止强暴。随着自由精神的蔚然成风，固守一隅的自梳女也有了新的感悟，开始向往男女之间的情爱。社会转变对自梳女的影响还不限于此，她们中的一些人还加入到社会改革的洪流中。1912 年开赴前线的广东女子北伐队中，有一名队员邓慕芬就是独身主义者。可以做这样的判断，这些自梳或者说不嫁的女子，她们或者是出于对习俗的坚持，或者是因为对婚姻不满，但是，她们并非完全遗世而独立，社会环境的改变必然对她们有所影响。至于她们做出什么反应，那就因人而异了。

无论女性出于何种理由不愿结婚，这原本都是她们的自由。但在封建制度下，女性却没有这种最起码的选择权。她们只能牺牲自己的感情，埋葬自己的青春，来换取这一点自由。可是，就在女性根本没有任何自由和权利的社会环境下，自己梳起也算是一种权利吧。近代的知识分子以民主、自由、男女平权作为社会改革的核心内容。在这种社会环境下，自梳风气的高涨有其特殊意义：它显示出女性为争取自身权利所做的努力。当女性还没有能力解放自己的时候，自梳的行为多多少少体现出她们争取解放的潜意识，她们的行动本身就是一种斗争。自梳女的反抗是积极的，但是，自梳这种方法却是消极的。

---

① 雷梦水：《中华竹枝词》（四），北京：北京古籍出版社 1997 年版，第 2912 页。

（四）自梳习俗的文化分析

1. 自梳是一种文化适应策略

中国传统社会，尤其是以广东为代表的宗族社会，从根本上来说，属于父权社会。在这种环境中，女性必然处在次要和被动的位置。但是，自梳女这个群体的存在，无疑是对这种主流文化的抗争。但是，这种抗争不是以强烈的敌对手段来实施的，而是以一种妥协的方式来体现的。女性的部分权利，是在屈服于父权主流文化后获得的。在当时的社会条件下，这或许是比较可行的生存策略之一。以主流文化为参照，自梳可以视为次文化的一种。次文化是异于主流文化的一个文化分支。次文化群体在价值观和思想观念方面，与主文化有相通的地方，同时又形成了自身独特的价值规范和生活方式等。次文化与主文化并非从属关系，而是交叉的关系。一方面，次文化不同于主文化；另一方面，次文化又必须得到主文化一定程度上的认可和接纳。换言之，次文化群体要遵守主文化的一些主导原则和规范，并且不会对主文化构成威胁，在这种情况下，次文化群体才会得以存在。

从近代广州自梳女所受的待遇来看，官方是明令禁止的，而地方社会却对此予以很大程度上的认可。这种认可表现在：不仅允许自梳，有的甚至还由家族出资为自梳女兴建容身的“姑婆屋”。官方禁止的原因在下文会有所涉及，且搁置不论。此处关注的是民间认可的文化意义。其一，对传统习俗的容忍。上文已提及，自梳的形成受当地古老习俗“不落夫家”的影响。有“传统”作为经验和记忆，这种行为也就变得“顺理成章”或者合乎情理了。当然，这肯定不是主要原因。其二，自梳群体内部的规定与主流社会的一些规范是一致的。事实上，“自梳女”在自梳之后，会受到来自内部和外部社会舆论更加严厉的监督。由于自梳女反对两性婚姻，因此，她们对贞洁非常重视。这与当时主流社会所称颂的贞节观是一致的。所谓贞节，无非就是两种情况：一种是寡妇不嫁，从一而终；另一种是不失身（当然，此处指的是男女两性关系）。上文所引的材料提到，乾隆年间的《番禺县志》上，已经把相约不嫁的女子称为“贞女”。修书之人业已将不嫁的举动视为贞洁。这在无形之中，为自梳的行为留下了合理的说辞。“冒清”的行为，正好可以用来解释自梳女的贞节观。守贞之甚者，未嫁而夫亡，叫“守清”。而自梳女却甘愿冒名顶替，自寻亡人为其守贞。在强调贞节的社会中，这种行为可以说是万全之策。对于女方家庭来说，女儿的贞节美名会让他们颜面有光；对于男方家庭来说，这与“冥婚”的效果一样，不仅为儿子结了亲，而且还多了一个“节妇”，何乐而不为呢？更重要的是，自梳女也因此达到了自由独立的愿望。这种既符合世俗之规又能遂其所愿的行为，是以“婚姻”为手段、以不婚为目的的。在主流文化容许的范围内，通过一些迂回巧妙的方式来达成所愿。自梳女采取的这种策略，很明显是行之有效的。其他像“买门口”的行为，也是一种两全其美的方式。自梳女或其家庭出资为“丈夫”纳妾，以此来保留自己“妻”的名分。这样做的目的，是为了在终老之时有一个魂归之所，并且可以获得和常人一样的丧葬礼仪。这种折中主义似乎也得到了地方的应允。

2. 宗教信仰对自梳的影响

跟很多社会团体一样，自梳女群体也是有宗教信仰的。在她们居住的姑婆屋内，通常都有专属的供奉观音的处所。对于她们来说，信仰是纽带，可以维系她们的群体关系；信仰也是规则，可以约束彼此的行为；信仰还是保证，可以强化她们的观念。女性一旦通过宗教仪式“结拜”为姐妹，这种关系就因为宗教的缘故而带有一种神圣性。她们的姐妹情谊也因此超越了血缘的关系。在谈到自梳女的“金兰会”时，人类学家有这样的观点：“结拜仪式不仅将新结成的社会关系神圣化，而且还意味着对任何忠义原则背叛的行为都将招致超自然的惩罚。”“结拜关系一旦形成，一个兄弟会或姐妹会就具备了拟似亲缘团体的特征，其内部成员以在经济和社会生活上互相帮助为其神圣的责任。”“要将一个团体团结起来，单纯靠世俗利益的支持是缺乏足够凝聚力的；因此宗教成分恰到好处地赋予社团某种神圣的令人崇拜和敬畏的特征，完全可以起到加强团体成员的团结和忠诚度的作用。”① 还有一种观点认为，女性这种不婚不育的思想受民间宗教“先天大道”的影响。② 先天大道主要信奉的神灵是瑶池金母，也就是民间俗称的王母娘娘。但是，在民间祭祀中，往往有主祀和陪祀的惯例。原本

---

① ［美］杨庆坤著，范丽珠译：《中国社会中的宗教》，上海：上海人民出版社2007年版，第67～69页。

② 陆鸿基：《中华妇女研究史》，张妙清等：《性别学与妇女研究》，台北：稻香出版社1997年版，第87页。

作为陪祀的观音，逐渐取代了金母的位置，使得二者混同起来。名曰“先天大道”，而其信奉的对象却是观音娘娘。这种情况在马来西亚的“先天大道”信仰中有所体现：“先天门”的道堂上有“无极天尊”的匾额，主祀女神的造型却酷似观音，而且一般也称为观音而讳言“圣母”二字。[①]（当代田野也证明了这一点：被采访的自梳女宣称信奉的是“先天道”，并且表示“先天道”是拜观音的。[②]）观音似乎就是自梳女的守护神。在梳起之时，观音是仪式中最神圣的见证人，也是具有威慑力的监督者。在日常的祷告中，观音是她们最坚定的精神寄托。而与观音有涉的内容，也可以用来解释自梳习俗的兴盛。黄芝《粤小记》卷三有记载：“元管夫人《观音本传》言：菩萨讳妙善，妙庄王季女，以不嫁忤王，摈诸白雀寺困苦之。观音志不改，王怒焚寺，与僧俱烬，而观音独存。”[③] 观音之不嫁与自梳女的意愿不谋而合，这也为自梳女的行为找到了一个有力的佐证。自然，观音不嫁的传说与自梳习俗的产生没有因果关系，但是，它以宗教的面目出现，对此习俗的延续必然有重要作用。观音是广州民间甚至整个中国民间普遍信仰的神灵。在广州民众的心目中，观音不仅灵验，而且神通广大，无论是结婚生子，还是救死扶伤，甚至是发家致富，观音可以说是无所不能。惟其如此，对于自梳女来说，观音之不嫁才具有非同一般的说服力。

二、女权的发现和争取

“某一历史时代的发展总是可以由妇女走向自由的程度来确定，因为在女人和男人、女性和男性的关系中，最鲜明地表现出人性对兽性的胜利。妇女解放的程度是衡量普遍解放的天然标准。”[④] 造成女性地位低下的原因，有各种不同的意见，其中比较有代表性的有马克思的“经济一元

---

① 王琛发：《应道门而兴起，因道门而式微》，http：//www. lkong. net/thread－410511－1－1. html。

② 曹玄思：《先天道的自梳女》，马建钊等：《华南婚姻制度与妇女地位》，南宁：广西民族出版社 1994 年版，第 124～140 页。

③ 黄芝：《粤小记》（卷三），广东中山图书馆复制，1960 年版。

④ 《马克思恩格斯全集》（卷二），北京：人民出版社 1957 年版，第 249～250 页。

论”和弗洛伊德的“生理一元论”。无论是生理决定命运，还是经济决定地位，总之，生而为人，女性却似乎只是男性的附属品，这使得女性在很长时间内沦为弱势群体。

在中国的封建社会，妇女的地位非常低下，她们一直受到男权的压迫。对于男权社会来说，她们只是传宗接代的工具，是男性的玩物和陪衬。封建礼教对女性的迫害，直接或间接地体现在很多社会习俗中。例如，女性有诸多禁忌：不能踏入宗族祠堂，也不能参加家族或宗族的祭祀活动等等。另外，女性所处的弱势地位，促使她们到家庭、宗族以外去寻求人生的依托和庇护。所以，求神拜佛成了封建社会妇女最重要的生活内容之一。在很长的时间里，男女不平等的现象，似乎已成了定律。人们已经形成了男性是社会主宰的思维。社会上长期以来都有重男轻女的观念。以广东一地为例，民间曾有溺女婴的习俗。一些民间歌谣即反映了广东女性对自身遭遇的控诉：“铰剪子，剪桑葱，石榴花树洒棠薇，亚爸敬儿唔敬女，双手携男推女开。”① “伯公伯婆爱有灵，保佑后世变男人，今世分人笞咁多，后世笞转别人来。”②

女权问题是清末民初的移风易俗活动中，对社会产生很大影响的一项内容。而真正的女性自赎就是女性对自身权利的发现和争取。最早为妇女权利呐喊的是男性。但是，如果没有女性的自我意识和主动参与，外力的作用是很有限的。即便是男性作出让步，女性仍然笼罩在他们的阴影中。因此，女性的权利必须自己去获得才有意义。广州女性为争取自身权益而做出的努力是值得称颂的。

1887 年的一天，广州十五甫的某家茶楼来了一男一女两个顾客。有好事者四处散播流言。等这两人准备离去时，才发现门外都是看热闹的人，甚至造成了道路阻塞。后来在街勇的干涉下，少妇才得以下楼而去。③ 这件事清楚地说明了女性所受的局限。她们不能抛头露面，不能随意与男性交谈，更不要说其他的自由或权利。1901 年 9 月 14 日《安雅书局世说编》

---

① 中国民间文艺研究会资料室：《中国歌谣资料》（第二集），北京：作家出版社 1959 年版，第 261 页。

② 中国民间文艺研究会资料室：《中国歌谣资料》（第二集），北京：作家出版社 1959 年版，第 265 页。

③ 《广报》，光绪十三年（1887）十一月初一。

上也有类似事件见诸报纸。在佛山的一次醮会期间，一个装扮入时、前来游览的年轻女子，在游玩的过程中，却遭到路人的围观和哗笑，她不禁发出“世间岂有男可观而女不观，男可食而女不可食者耶”的感慨。随着西方资产阶级民主思想的传播和近代社会经济政治的变革，广州的社会风气发生了很大变化，而女性也开始积极地为自己争取自由平等的权利。男女平等的思想，是由西方启蒙思想家提出的反对封建专制和教会权利的民权平等思想延伸出来的。“平权”成为20世纪初广州最流行的词汇之一。有这么一则笑话：一个不识字的女子，经常听别人说“女权”，因此拜师学习拳脚。出嫁后也听丈夫讲“女权”。一次，丈夫酒醉夜归，她一气之下动起拳脚，声称要与他讲“女拳”。[①] 在这种社会风潮的影响下，广州女性的生活必然发生变化。这主要体现在两个方面：①女性有了人身自由和婚姻自由；②女性社会地位的提高。

女性的自由首先表现在行动自由上。封建妇女要谨守贞静贤淑的妇德，不能随意出门，家和家庭成了她们的围城。前者是物质上的，而后者是精神上的。在《东莞县志·风俗》中有记载：“良家妇女不出闺门……妇女谨闺门之行。”“妇女多读书识字，勤纺绩，无故不出门。”再加上受三寸金莲的限制，女性自然就裹足不前了。近代放足运动的盛行，平权思想的传播，众多女性先驱的示范，使广州女性开始走出家门，融入男性社会中，去展示她们的才干。“（羊城）迩来藩署前一带，每夕掌灯后，辄有妇女成群，时装革履，游行街市，或购买洋货、杂物。一班登徒子辈，相随猎艳，几有目不暇给之势，而彼等笑语自如，或口衔纸烟，毫无儿女子态度。是殆能知平等真谛者欤。”[②] 与早前受人围观不敢下楼的女子相比，这个阶段的女性实在是有了翻天覆地的变化。她们甚至可以像男人一样旁若无人地抽纸烟。“自由女”是20世纪初的报纸上使用频率很高的一个字眼。到1906年，“自由女”又时常受到抨击，因为很多青楼女子以此三字为口头禅，并以自由女自居。“自由女”俨然成为一种时尚。不管怎么样，自由之花已逐渐在女性心头绽放。

婚姻自由是女性自由最好的表现，女性的悲剧有很多都是由婚姻引起

---

① 《唯一趣报有所谓》，乙巳年（1905）十月十八日。

② 《珠江镜日报》，丙午年（1906）五月十四日。

的。而封建制度对女性的压迫也最直接地体现在婚姻中。因此，争取婚姻自由是实现女子解放非常重要的一个环节。在与文明结婚相关的案例中有一个倾向：大多以女性观念的改变作为主题。民初的广州女性发出“不自由毋宁死”的呼喊。一女子与某男青年自由恋爱，欲赴香港举行文明婚礼。但女方父亲反对，且将男青年殴打至重伤，女子激愤之下跳水寻死。为追求自由婚姻而努力奋争的女性屡屡进入公众的视野：“粤省新会法庭近审讯一宗同姓结婚案，观者数百人，远近传为笑话。缘外海乡陈某之女已许马某为妻，马貌不扬，女甚恶之。本族陈惠泉年少貌美，愿与之结为夫妇。二人虽属同姓而皆破除氏族界限主义，悍然不顾。该族绅耆以其有伤风化大集会议，据理斥责，勒令离异，该女子不服，哓哓致辩，激动分愤，故扭之送官讯办。”① 同姓不婚原是根深蒂固的传统法则，但是，为了自身幸福，即便是冒天下之大不韪也在所不惜。在当时的社会环境下，这种种行为确实是勇气可嘉。在传统的结婚仪式中，女性往往成为众人取乐的玩物。新女性则不甘被欺凌：“塞窦口谭某，订婚于某女学生。结缡之夕，俗例须行递双杯之礼，女学生不甘为奴隶，不欲拜跪，讵谭某之所谓友者，到吵新娘，用碎茶骨布满房地，逼新娘下跪，而已则从旁拍掌欢呼，以为取乐。女学生以其待如囚犯大怒，起脚一抹，将该友等踢翻，并将床底之香炉灯碗一概打烂。”② 可以看出，文明结婚的风行，与女性观念的转变有很大的关系。

女性的自由还表现为她们有了选择自己生活方式的权利。“自由男女立时兴，翻为多情似薄情。侬党飞红郎拆白，长堤各自走前程。”（廖杏墀）③ 那些追求自由民主的人，男性称“拆白党”，女性称“拆红党”。自由选择不再只是男子的专利。虽然这些变化大都发生在知识女性身上，广大的下层妇女仍然饱受压迫和奴役之苦，但是，这毕竟是个好的开始。

以个体的解放为基础，女性的最终目的是获得社会地位。惟其如此，才有可能真正实现男女平等。首先，女性需要的是经济地位。经济是确立社会地位不可或缺的条件。“女子惟其不能自养而待养于他人也，故男子

① 《申报》，1913 年 3 月 29 日。
② 《民生日报》，1913 年 1 月 20 日。
③ 《广州历代竹枝词》，《羊城今古》1989 年第 4 期，第 29 页。

以犬马奴隶畜之，于是妇女极苦。"[①] 中国第一代现代意义上的产业女工，就出现在广州地区。1872 年，由华侨陈启源出资在南海开办的继昌隆缫丝厂开始招收女工。到 1894 年，仅顺德地区的女工人数就达到了 17 210 人。这些缫丝女工就是早期的职业女性。恩格斯说："做这种工作（作者注：纺织）并不需要什么力气，但手指却必须高度地灵活。所以男人对这种工作不仅不必要，而且由于他们手部的肌肉和骨骼比较发达，甚至还不如女人和小孩子适合，因此，他们几乎完全从这个劳动部门中被排挤出去了。这样，随着机器的使用，手的活动和肌肉的紧张逐渐被水力和蒸汽力所代替，于是，愈来愈没有必要使用男人了。因为女人和孩子不仅工资比较低，而且如上面已经说过的，比男人更适合于做这个工作。"[②] 辛亥革命以后，参与到社会经济活动中的女性日益增多，她们所涉及的领域也更广。"西关宝贤坊，近有女茶室二间，一名富云楼，一名特别茶室。所有执役人等，均属女界，且皆装束趋时者，以至别有怀抱之男子，趋之若鹜，常有座满之患，晚间尤甚。但当女茶博士提壶开水时，左冲右突，其任意挨擦也，正与剧场中之卖物者同。而其招待则甚殷勤，从无稍忤客意。遇有逡巡门外不敢迳进者，彼必出而招之入座，且以先生称呼。"[③] 早期，这种由女性提供的大众服务被认为有伤风化，一些有女招待的茶室一度被查封。但是，这种情况很快就为越来越多的职业女性所取代了。"夫纲打破渐开明，女子相矜执业鸣。铁路职员留纪念，群雌咸颂夏先生。"（胡子晋）[④] 原注："花县夏重民任广三铁路局长，提倡女子职业，故车上收票亦用女子，风气为之一变，可志也。" 广三铁路是广东最早的铁路，于 1904 年投入使用。1921 年，铁路开始雇用妇女担任售票员和收款员。女性成为铁路员工，从事的是受到社会认可的职业，这对提高妇女地位有很大帮助。除此之外，社会的各行各业也逐渐出现了女性的身影，有饭店的女招待，也有医院的女医生。"当炉古艳卓文君，侑酒人来客易醺。女性温存招待好，春风口角白围裙。"[⑤] "刚从蜜月罢行程，胎似奇花茁嫩萌。俗用

---

① 梁启超：《论女学》，《时报》，1897 年 4 月 12 日。

② 《马克思恩格斯全集》（卷二），北京：人民出版社 1957 年版，第 427 页。

③ 《民生日报》，1913 年 6 月 19 日。

④ 雷梦水：《中华竹枝词》（四），北京：北京古籍出版社 1997 年版，第 2901 页。

⑤ 雷梦水：《中华竹枝词》（四），北京：北京古籍出版社 1997 年版，第 2901 页。

稳婆嫌未稳，接生郎定女医生。”[①] 到20世纪20年代，雇用女工成为广州的一种潮流。很多茶室、饭店、理发行，都用女工代替男工。女性不再是男性任意玩弄的对象，她们用自己的能力来换取社会的承认。

女性能力的提高，与女性教育是分不开的。广州最早的女子学校是创办于1872年的真光书院，这也是广州最早的教会学校。创校之初招收了30名女学生，多是已婚女子。但是，此时的女学并未受到普遍关注。此后，广东的有识之士不断呼吁创办女子教育。郑观应提出要“广筹经费，增设女塾”，反对“女子无才便是德”的传统观念。[②] 其后，同属粤籍的康有为、梁启超、孙中山等人都十分关心妇女问题，积极提倡男女平等。这些无疑都为女学的兴办和妇女的解放起了推波助澜的作用。1901年，中国第一位女西医张竹君创办育贤女学，这是广州人自己开办的最早的女子学校。同一时期，张竹君还在广州开办禔福医院和南福医院，这是中国人自己创办的最早的西医院。根据1904年3月5日《广东日报》的统计，广州有两所民办的女学堂：逢源西街的广东女学堂（建于1902年）和多宝大街的路得女学堂。1908年，南海县一位女士陈严氏甚至变卖家产资助女学堂。“女学先河擅异姿，家庭教院廿年时。璧魂黄氏洵奇气，五十知非似已迟。”[③] 诗中盛赞的奇女子黄璧魂就是一个女学先驱。到民国初年，广州女学的发展蒸蒸日上，从小学到大学，从师范到医校，都出现了女学生。在广州南关天马巷还成立了一家女子体育学校。女性要求接受教育的热情也日益高涨。与女校的开办并驾齐驱的，还有女报的创办。1903年，冯活泉、周蕙卿等创办《岭南女学新报》；1904年，广州蒙学书局编《妇孺报》；1905年，郭用逮、容巧倩创办《女镜报》；1908年，陈诚创办《妇孺日报》。女报的作用不仅在于反映女性的生活，展现女性的思想，还有唤起女性的觉醒和提高女性的地位等作用。女性不仅在智识上要求进步，还开始重视体育锻炼以增强体质。“运动得强种妙用，中国妇女，向不讲究体育，人种薄弱，良由于此。本年运动会，特添入女子运动各种类，无非发达体育。计近闻各校女学生，练习运动，异常精神，日有进

① 雷梦水：《中华竹枝词》（四），北京：北京古籍出版社1997年版，第2908页。
② 郑观应：《盛世危言》，北京：华夏出版社2002年版，第120页。
③ 雷梦水：《中华竹枝词》（四），北京：北京古籍出版社1997年版，第2912页。

步，将来会场中，当增特别奇观，而强种之因，亦基于此矣。”①

政治上的平等是妇女解放运动的更高层次。近代广州女性开始更多地关注各种社会事件，并积极发挥作用。1905 年，在反美拒约的活动中，广州女性充分展现出她们的政治热情。她们发挥女性的亲和力，四处劝说民众不要使用美货，并举行各种活动来支持拒约活动。例如，为因拒约被捕的志士召开生祭会，以此为他们打气并唤起民心。在这些事件中，组织者都极力突出“女界”的特色，以示平权之心。在有关生祭会的布告上，组织者特别声明“不设男座”，可见女性独立的决心。1908 年 4 月 5 日，广州2 000多名妇女集会，抗议日本侵犯中国主权。进入民国以后，留学海外、参加革命的女性日趋增多，要求女子参政选举权的呼声也越来越高。广州女性自发组织了自治会、爱国会、女界联合会等属于女性的集会，显示出妇女解放的要求已经从获得自由、男女平等上升到参政议政的高度。1912 年 2 月 29 日的《申报》记载：“（广州）女界代表张群英等要女子选举权，前日经参议院提议，不赞成者居多。女界中有激烈派数人声言：此举如办不到，当以炸弹对付议员。”1912 年 10 月 22 日，广州的临时女议员联名发布传单，声称要以生死来争取选举权。其后，《民生日报》连续七期讨论女性的参政权的问题，可见社会对此的关注程度。更有甚者，如广州一个极端的女权主义者扬言，应该提倡一妇多夫，以此来对抗传统的一夫多妇。这就是“极端女权论之萌芽”：

西樵村张某，有女名月娥，二九妙龄，丰姿艳冶，性质美慧，颇通铅椠。张某钟爱如掌上珠，然家法素严。室中女人，不许出闺门半步。月娥赋性风流，每遇春风秋月，辄蛾眉深锁，西子含愁，恨不能插翼长飞，一纾幽郁也。去年父死，遂辞母来省，肄业某学校，一吸自由空气，即如羽化而登仙，常与姊妹花数辈，谋扩女权。近发一议论最奇。谓阿洲俗一妇多夫，最合天然法则，即以体力论，男子虽强，夜不能御三女。而女体之壮者，虽经三四，犹余勇可贾。恨吾中国女人智识发达，后于男子，故一切权利，被男子占尽，而有一夫多妻之不平制度，今而后我辈当谋反其道而行之，使二万万男子，尽伏于裙裾下，以供我辈之玩弄物，方足泻我女

---

① 《民生日报》，1912 年 12 月 9 日。

界数千年愤气也。现将种种理由，刊印成册，分送女友，见者莫不咋舌。[①]

可见女性要求女权之坚决。广州女性为了达到参政这个目标，进行了长期的不屈不挠的斗争。马克思说："没有妇女的酵素就不可能有伟大的社会变革。社会的进步可以用女性（丑的也包括在内）的社会地位来精确地衡量。"[②] 妇女解放运动是民族解放的一个组成部分，它对推动社会的发展有非常重要的作用。而广州女性在这方面的成绩是非常显著的。

第四节　来自民间的力量

近代的广州在中国社会发展史上占据了很重要的位置。它不仅是中西文化交流的前沿阵地，还是近代民主革命的发源地。广州之所以取得如此大的成就，与本地的民风、民情是分不开的。广州人冒险进取、爱国爱家的性格在近代发出炫目的光芒。传统民风在新的历史环境中，培养出新的社会价值观念。"社会价值观念民俗，指的是能够决定民众集体人心所向、活动所向，直接影响社会潮流的主观性意识民俗，所表达的是民众群体协同活动要求统一的价值观念。尽管在社会实践中，每个人的价值观念所表现的具体内容存在较大的差别，但在总体上却有时间上和范围上的一致性，能够形成一种流行的自发意识，敦促人们形成大体一致的追求和从事大体一致的活动。没有这种大体一致的流行的价值观念，民众群体就不可能产生统一的行动。"[③] 在近代历史上，广州人的行动和心理都是以爱国为基础的，这就形成了他们的社会价值观。在这种观念的指导下，广州人民进行了许多轰轰烈烈的爱国运动，为民主革命写下了辉煌的一笔。

鸦片战争充分体现出清政府的腐败无能，但是，广州人民却投入到了积极的保卫家园、抵御外来侵略的斗争中。清政府愈腐败，人民的力量就

---

① 《民生日报》，1913 年 4 月 2 日。

② 《马克思恩格斯全集》（第三十二卷），北京：人民出版社 1957 年版，第 571 页。

③ 叶涛、吴存浩：《民俗学导论》，济南：山东教育出版社 2002 年版，第 283 页。

愈显得强大。广州人民四处奔走呼号，绝不轻言放弃。第一次鸦片战争以后，广州人民就进行了多次反入城、反租地的斗争，在中英的交往中，清政府始终处在挨打受气的地位，有一首家喻户晓的民谣做了这样的描绘："一声炮响，义（二）律埋城。三元里被困，四方炮台打烂。伍子垣（行商）顶上，六百万讲和。七七礼拜，八千斤（大炮）未烧，九九打吓，十足输晒（输光）。"与此不同的是，民间隐忍积蓄的力量逐渐汇聚成一股洪流。1841 年 5 月，广州爆发了著名的三元里抗英斗争。是役成为广州人抵抗侵略的前奏。从此，"官怕洋鬼，洋鬼怕百姓"的歌谣在民间流传开来。1842 年和 1845 年，广州城两次受到侵略军威胁，在百姓的反抗之下，英军终未得逞。在这些抗争中，农民、手工业者、商人、士绅团结在一起，保家卫国成了他们共同的信念。1849 年，广州人民进行了第三次反入城斗争。在得知英军又想伺机侵入广州的消息后，商民发出公告，提醒各方早做准备。而毛纺织品商人和棉纱商人经过磋商决定，暂停与英国人交易，并发起抵制英货行动，规定如果有人违反就要受到处罚。一个举人建议，全体居民店主在各自的屋体上备放大量开水热粥，等英夷一入城，锣声敲响，即将滚水热粥向夷匪泼去，可获大胜。这个建议贴在外国商馆附近的公共场所。九曜坊的居民公告，约定各铺每户设青帽木棍，万一有事，各人手持器械，齐出防御。大新街居民的决议案，提出按铺捐资，储备经费。在这个危急关头，城市团练发挥了它的强大作用。这是一个由商人出资雇用的队伍，中间也有一些自发参加的市民。这个队伍初期是用来维持治安的，到非常时期，它就成了广州市民抵御外敌的主要力量。商人们约定：大商店出三人，中等商店出两人，小店出一人。万一发生紧急情况，则鸣锣为号，关闭城门，集合团练队伍。受伤者发给五十元医药费，光荣牺牲者的家属可得一百五十元。城里最受信任的店员和工匠挨户上门登记支援者。如果某一家不出人，就应当交钱，以便从别处雇人。城墙内竖起木栅栏，又赶制武器。所有这些活动的经费，都由广州的商号负担，不问大小，每家出一个月的租金。[①] 在各方的支持下，一支庞大的护城队伍形成。1849 年，广州城有 10 万民众日夜在珠江两岸巡逻，"当勇之夜出也，

---

① ［美］魏斐德著，王小荷译：《大门口的陌生人：1839—1861 年间华南的社会动乱》，北京：中国社会科学出版社 1988 年版，第 107 页。

四城灯烛照耀，殆同白日。枪炮声闻十里，首尾凡十旬”。[①]《南京条约》规定开放的五个口岸城市，大多数都陆续允许外国人进入，唯有广州人仍然坚守城门。在接下来的各种斗争和运动中，广州人无一不体现出齐心协力、同仇敌忾的精神。

1905 年的抵制美货运动使广州人的爱国之心和热情又一次得到彰显。1905 年，美国欲逼迫清政府与其续签《限制华工保护华民条约》。这个条约对旅美华侨十分苛刻，使他们没有人身、财产的安全。因此，他们竭力要求清政府拒约，同时希望得到国内同胞的支持。广东的华侨最多，所以对拒约活动尤其热心。在广州总商会的号召下，广州商民掀起了声势浩大的禁用美货的运动。用不用美货、卖不卖美货成为判断一个人是否爱国的标准。参加的人有学生、商人、工人、一般民众、农民等。无论职业身份，无论男女老少，广州人同仇敌忾、万众一心。可以说这是一场广州市的全民运动。搬运工人拒绝扛美货；制造洋式银器的工人将来自美国的用具付诸一炬；在美国人开设的岭南学堂，学生纷纷退学；中学生的校服也不用美国货物；饼行工人拒用美国面粉做月饼；更有甚者，有人声称应将私囤美货者处死。女界也发起运动，到各个乡村、女工厂、机器丝厂演说，相约抵制美货。普通人家也纷纷行动。中秋节祀神不用月饼，改用炒米饼和水果；有婚嫁的，男方不受用花旗面制成的茶果松糕，女家也不受用花旗面做的龙凤礼饼；老板也以现银代替月饼为工人祝贺节日。众人都以收受用花旗面做的月饼为耻。除此之外，拒约会、拒约广告、拒约演说等也进行得如火如荼。这一年，拒约、抵制美货成了广州各大报纸的重头戏。“粤垣自提倡不用美货，以抵制苛约以来，民气之进步，一日千里。兹有饼行，于昨日发传单，限自传单到之日起，各行友准于十日内，一往将现存所有之美货，从速消清。嗣后一切面粉等物，俱用本地货，不用美货。此举其关系甚大，盖日近中秋，历年所消美货甚巨，故亟亟限十日以外，即实行抵制，其中挽回利权亦不少也。”[②] 不仅如此，连小学生都明白抵制的意义而积极响应。一个小学生甚至劝说父母将家里所有的美国货悉

---

① 梁廷枏：《夷氛记闻》（卷五），商务印书馆发行，民国二十六年（1937）版，第 111 页。

② 《广东日报》，乙巳年（1905）六月廿日。

数扔掉，甚至处在社会底层的女佣也闻风而动："省中梳佣，以万千计，群雌粥粥，只供呼唤而已。有一梳佣名亚五者，所谓佣中佼佼者也。月前城内，有数志士，开演说社，邀男志士、女志士，挨次演说。亚五欲约某少为之导路，某少斥之，五不得已，踽踽独行。抵社入座听演，甚为奋激。"[①] 直到1906年的中秋节，民间仍然有抵制美货的行动。饼行用国产土面做中秋月饼，并命名"雪耻饼"，受到大众的欢迎。商家以此为促销手段，虽然目的不是单纯的爱国，但是，从民众的反应则可得知他们的情感倾向。

1908年2月5日，日本轮船"二辰丸"在澳门附近的中国领海九洲洋进行军火走私活动，清朝广东水师巡艇闻讯前往检查，并扣留有关人员及军火，降下轮船上的日本国旗。日本外务部遂向清政府提出多项无理要求，清政府表示接受，而广州居民拒不答应，并举行了声势浩大的抵制日货运动。这是中国第一次抵制日货运动。南海县搬运工人数百人，拒绝装卸日本运来的煤船。广州城内外大街上，张贴着国耻纪念歌，并印有抵制日货的字样。从3月底到4月，广州进口的日货总额减少了300万元。广州人的爱国热情随处可见。很多商品都以"爱国"二字作为商标，而且受到群众的欢迎。

辛亥革命时期，广州人的革命精神表现得更加强烈。1911年4月27日（农历三月二十九日），同盟会在孙中山、黄兴的领导下，在广州发动起义。后起义失败，被捕就义的革命党人有29人，而战死者则难以统计。事后，广州革命党人潘达微冒险收殓了72具遗骸，合葬于红花岗，后改名为黄花岗，这就是著名的"黄花岗七十二烈士"。在这72个人中，广东41人，福建19人，广西6人，四川3人，安徽3人。革命先烈的血没有白流，他们的死至少唤醒了部分民众的心灵。当年即有人前去凭吊先烈。在这种革命精神的激励下，宣传革命的报纸也为民众所喜闻乐见，例如《人权报》因此发行量大增。而黄花岗七十二烈士成了广州人永远的记忆。从此以后，每年都有大量人士前往祭奠英灵，其中有政界、军界、学界和商界等各种团体，而平民也不在少数。次年的公祭纪念会，与会者有十几万人。如果没有民众的参与，想必不会出现这个数字。经历过无数战争和杀

① 《游艺报》，乙巳年（1905）六月十六日。

戮的广州人，可能已经不再惧怕死亡，但是他们并没有淡忘英雄的事迹和理想。人们通过祭奠来追悼亡灵，表达崇敬和思慕之情：“花圈沼路簇东沙，女士男生结队赊。铜鼓声声果何事，倾城争看祭黄花。”（崔海帆）[①]“堤东细雨柳丝斜，日日江头醉酒家。梦里不知春去也，满城士女祭黄花。”（孔沛然）[②]“岗葬黄花近日闻，当年烈士爱同群。死为雄鬼心应悔，人比黄花瘦几分。”（麦觉民）[③] 倘若仅仅把这种行为看作是文人的附庸风雅，未免有些庸俗化。广东人历来有爱国爱家的传统，也易于接受新思想，有改革创新的魄力。因此，对自由民主革命思想的追求逐渐在广州浸染成风，使得广州成为民主革命的中心。在爱国爱家思想的驱动下，连情侣间的定情誓言也成了革命的誓言：“西濠东亚最文明，酒店双双说定情。侬本自由郎革命，一般身体可牺牲。”（高红圃）[④] 这种精神，与裴多菲“生命诚可贵，爱情价更高，若为自由故，二者皆可抛”的境界是一致的。在 1912 年的广州国庆纪念会期间，都督胡汉民曾说，“革命之成非藉武力，惟赖民心之维新耳”[⑤]。民众是革命最坚实的力量，民风是革命延续的土壤。广州的革命风气，催开了中国新民主主义革命的花朵。

广州是一个重要的商业城市和消费城市，贸易是城市发展的一个关键因素。近代广州商民却以此作为武器来抵抗外族入侵，捍卫民族尊严。从鸦片战争起，抵制洋货的行动就一直没有停止过。1915 年 1 月，日本向北洋政府提出带有霸占侵略性质的“二十一条”，袁世凯为了获得支持准备接受。但是，民间反对声鹊起。在广州，民众用抵制日货的方式来表达他们的意愿。袁世凯担心此举会带来负面影响，曾下令禁止过，但是，民间的各种行动仍然在继续。“堤岸某洋货公司，近因人皆振兴国货，遂将某国草织拖鞋一律付之一炬，以免障碍眼帘，惹人讪笑，一时闻者无不鼓掌。”[⑥] 同一时间，广州的海味行也在纷纷行动。由于市民都以买国货为荣，各商行于是停止发售外货，但是仍然有“挂羊头卖狗肉”之嫌。西关

---

① 《广州历代竹枝词》，《羊城今古》1989 年第 4 期，第 26 页。
② 《广州历代竹枝词》，《羊城今古》1989 年第 4 期，第 27 页。
③ 《广州历代竹枝词》，《羊城今古》1989 年第 4 期，第 28 页。
④ 《广州历代竹枝词》，《羊城今古》1989 年第 4 期，第 29 页。
⑤ 《申报》，1912 年 10 月 12 日。
⑥ 《申报》，1915 年 4 月 3 日。

第八甫的一个商人提议，将各种货物标明产地，以打消顾客疑虑。如果有人作弊，就要受罚。还有人认为，之所以出现这种局面，是因为国家财政困难，武力不支，所以他们积极捐款：女青年将订婚的各种首饰捐出，孀居的妇人则将多年做女红积攒的钱也拿了出来。这些行为在20世纪初的广州成为一种风气，凸显出广州人的爱国心。1918年8月10日的《国华报》上，登载了一则题为“粤人爱国心之发达”的新闻，文中讲述了日本货物的遭遇。因为受到抵制，日货滞销。各店铺或减价，或以清盘的方式来进行促销，均不见成效。随着中日关系的紧张，广州市民对日货的抵制行动日益加剧，到1919年达到了白热化的程度。广州群众聚集在各个药店和洋货铺门前，请求商家不要出售日货，甚至要求交出货品以销毁，而出售日货的招牌也多被拆毁。其中先施与大新两个大公司门前人最多。

总之，在鸦片战争之后的近一百年中，广州人以他们对国家民族的热忱，赢得了世人的注目。他们不仅关心本身的安危，也对整个国家的命运充满了关切之情。1912年，当中俄边境发生摩擦、外蒙古要求独立时，广州人民万众一心，募捐军饷，积极参军，用实际行动来表明爱国之心。广州人是务实的，他们的价值观不是靠冠冕堂皇的豪言壮语来构筑的，他们用行动来体现自己的价值标准，实现本身的价值。这些行为并不都是惊天动地的大事，更多地反映在日常生活中。例如：“法国播宾哈德安两轮船，经粤航公司买受，昨已交易清楚，仍旧来往省港，改悬民国旗后，搭客顿增。国人自有思想，一般营业者，可奋袂而起矣。”① 又如：“北长街某西式嫁装店某姓，古稀之庆，贺客盈门，轿舆塞道。不可谓非一朝之荣也。惟最奇特者，门外高悬国旗二方，临风飘扬，招展檐际，俨若双十节之官署局所也者。”② 无论是搭船还是做寿，都是民众最普通的生活，又都体现出他们的爱国思想。以抵制外货的行动来说，时间之长，程度之强烈，没有哪一个城市能超过广州。广州人是务实的，他们通过衣食住行这样世俗的行为，来表达他们对爱国思想和价值观的理解。

---

① 《民生日报》，1913年6月18日。

② 《新报》，1917年2月9日。

小　结

变异是风俗的特性之一。古人对此早已有所认识："时异俗移。"（《淮南子》）"世异则事变，事变则时移，时移则俗易。"（汉刘向《说苑·杂言》）风俗变异的表现就是创新。近代新风尚的产生，是风俗的变异性最好的体现。风俗变异的原因有很多，但社会变革是其中最关键的一个因素。近代是中国社会变化最大的一个历史时期。鸦片战争不仅开启了中国的大门，同时也为封建王朝敲响了警钟。它使中国陷入了半殖民地半封建社会的泥沼，也使中国开始走上现代化的道路。在此期间，广州首当其冲，既遭受了战争的洗礼，又遭遇了中西经济和文化的交流。在这种大背景下，广州原有的文化特质也在近代得到了升华。一大批具有改革精神的广州知识分子逐渐脱颖而出。他们将广州，也将中国引领上一条前所未有的道路。在 1840 年以后的近百年时间内，广州以及广州人成了中国改革的主导力量。

戊戌变法和辛亥革命是近代历史上两次重大的社会革命。无论是提倡改良主义的康有为、梁启超，还是提倡革命主义的孙中山，他们的政治目的都是要进行社会改革。当然，他们改革的目标不同，方法也不一样。但相同的是，他们都以风俗作为社会改革的重要突破口。例如，梁启超提出了"风俗革命"的口号，孙中山也将扫除"风俗之害"写进了《中国同盟会革命方略》中，作为革命政府成立之后的当务之急。可见，风俗变迁是社会变革的重要组成部分，而社会变革则是风俗发生变迁的主要力量。

近代的社会改革是朝着现代的方向循序渐进的。这实际上就是现代化的过程，而风俗的改革也必然被纳入这个范畴。移风易俗的目的就是要改革风俗。因此，近代的移风易俗活动也成了现代化的其中一个环节。在社会精英的移风易俗行动中，新的社会风尚逐渐形成，而这些风尚也成了现代化的成果之一。

在推行风俗改革的过程中，政治的影响起了关键作用。一方面，为了达到政治目的，政治精英们身体力行，起到了示范作用。另一方面，在政治改革中取得胜利的革命政府也对推行新风俗起了促进作用。

如果风尚只是时髦，那么，它的作用和魅力会随着时间的流逝而消退，留下的也仅仅是一个远去的记忆。但是，近代的广州风尚却鲜活地存在于现代生活中。最初，风尚只是少数社会精英的行为，一旦得到社会的认同，便形成一种风气，对整个社会发生作用。时间长了，自然形成习俗。所谓“上导之为风，下习之为俗”就是这个道理。近代广州的风尚对社会的影响很大。从历时的角度来看，当时的很多新时尚都成了后代共同遵守的惯例。剪辫、放足自不用说，文明结婚、服饰的多样性等一直延续至今。从共时的角度来看，近代广州的时尚对全省甚至全国都起了示范的作用。

有意思的是，在其他地方，社会新风尚的传播途径通常是由中心城市到小城市，由城市到乡村。其中，城乡差别尤其显著。但是，广州地区的情况却有所不同。由于地理、经济以及历史的原因，广州与珠三角其他城镇的界限并不是很明显。它们在地理上唇齿相依，在经济上互为依托，在历史建制上也有重叠。除此之外，珠三角的华侨也对乡里风俗的改变起了很大的作用。因此，在近代的广州地区，新风尚的传播并没有太大的城乡差别。一些风气甚至是从周边城镇兴起的，例如放足之风。而文明结婚的新婚俗等观念也差不多同时进入城市和珠三角的各个乡镇。这也是近代广州风俗的一大特点。

第四章

近代广州的传统习俗

第一节 岁时习俗的传承

下面通过三种最具有广州特色的岁时节日民俗，来说明它们在近代的延续和演变情况。

一、龙舟竞渡

民国时期出版的《广州大观》一书，作者在讲述广州的特殊风俗时，首先就提到了龙舟竞渡。他认为，虽然别的地方也有龙舟赛，但是都不如广州的盛大、热闹。因为广州前临珠江，有举行大规模的龙舟竞赛的条件。端午节历来是广州人非常重视的一个传统节日。广州地区的龙舟赛也较其他地区更为热闹和隆重。在广州、南海、番禺、增城、顺德、东莞等地，龙舟赛成了一年一度的盛会。

中国很多地方都有端午节龙舟竞渡的习俗，而广州地区的龙舟又别有一番风味。屈大均《广东新语》（卷九）“广州时序”有记录：端午节这天，“饮菖蒲雄黄醴，以辟不祥。士女乘舫，观竞渡海珠”。张渠的《粤东闻见录》（卷上·节序）也记载了清代早期这一习俗的情形：“粤中五月采莲竞渡，至五日乃止。广州夺标较胜，有逾月者。今此风已戢。有大洲龙船者，高大如海舶，具鱼龙百戏，积物力至三十年一出，出则诸乡舟行以从。悬花球绣囊，香溢珠海。”文中提到的龙舟实有不同：一种是夺标型的，一种是展览型的。所谓大洲龙船即后者。顺德大良也有这类大船，称为“龙凤船”。据《广东新语》记载，这种船是宋朝末年随皇室遗民传入广东的，最初出现在番禺所属的大洲，后来逐渐为别处效仿。大洲龙船体形很大，有的长十余丈，有的宽三丈。船身装饰华美，流光溢彩。“龙首至尾，金光夺目，迭彩如层城。上饰童男女，作仙佛鬼神及古英雄，凡数十事。”① 有的龙船上还有表演。因为需要巨大的人力和物力，这种龙船并不普遍，十几年甚至三十年才出现一次。它可能是地方上用来展示财富和歌颂社会升平的。而百姓所喜闻乐见的划龙舟，自然不会是这一类型。

广州端午节常见的划龙舟有两种形式：一种是表演性质的划龙船，叫“趁景”，也叫“龙船景”；另一种是带有比赛性质的斗龙船，俗称“扒龙船”。在广州附近濒临珠江的各乡镇都有龙船，每年端午节就是龙船的集会日。按照惯例，“趁景”活动在各地逐一进行。每到一地趁景，各乡的龙船皆汇聚此处，以江面为舞台，为该地的民众展现各种水上功夫。以番禺为例，初一到初五，天天都有表演：初一为新洲景，初二为官山景，初三为市头景，初四为新造景，初五则会于省城。龙船所到之处，乡人燃放爆竹迎接，并准备烧酒来犒劳划手。岸上人群如堵，也有人雇舟于河上观赏。一时之间，锣鼓震天，百舸争流，男女老少，欢歌笑语，热闹场面可想而知。而东莞的龙船景则一直延续到二十日。半个多月的时间，每天都是节日。对于为生计辛苦奔忙的老百姓来说，这是尽情欢呼、尽情享乐的日子。他们的辛劳和烦恼，都可以在这段时间里完全释放出来。

龙船景可以说是比赛前的热身。真正的角逐是斗龙船。竞渡夺标是比赛的目的，而夺标不仅是为了赢得比赛，还是为本乡求得来年的风调雨顺。“斗得全胜还埠，则广召亲友燕饮，其埠必年丰人乐，贸易以饶云。”为了本乡的利益和荣誉，竞渡者自然不会等闲视之。参加龙船赛的人都是自愿的，在外打工的人甚至请假回乡参加比赛，十分踊跃。以顺德龙江的斗龙船为例，即可知竞渡之大概。首先，要选择适合比赛的水域。“以江身之不大不小，其水直而不湾环者为龙船场。”然后定好起止地点，并在河中间位置立竿为界。比赛的龙船在竿的左右行进，不能逾界。每次比赛以两条船为一组进行。比赛进行之前，主持人将双方的情况记录在册，然后在两根竹筹（或木筹）上分别写上双方的名号，将竹筹分为两半，一半给参赛者，一半主持人留存。比赛结果出来以后，胜者将所持竹筹交回，待验证无误后，主持人在记录册上写下“某船胜”，并给胜者一个胜标。负者还可以继续与其他船比赛以夺标。当天连获三场胜利、得三个胜标者

---

① 胡朴安：《中华全国风俗志》（上编），石家庄：河北人民出版社 1986 年版，第 254 页。

为“初场最”。第二天，“初场最”之间互相较量，连获三场胜利者得一五胜标，为“二场最”。第三天，“二场最”进行比赛，得全胜者为“三场最”，赢得“状头标”，这就是最终的获胜者。主办方为这个总冠军簪花挂红，敲锣打鼓送其返乡。[①] 这实在是一种莫大的荣耀。可以想见，获胜之地的乡民是何等兴高采烈、扬眉吐气。这种风光的场面是乡民梦寐以求的，为了拔得头筹，他们必然不遗余力。竞渡也因此愈加激烈，无形之中也增加了比赛的暴力成分。在近代的龙舟赛中，伤人毙命的事件屡见不鲜，因此地方官曾严禁举行。然而，民众对龙舟竞渡的热情却是无法轻易改变的。“喧天钲鼓拂朱旗，百尺龙舟去似飞。两岸游人争拍手，看谁夺得锦标归。”（吴家懋）[②] “喧阗锣鼓镇城隈，竞渡珠江士女陪。拍掌大家齐喝彩，旌旗五色逐波来。”（何恪臣）[③] 还需要说明的是，对于比赛中的种种暴力或其他违规事件，民间自有管理办法。在广州泮塘有一座仁威庙，庙里供奉的是“白须老龙”的神像。它被称为“龙舟之尊”，俨然人间的王者，有至高无上的地位。供奉“白须老龙”神像的龙舟，必然受到其他龙舟的顶礼膜拜。因此，“白须老龙”就成了秩序的象征。凡是龙舟赛中出现争端，皆由其出面裁决。[④] 这一习俗的来源不详，但是，不难看出其中有尊重长者的传统痕迹。

龙舟赛结束之后，龙船要藏到泥中，以免因风吹日晒而干燥裂开。直到下一年四月初八浴佛节那天，才将龙船挖出进行修理，准备又一次龙舟盛会。这叫“起龙船”或“挖龙船”。因此，广州有俗语道：“四月八，龙船到处挖。”这段时间，妇女竞相取河水为小孩洗浴，叫做洗龙船水。民间认为，龙船水可以祛病消灾。“榴花如火艾如烟，行过油栏是五仙。齐洗龙船午时水，菖蒲菱角满街钱。”（林象銮）[⑤]

无论是晚清官府，还是民国之后的广东军政府，都曾对端午节的龙舟竞渡实行严禁。这从侧面反映了一个事实：此习俗一直未曾消歇过。即便是禁了，也是此消彼长。禁得了一时一地，却无法完全消除。划龙舟的习

---

① 屈大均：《广东新语》（卷十八），北京：中华书局 1985 年版，第 487 ~ 488 页。
② 《广州历代竹枝词》，《羊城今古》1988 年第 5 期，第 27 页。
③ 《广州历代竹枝词》，《羊城今古》1989 年第 3 期，第 29 页。
④ 叶春生：《岭南民俗事典》，广州：南方日报出版社 2001 年版，第 93 页。
⑤ 《广州历代竹枝词》，《羊城今古》1989 年第 3 期，第 27 页。

俗已经深植于民众心底，难以根除。按照惯例，广州的各行各业，只在旧历新年与端午两个时节放假，其他的日子则照常工作，可见民众对端午节的重视。进入民国以后，政府倡导民众使用新历，因此对旧历的节日并不支持。1913 年的端午节，政府部门及学校大都不放假，但是，工商界却依然沿袭俗例。有一家纺织厂老板决定这天不循旧例休业，结果遭到众人反对，最后也只能作罢。这件事在说明商业竞争激烈的同时，也反映出传统习俗的根深蒂固。也就是在同一时间，政府禁止在省河上举行龙舟竞渡，珠江沿岸加设水陆警察出巡。没有龙舟的端午节让广州人倍感寂寞，他们又不愿意虚度节日。于是，有人乘船游珠江，也有人与亲朋好友聚饮于珠江两岸。而那些心有不甘的人，索性到广州周围的乡镇去观看龙舟赛。这一年，增城新塘一带的龙舟竞渡异常闹热，是历史上所罕见的。①

龙舟竞渡的原始功能是什么呢？江绍原的《端午竞渡本意考》一文认为：竞渡的目的是为了禳灾。古人认为，五月五日是“恶日”，这一天邪气最重，因此要进行禳灾活动。“节庆活动在其历史发展的所有阶段上，都是与自然、社会和人生的危机、转折关头相联系的。死亡和再生、交替和更新的因素永远是节庆世界感受的主导因素。”② 这段话揭示了节日的原始性。节日起源于先民对五谷丰登、人畜平安等的祈望。无论是人、物还是自然，都必然面对新旧交替的规律。但是，在这些转折关头，仅仅靠人力是不够的，还必须借助神灵的力量才能获得好的结果。因此，人们在一些特殊的日子里，利用祭祀仪式来表示对神灵的虔诚，以求得帮助。节日也就应运而生。五月初五恰好是夏至前后，天气炎热，人体不适，极易生病。古人以为这是邪魔作怪，所以要禳灾辟邪。就广州地区的端午习俗而言，很多都与辟邪有关，如给小孩子佩带朱符，或者是用五色丝和艾做成的“长命缕”，以使孩子平平安安，一些地方还要以粽祭神。因此，竞渡与消灾辟邪应该也不无关联。至于为什么用龙舟，而非其他形状，闻一多认为是“为了避蛟龙之害”，与远古社会的图腾崇拜有关。③（广州人的先

---

① 《民生日报》，1913 年 6 月 9 日、11 日。

② ［苏］M. 巴赫金著，李兆林、夏忠宪等译：《拉伯雷研究》，石家庄：河北教育出版社 1998 年版，第 10～11 页。

③ 闻一多：《端午考》，《闻一多全集》，北京：生活·读书·新知三联书店 1982 年版，第 236 页。

民南越族与其他临水而居的百越民族一样，自认为是龙的后代，因此，龙舟盛行是理所当然的。）屈原与端午节的关系，是后人为了纪念他而附庸上去的。而随着时间的推移，龙舟赛的功能也发生了转变。江绍原认为，这个转变过程大体如此：从一个较小区域的命舟遣灾，变为大范围内的竞争式的命舟遣灾，到近代则成为娱乐主义的竞渡。广州地区的划龙舟可以作为这个结论的参照。从地方志的资料可以看出，广州的端午节也有祭神的内容。乾隆《顺德县志》就有“乡村出龙舟，迎神出游”的记载，光绪《香山县志》也有“以粽祭神”的内容。前者年代久远，而后者主要是在一些乡村进行。时至近代，在影响力较大的城镇，端午节严肃的祭祀色彩已逐渐淡化，角黍、蒲艾和龙舟都成了节日的象征，蕴涵的是节日的欢乐。和其他迎神赛会相比，民众在端午节这天更重视的是节日的娱乐作用：“竞渡家家渡口喧，当年谁记汨罗冤。珠江箫鼓人如织，那有心情吊屈原。”（郑意舫）① “竞渡端阳兴未央，家家儿女荡轻航。屈原枉抱千秋恨，付与珠江作闹场。”（苏濬泉）② 上文提到过，一般认为，在龙舟竞渡中获胜的乡村，将会有好的年成。这一功能可以看作是竞渡禳灾的遗留。但是，对于参加者来说，他们更看重的应该是荣誉。拜神可以在其他日子举行，而端午节却不能更改。竞渡体现的是地方的整体实力（人力和财力），而不仅仅是个人的荣辱，因此会得到众人的支持和普遍关注。胜利者会受到英雄一样的赞美。而这些关注加剧了比赛的激烈程度，争斗也就在所难免了。对于大多数观众而言，比赛的结果并不重要，他们需要的是喧天的锣鼓、炫目的色彩、激烈的比赛，他们要做的是换上新装，带着欢乐，在珠江的两岸尽情呐喊。实际上，龙舟竞渡成了一种全民参与的游戏。游戏的激烈又促使端午节变成了一个名副其实的狂欢节。

广州的端午节呈现出一种非宗教的性质，而促成这一点的，是人们对节日娱乐性的强调。在人的生活中，除了物质需要和对生老病死的恐惧之外，还有许多精神上的需求。游戏是调节紧张生活的一种方式，它让被生活压迫的神经得以放松，达到精神愉悦的效果。从这个意义上来说，节日就是人们进行一种游戏活动的特殊日子。在这些日子里，民众通过游戏来

---

① 《广州历代竹枝词》，《羊城今古》1989 年第 3 期，第 32 页。

② 《广州历代竹枝词》，《羊城今古》1989 年第 3 期，第 34 页。

释放各种情感。高兴或者痛苦，都可以得到宣泄。在社会升平的时候，游戏体现的是民众的快乐和满足。而动荡不安的社会环境则使他们更需要这种游戏来填补心灵的缺失，获得安慰。广州的端午节屡遭禁止，说明它与官方意志的冲突，禁而不止则表明民众对这类节日的需要。随着社会的发展，娱乐成了节日的根本目的。这是节日的其他功能所无法比拟的。即便是后来发展起来的商贸功能，也只能是节庆的副产品。如果娱乐功能消失了，老百姓的节日也就很难延续下去了。这是节日民俗在近代发展的结果。

二、七夕节

七夕节是一个全国性的节日，很多地方都有。而在岭南，七夕节最为隆重、热烈的，要算是广州地区。其他地方如潮汕地区，这种习俗就不是那么重要了："乞巧天孙俗久无，不须瓜果设庭隅。"广州的七夕节又叫乞巧节、七娘会、七娘诞、七姐诞、慕仙会、姑娘节、双星节等。宋代诗人刘克庄的诗中咏道："瓜果踞拳祝，喉罗朴卖声。粤人重巧夕，灯光到天明。"可见，七夕节很早就已成为广州人所重视的一个节日。清初，屈大均也记录了广州七夕节的概况："七月初七夕为七娘会，乞巧，沐浴天孙圣水。以素馨、茉莉结高尾艇，翠羽为篷，游泛沉香之浦，以象星槎。"①除了乞巧的活动外，这个时期，广州还有用七夕之水沐浴，以及泛舟游沉香浦的习俗。清代晚期，有关广州七夕节的记载比较丰富，其中以竹枝词为最。如同光年间的诗人汪瑔就创作了十首《羊城七夕竹枝词》。清末民初，相关文献虽然数量不多，但记录相当详细，是后人了解广州七夕节必不可少的资料。

（一）广州七夕节的独特内容

综观历史上全国各地的七夕节，从参加人员到仪式都不尽相同。山东荣成以乞巧活动定小孩（不分男女）之巧拙；江苏南京的乞巧者是闺女；而江苏如皋的红男绿女和儿童都可乞巧；浙江严州是妇女设祭；而陕西兴

---

① 屈大均：《广东新语》（卷九），北京：中华书局1985年版，第299页。

平则是幼女祀神。[①] 而且，这些七夕节大都是在七月初七当天举行的。广州七夕节举行的时间是在农历七月初六、初七两天，内容也要复杂、讲究得多。“银河鹊尚未成桥，花果陈筵迎碧霄。儿女心忙先乞巧，分明七夕是来宵。”（陈坤）[②] “岭南六夕祀牛郎，儿女庭前瓜果香。昨日邻家双姐妹，商量瓜子砌鸳鸯。”（汪兆铨）[③] 在广州，初六举行的七夕活动才是比较正式的。这种习俗始于南唐，因为南唐后主李煜的生日在七夕，他的弟弟从益总是提前一天前往道贺，后来为民间仿效。虽然北宋太宗淳化年间曾诏令改回，但是民间习俗相沿已久，一时难以改变。[④] 至于为何只有广州等少数地方仍然沿袭初六的习俗，由于缺乏可靠资料，答案也不得而知。参加广州七夕节的对象是闺中少女和初嫁的少妇。而她们的活动也因身份不同而有所区别。少女为“拜仙”，少妇为“辞仙”。初六，姑娘们将事先准备好的各种乞巧物品，摆放在庭院中的桌子上，等候众人品评。她们还要换上最漂亮的衣裳，打扮得花枝招展，个个美似天仙。因此，有人称参加拜仙的女子为“仙女”。正所谓：“女郎拜月语殷殷，一镜团圆满十分。点柚皮灯排果碟，金风摇曳雪青裙。”（周隐琴）[⑤] 初更时，姑娘们焚香燃烛、叩头礼拜以迎接各位仙女。拜仙之后就是穿针的仪式，各人取彩线在灯影中穿针，穿过者则有“金针度人”（意为选中如意郎君）的吉兆，将来会觅得一个好夫婿。连穿七个针孔的人被称为“得巧”之人，会获得众人的赞赏。然后要焚烧装有纸制衣服、脂粉等的梳妆盆，以此作为对神灵的献祭。如果是少妇，在初嫁当年或第二年的七夕节，一定要回娘家举行辞仙会（又叫“酬七夕”），以后便不再参加乞巧节。辞仙时，除了一般乞巧物品外，还要加上酒肉、红蛋、酸姜、雪梨、沙梨等。前三样是为了求得子嗣，后两种则比喻别离。少妇辞仙，说明以前“拜仙”的愿望已酬，如今特向神灵致谢。“姊妹追随上下肩，个侬新试嫁衣鲜。娇痴小妹

① 吴玉成：《粤南神话传说及其研究》，广州：中山印务局民国二十一年（1932）版，第67～69页。

② 雷梦水：《中华竹枝词》（四），北京：北京古籍出版社1997年版，第2804页。

③ 雷梦水：《中华竹枝词》（四），北京：北京古籍出版社1997年版，第2946页。

④ 冯秉芸：《迩言》（卷九），广东中山图书馆藏本。

⑤ 《广州历代竹枝词》，《羊城今古》1989年第2期，第32页。

工戏谑，明岁何人更谢仙。”（汪瑔）① 初七晚，祭品不变，而拜神的人换成了男童，女性不参与，名为“拜牛郎”。活动的目的是为了求得聪慧和健康。按照广州的习俗，七夕节的举办时间是七月初六、初七两天。初八以后还在举行的，说明这家的女儿嫁不出去，因此都很忌讳。

七夕风俗最初的文化内涵有两方面：祈子求嗣和丰收增产。晚清广州七夕风俗的内涵则更加丰富：乞子、乞爱、乞巧、乞美、乞健康等等。对已婚少妇而言，繁衍生息是最主要的责任，因此，她们借着这个机会，求神灵庇佑早生贵子。对参加活动的年轻女子来说，她们希冀的是爱情和美丽。“针楼高处挂琉璃，盘设梳妆制作奇。预乞佳期先一夕，世间儿女亦情痴。”（倪鸿）②“瓜果筵前万绪纷，针楼香好女儿焚。侬家不乞寻常巧，但乞鸳鸯老不分。”（郑意舫）③ “芝麻为烛米为桥，巧乞天孙夜未迢。郎比牵牛妾织女，年年夜夜是今宵。”（叶芗南）④ “凉秋七夕拜星辰，暗祝因缘信有因。郎住河南妾河北，一般同是隔河人。”（龙山山樵）⑤ 这些诗句无一不透露出女性对爱情的渴望。光绪年间的番禺人史澄认为：“（七夕节）以针楼之祭以乞巧也，近则以祈婚姻。”⑥ 美丽，则是所有女性都企求的。在广州七夕节的供品中，还有一种特别的物品，那就是香粉。据说用奉过织女的香粉来搽脸，可以使脸孔漂亮。所以每到七夕节，广州各处的粉店都很拥挤。而乞巧则是七夕节必不可少的节目。“稻苗豆荚绿成丛，费尽滋培一月功。嫩绿几层红一点，羊灯光在翠秧中。”（汪瑔）⑦ “小品华蕤制最精，胡麻胶液巧经营。不知翠袖红窗下，几许工夫作得成。”⑧“几盏清泉汲夜深，铜盘承取置庭心。今年得巧知多少，水影明朝验绣针。”⑨ 用绿豆和谷种发“仙禾”，这是最基本的内容。拜仙之时，在长短不一、层层叠叠的秧苗中，还要点上一盏灯。红绿相间，分外喜人。而各

---

① 《广州历代竹枝词》，《羊城今古》1989 年第 5 期，第 27 页。
② 《广州历代竹枝词》，《羊城今古》1989 年第 2 期，第 30 页。
③ 《广州历代竹枝词》，《羊城今古》1989 年第 3 期，第 32 页。
④ 《广州历代竹枝词》，《羊城今古》1989 年第 3 期，第 33 页。
⑤ 《广州历代竹枝词》，《羊城今古》1989 年第 3 期，第 29 页。
⑥ 史澄：《趋庭琐语》（卷七），广东中山图书馆藏本。
⑦ 《广州历代竹枝词》，《羊城今古》1989 年第 5 期，第 27 页。
⑧ 《广州历代竹枝词》，《羊城今古》1989 年第 5 期，第 27 页。
⑨ 《广州历代竹枝词》，《羊城今古》1989 年第 5 期，第 27 页。

式各样的小手工，才是表现巧技的重点。姑娘们用芝麻、稻谷、瓜子等做成各种精致的玩具，以此来显示技艺的高超。实际上，早期的乞巧已变成了露巧。在女子无才便是德的封建社会，女性只能通过乞巧活动，来表现自己的心灵手巧。不啻如此，人们对七夕节还抱有更多期望。有一本流行于广东民间的《乞巧经》，字里行间便反映了女性的这种心理："乞天仙，乞口花针共条线，绣花织锦片还片，凭些铅粉珍珠面，打扮美貌似红莲。乞天仙，乞对绫带脚下缠，两脚缠成二指尖。……一乞天仙美貌好，二乞为仙万代神，三乞本身长生福，四乞福禄进门庭，六乞富贵万代荣。……男人乞巧求官职，女人乞巧福源长。"① 所拜之神也从牛郎织女扩大到各种仙佛。七夕节的功能也被无限延伸。从女性的美貌到男性的官职，从财富到长生，只要是现实世界需要的，都可以借着七夕的机会，向众多神灵许愿求祈，甚至于缠足也成了女性求乞的内容。这是广州地区女性曾经盛行缠足的佐证之一，而粤人的功利性也可从此略见一端。这是别处的七夕节所鲜见的。

在一些地方，七夕又称为女儿节，有意将男性排除在外，甚至成为禁忌："男子潜窥，则有怪风，为织女暴云。"② 乞巧的各种活动并没有不可告人的内容，之所以有性别禁忌，大概出于两个原因：一是由于女性在日常生活里，处于男权的包围圈中，各种行动都受制于男性。只有在这个节日里，女性才能找回自我。因此，她们对男性的排斥是很自然的。二则表现出了民间信仰的神秘性。祭拜神灵的仪式是庄重的，人们通过它与神灵取得联系，才能达成所愿。这个人神交会的过程是神奇而秘密的，因此拒绝外界干扰。反观广州的七夕节，却与别处不同。姑娘们将各种物品陈列于院中的八仙桌上，任人品评，叫"摆七夕"或"摆七娘"。陈列品中，除了姑娘们自己制作的巧物之外，还有胭脂水粉、时果生花之类。有钱人家还摆上古董、珍玩。有些人家的展品多达数十桌，极尽豪华之能事。"广州风俗，綦重七夕，实则初六夜也。诸女士每逢是夕，于广庭设鹊桥，陈瓜果，焚檀楠，爇巨烛，锦屏绣椅，靓妆列坐，人人入观不禁，至三更

---

① 吴玉成：《粤南神话传说及其研究》，广州：中山印务局民国二十一年（1932）版，第39～40页。

② 同治《房县志》（卷十一）。

而罢，极一时之盛。”[①] 这个活动是欢迎观众的，无论男女老幼都可以参加，而且，看的人越多主人家越觉体面。这叫“睇七夕”或“睇七娘”。有些人家甚至还准备了茶烟招待观众。在这些来来往往的人流中，常常是男性占了多数。除了那些精致的玩物之外，鬓影衣香也是招蜂引蝶的原因。青年男子趁着这个机会，不仅可以欣赏姑娘们的手艺，还可以一睹芳容。这种登徒子的行为使正统人士发出了有碍风化的感慨。可是，他们的参与却使这样的节日平添了几分娱乐的色彩。谁可以否定，这不是青年女子借以欣赏异性的场合呢？“是夜人海人山，寻芳者历各巷弄，以饱眼缘。闻热闹以汝南街潘太史第为第一，重门洞开，任人观看，簇簇生新，无不叹为美绝。”[②] 日本学者小南一郎认为，这种男女互相嬉戏的风习，“也许是与某种形式的古老歌会的传统相一致的。”[③] 由于缺乏具体例证，这种观点还有待更深入的研究。在广州的七夕节里，女性只是导演和主角，而观众却不乏男性，这种开放性是其他地方所没有的。

在乙巳年七月初七（1905 年 8 月 7 日）的《游艺报》上有一篇文章，虽属谐文，却也是对此种习俗的真实描绘。“晚妆毕，神心一。粉塔兀，小姐出。支整几个月，至有今日，大屋门开而□□……横七竖台几十张，扎作玲珑，亭台楼阁，草木青葱，禽鱼饮啄，纸醉金迷，钩心斗角，辉辉焉，煌煌焉。公仔教生，居然左上而右落。妖娆队队，夸状斗容。铅粉匀白，胭脂抹红。欢天寿地，座□西东，衣香人影，花露融融。身材标致，头面光辉。十岁打上，廿岁打上，而大小不齐。肖婢婧梳，奔走伏侍。人多声多，东张西顾，其劳如何。龙香凤烛，芝麻砌也。玉杯象箸，米仔堆也。高牌罗伞，纸通痴也。”其中对七夕节“摆七娘”场面的描画可与后人的记录互为参照。1932 年出版的《粤南神话传说及其研究》中，作者对流行于珠三角的七夕节俗有较为详尽的描述：

拜仙之举，在粤南儿女心理中，视为莫大隆重之典礼。（男儿对于正月之炮会，女儿对于七夕之拜仙，均视为一年一度之庆典，无论贫富，必

---

① 胡朴安：《中华全国风俗志》，石家庄：河北人民出版社 1986 年版，第 382 页。

② 《申报》，1896 年 9 月 6 日。

③ ［日］小南一郎：《西王母与七夕文化传承》，郑志明：《西王母信仰》，嘉义：南华管理学院 1997 年版。

要与的。）举办拜仙，每人常科银至数元或十元不等，无论极贫的，都勉强参与，不惜多方借求以应之，盖一般人民心理中以为女子不拜仙，简直视为不祥。女子们于是日均换新衣艳服，尽演一己之装饰品，无则乞诸邻家，争妍斗美，搽朱荡粉，极打扮之能事，务使得像天仙一般，俗人每称曾参与拜仙的为仙女。于拜仙之坛，遍陈生花及各种奇怪玩具，务求新样美观，（此时有些商店，认为一时之机会）设茶酒以招待观众，而所谓观众，大都均是登徒与无赖者流，他们也认为一时不可多得的机会，于是遍夜轮流去参观各村拜仙之坛，秽亵之语时溢，实很有碍风化的。而女子们与所谓返村女们（已嫁之女子而返母家谓之返村女。此时例必返母家）因拜仙已毕或犹有待举行的，则亦连群结队而往邻处参观，于是登徒与狗盗之辈得以乘间而肆其伎俩焉。是夜而所谓巫者流应他们之招请，大有应接不暇至周夜不停其工作的，故其一夜所得的酬金常至数十元或百元不等。抑尤有奇怪的，女子们苟平日有所感触而欲轻生的，往往待至此夕而后举行，盖他们心理中以为此夜死去可与八仙为伍的，故所谓女子投江投河，大都以是日为多。……①

粤人呼七夕拜牛女为慕仙，意谓钦慕双星的情爱缠绵也。“慕仙”之会，唯少女少妇可以参加。（玉成按：就我们开平情形来说，所谓拜仙与慕仙是有分别，绝不能混谈的。盖拜仙之会唯处女们可以举行，少妇等不过在旁参观或帮他的忙罢了。一般的人，以为只是处女可以拜仙，已嫁的则不可能。至于慕仙，则无论如何的人家都一律举行，他们于是夜必陈列时下果品及糖水等食物于天阶下，先焚香烛，而食品则直至达旦时才撤。于此，我们可以说：是夕处女们特别举行的叫拜仙，各人家普通举行的叫慕仙，拜仙有时例外不干，惟慕仙则必要，似很有分别的。又拜仙时，四五岁的男孩，也可以参加，以为拜过仙将来定会更聪明一些的。）男子不与焉。阳历七月初，市上已有用胡麻子粘砌及纸花剪贴成的种种巧制品，如月宫，洞府，鹊桥，牛郎织女的形像，及其相会的故事，乃至灯烛，机杼，闺中用品……等等，应有尽有，陈列满肆待售，一般少女少妇，或独力，或醵资，于七夕前购备一切物品，并稻苗，瓜果之属，以便大开慕仙

---

① 吴玉成：《粤南神话传说及其研究》，广州：中山印务局民国二十一年（1932）版，第41～42页。

之会，到七月六日晚间，即于庭中陈设预备的品物，兢夸繁富华丽，璇闺女伴互相过从。笑语盈庭，酣戏共乐。至三鼓时分，群向双星顶礼瞻拜。拜毕，焚烧一种色纸扎作，形如大盆，中有装饰品，化装用具之属，以及衣纸。富豪之家，更有烧真衣真装饰品者。除牛女外，她们并拜“七姐”，说是织女的女伴，故并及之。“七姐”未详何所指，或者指“七星女”也未可知。①

（二）广州的七夕节与女性

与其他节日相比，七夕节可以说是一个女性的节日。它表现的是女性的情感，展示的是女性的才华。这是一个女性交流、娱乐的集会。牛郎织女鹊桥相会的神话给了女性对爱情的憧憬，于是，牛女成了司爱之神。女性无力抵抗父母之命、媒妁之言，只能求爱神赐给她们如意郎君。旧时，女性的活动范围相当有限。一方面是由于礼教对女性的桎梏；另一方面，则是因为缠足的缘故。实际上，两者最终的目的是一样的，就是要将女性置于附属的地位。让她们失去行动的自由，也就不会有非分之想，然后就只能像金丝雀一样，在方寸之间活动，飞不出男性构筑的牢笼。这是有钱人家女性的待遇。而贫家女性，虽然不用缠足，却由于沉重的家庭负担，仍然没有自由，其社会地位更加低下。在封建社会，女性属于弱势群体，毫无权利可言。她们依附于男权社会，没有自由，也没有平等。就祭祀活动而言，对女性是有诸多禁忌的。即便是日常的拜神活动，也对女性的行为有很多限制。比如，有些庙宇规定，妇女只能在庙门外进香许愿，一旦违规，就会受到惩罚。很明显，这是以人的意志来代替“神”的意愿。即使在“神”的面前，性别差异仍然存在。因此，有一个属于她们的节日是多么难能可贵。“妇女社会地位的历史转变，使女性从‘公共领域’（public area）退回到家庭的‘私人空间’而成为男人的附属‘财产’。又由于绝大多数重要的仪式（尤指那些纪念性祭祀仪式）都属于社会的‘公共事务’范畴，在公共场合举行。女性在社会中属于‘弱势性别’和‘弱势群体’，处于‘弱势地位’，她们经常被限制在所谓的‘私宅领域’（domes-

---

① 吴玉成：《粤南神话传说及其研究》，广州：中山印务局民国二十一年（1932）版，第354～356页。

tic area）——很难进入到社会的‘公共领域’。她们的存在也因此经常被漠视，甚至为‘男性’所不屑。……再说，由于传统力量的作用，许多女性文化的表述被父权社会所规定、所约束、所撕裂。更有甚者，在古代许多社会的仪式表现和实践活动中，女性经常成为仪式中‘恶’的符号。……简言之，由于父权制社会的强大势力，女性的‘社会性别’要么罕见于公共空间中的仪式场合，要么成为一种被‘污名化’的对象和符号。”[①] 正因为这样，七夕节所具有的女性色彩才格外有意义。乞巧之女红是专属女性的象征“符号”。七夕节就是这种具有“女性符号”、“女性词汇”的“无言的表达”。

广州的七夕节还是一个女性向男性展示自己的机会。一则乞巧物品充分展现出女性的聪慧。广州的乞巧活动可以视为广州女性技艺的展览会。二则姑娘们不仅斗巧，还要斗美。在这天，姑娘们都要换上漂亮的衣服，戴上最好的饰物，没有的甚至要设法向别人借，目的就是要向外人展示自己的容貌。平日里，姑娘们要遵从各种规定，与外人（尤其是男性）保持距离。礼教像一堵墙，阻断了男女的正常交往。而处于青春期的女孩子对异性的好奇心却是无法消除的。她们只有尽可能地利用公众场合，来获得异性的注意和赞美，同时也满足自己的窥探心理。七夕节无形中成了男女交际的场合。从这个意义上来说，小南一郎的推论是有可能的。民间歌会往往又是青年男女谈情说爱的舞台。可以想见，有一些年轻的心灵，会在七夕节的夜里碰撞。这也正是姑娘们拜仙所期盼的。因此，七夕节对于“养在深闺人未识”的姑娘们来说，无疑是快乐而又值得期待的。

广州人认为，七夕是女性神圣的节日，不参加就会带来不祥。在近代的广州，每到七月初六这一天，无论贫富，有女儿的人家都要举行七夕会，甚至有人借钱过节，还有女子因为夫家不给钱过七夕节而自杀的。早期的广州民俗学家刘万章认为，广州的七夕节与婚俗及女性的独立有关。“在广东的几系民族中，据我所知，说‘广府话’的民族对这个风俗的举行比其他民族更为热烈……这或者和婚俗有点关系。”“其次便和妇女职业

---

① 彭兆荣：《人类学仪式的理论与实践》，北京：民族出版社 2007 年版，第 85 ~ 87 页。

生活有点关系。”① 刘万章并没有清楚地解释七夕与广州婚俗的关系。他的意思似乎是将“辞仙”看作婚俗的延续部分。以这个假设为前提，确实可以发现两者之间的一些联系。女子的成年要行及笄礼，说明她已到了可以出嫁的年龄。很多女子成年礼都是在婚礼过程中完成的。在广州传统的婚俗中，新娘在出嫁当天要进行“开脸”和“上头”的仪式。这就是成年礼。经过成年礼，女性才算是成熟了，才会得到社会的认可。个人行为变成了社会行为。这是习俗对个体的规范意义。而辞仙习俗则是七夕拜仙和成年礼混合的产物。拜仙是未婚女子的专利，而辞仙则是已婚的成年女子所独有的，辞仙只有一次。按照正常情况，女性的成年礼一生也只有一次。两者的一致性说明它们具有相同的性质。辞仙，不仅是与爱神的离别，也是向少女时代作最后的告别。婚礼中的成年礼具有公开性，目的是为了获得社会的承认，相关的仪式是做给别人看的，习俗起了一个社会监督的作用。而七夕节可以说是女性为自己举行的成人礼。或者，辞仙之举并非正式的婚姻仪式，一般人并不十分看重，而对于初为人妇的新嫁娘来说，却具有非同寻常的意义。再加上一些面子上的因素，所以才会有拼死辞仙的过激行为。总之，广州七夕节的这种辞仙活动意味深长，从中能咀嚼出万般滋味。

七夕节在近代的广州非常盛行，这对说明广州女性的社会地位有一些帮助。从各种记载来看，广州七夕节的花费颇大。有钱的人家自然无所顾忌，而家境困顿的平民百姓也不以为忤，个中原因耐人寻思。一方面，这与广州婚俗尚奢靡一样，反映了人们讲排场、爱面子的心理。另一方面，更重要的原因在于近代广州女性社会地位的提高。在封建社会，女性地位低下的原因之一，在于她们没有独立的经济地位，因此只能依附于男性。而近代的广州女性却用她们的努力，争取到了一些权利。清代中期，珠江三角洲的经济结构已比较稳定，蚕桑和织布成为本地区的支柱产业。无论是家庭作坊还是规模化的工厂，从事摘桑、养蚕、缫丝、织布等工作的，主要都是女性。尤其是在缫丝工厂里，女工的数量远远超过男性工人。由于很多家庭需要女性的收入，再加上广州地区的民风较为开通，职业女性

---

① 吴玉成：《粤南神话传说及其研究》，广州：中山印务局民国二十一年（1932）版，第5~6页。

逐渐被人们接受。这意味着女性有了一点支配权利。不仅仅是在金钱上，在行为上也有了一些自由。广州职业女性的出现，或多或少对整个妇女阶层的社会地位都会有所影响。这对七夕节产生了一系列的良性影响：女性有了经济地位，于是更重视属于自己的节日；女性地位的提高，使得社会也更关注她们的活动。所以，广州七夕节的盛行，也就是情理之中的事了。

在广州的职业女性中，有一个特殊的群体一直备受关注。这些女性，有的是立志不嫁的自梳女，有的是虽嫁而“不落家”的女子。她们中间，有工人，有佣人。她们都凭借自己的劳动来维持生活。她们有一个相同之处：不愿结婚。有一则消息说：“佛山四乡，本年乞巧之闹热，比前尤甚，尤以乐从等缫丝女工所耗为最多。镇内售卖七夕供品，异常畅销，未至期已售罄无遗，业此者无不利市三倍。”① 有很多自梳女都是缫丝女工。可以推测，在这些过节的女工中，应该有不少自梳女。可见，她们对参与七夕活动也是非常踊跃的。实际上，自梳女是七夕活动的主要参与者。七夕是牛郎织女相会的日子，少女拜神，是为了祈求好姻缘；少妇祀神，是为了求得子嗣；而自梳女们以其特殊身份而拜牛女二神，有些耐人寻味。有资料显示，自梳女的七夕节在形式上没有什么特别之处，但其性质却相差甚远。在常人的观念里面，牛郎、织女代表的是美好的爱情，而在自梳女中流传的七夕故事却是另外一个版本：织女是被迫嫁给牛郎的。正因为如此，自梳女祭拜织女是出于对她的同情。② 研究者还认为，七夕传说有三个版本：乞巧、女性有独立的婚姻权利、女性不愿被逼婚。③ 这些由自梳女讲述的传说有两个共同点：反对结婚、强调姊妹情谊。究竟是七夕习俗影响了自梳女，还是自梳习俗影响了七夕传说呢？答案应该是清楚的。自梳女对传说进行改造，目的是为自己的行为找到一个合理的依据。或许可以做这样的推测：由于七夕节是一个纯女性的节日，与自梳女的性质一样，因此便产生了两者相结合的传说。对于自梳女热衷于七夕，刘万章

---

① 《民生日报》，1912 年 8 月 21 日。

② 李小江等：《主流与边缘》，北京：生活·读书·新知三联书店 1999 年版，第 77 页。

③ 李小江等：《主流与边缘》，北京：生活·读书·新知三联书店 1999 年版，第 134 页。

说："她们也有同性爱的，为了大家快活的发泄，有狂热举行这种仪典的可能。"① 女性之所以有自梳行为，主要是出于对传统婚俗的不信任和反抗。包办婚姻对女性造成的伤害，使得她们拒绝婚姻和家庭。但是，她们也需要温情和关怀，太多的悲伤使她们更需要欢乐。因此，七夕节对于自梳女而言，是名副其实的女儿节，也是一个联谊会。她们用节日的狂欢来冲淡自梳行为的痛苦和无奈。或者，在她们的内心深处，也有着对异性爱情和美好姻缘的渴望。

（三）近代广州七夕节的功能变化

七夕节的功能是有变化的。"牛女双星由恩爱夫妇而渐变为司爱与女红之神，七夕之风俗，由瞻礼而变为祈求，真是一种很有趣的发展和转变啊。"② 向神灵祈求帮助，这表明七夕节有宗教功能。历史上的七夕节，多数都与祈神有关。就广州的七夕节而言，它的功能是乞巧、乞爱、乞子等。这种乞求活动源于对神灵的信仰，带有明显的宗教色彩。而节日的高潮就是祭祀神灵的"拜仙"活动。除此之外，七夕节的宗教功能还表现在其他方面。在广州，有很多轻生的女子选择在七夕这天自尽，这应该不是偶然的。有研究者认为，这与她们的信仰有关："盖他们心理中以为此夜死去可与八仙为伍的。"③ 清末，广州城内有六个年轻女子在乞巧时被烧伤。人们在谈论这件事时，众说纷纭。有人认为是因为她们"祀仙不洁"，因此受到天孙织女的惩罚。还有人认为是她们的装扮有问题，所以撞了邪魔。原本是待字闺中的姑娘，但是，这几个女郎却装扮成少妇的模样。④ 一个偶然的突发事件，却被民众用不同的理由来进行解释。虽然演绎不尽相同，但可以从中看出民众的态度：神是灵验的，神灵不可亵渎。民间有俗话："心诚则灵。"祭祀神灵要有诚意。而诚心是通过仪式表现出来的。周到而慎重的仪式，象征着对神的尊崇；相反，则是对神的不敬。神用惩

---

① 吴玉成：《粤南神话传说及其研究》，广州：中山印务局民国二十一年（1932）版，第6页。

② 吴玉成：《粤南神话传说及其研究》，广州：中山印务局民国二十一年（1932）版，第57页。

③ 吴玉成：《粤南神话传说及其研究》，广州：中山印务局民国二十一年（1932）版，第42页。

④ 《点石斋画报》（戌集），广州：广东人民出版社1983年版，第4页。

罚的方式来显示它的灵验。民众用这种自圆其说来坚定其对神的信心。想要获得实惠的是民众，而最终的得利者却是神灵。不仅如此，从这个例子也可明显地察觉到民俗的规范作用。已婚妇女（除了新婚的少妇）不能参加七夕节，这是习俗所规定的。如果逆俗而行，就会有报应。那些解释者还试图通过这个事件，对其他人进行告诫。

随着时间的推进，到20世纪前后，七夕节的宗教色彩渐次减弱，而娱乐功能得以加强。“初六、七两日，富家小儿×于庭中，陈设瓜果，齐向天孙乞巧，斗靡争妍，任人观看。”①“是夜人海人山，寻芳者历各巷弄，以饱眼缘。闻热闹以汝南街潘太史第为第一，重门洞开，任人观看，簇簇生新，无不叹为美绝。其次则庆宝新街三水邓宅。”② 七夕节的重点不再是拜仙，而“睇七夕”才是众人瞩目的焦点。更何况，很多乞巧物品并非自己制作，丧失了乞巧的意义。这无疑颠覆了以往七夕节的功能，原本的娱神行为变成了娱人的活动。这是社会的进步，也是民俗与时俱进的表现。正是由于七夕节的娱乐功能，很多人都乐于参加，连接受过新式教育的新女性包括女学生也不例外。“时派姑娘不拜神，今年七夕却随人。辞仙旧俗曾消歇，此事推陈又出新。”（胡子晋）③ 近代广州的七夕节尽管仍然披着拜神的外衣，但其内核却已发生了变化。人们的最大愿望不是求得神灵保佑，而是借这个机会游乐一番。迷信的色彩渐渐散去，剩下的是欢乐。至此，这个节日不仅是女性的节日，也成了大众的节日。姑娘们在技艺比赛中获得快乐，妇女在观巧中感受节日气氛，重温旧梦。而男性则在观巧和猎艳的双重目的中尽享游戏之乐。

（四）近代广州七夕节的特点

近代七夕节的盛况可以从下面的新闻中知晓：

妇女乞巧节之市况：七夕乞巧，晚近妇女，仍多举行，本年之七夕，因去岁嫁娶特多，一般新簇簇之新嫁娘，向金龟婿敲得金钱，宁家举行辞仙者，为数甚众，因之关于奇巧之用品，本年极端畅销。连日以来，西关

---

① 《申报》，1890年9月7日。

② 《申报》，1896年9月6日。

③ 雷梦水：《中华竹枝词》（四），北京：北京古籍出版社1997年版，第2914页。

之上九甫下九甫，及第十甫、十六甫、十一甫、长寿里、福星里、德星里、城内之高第街、永汉惠爱各马路，售卖乞巧之商店，统均其门如市，拥挤异常，而妇女辈之手作捧札纱制各项景物而过者络绎道上。一时鬓影衣香，珠光玉笑，道路为之生色。日来天气虽乍晴乍雨，然彼辈之热兴，迄不少减，购者仍联群结队而往，因是一切乞巧品物，几有求过于供之势，价格亦涨至数倍，其畅销情形，为数十年来所罕见。售卖此项品物者，无不欣然喜色，叹为不可多得之机会。据业此者云，本年惜因各属兵燹之后，又值潦水为灾，否则其畅旺程度，更不止此云云。此外生果一项，亦极畅销，且多自行往果栏购买，果栏之顾客，平日类皆鹑衣百结，汗气薰蒸之，惟日来则情形大反，一时汗臭之气，变作香息氤氲。呶呶之市声，变作莺啼燕语之妙声。其情形为有果栏以来所未见。果栏中人，几致目迷五色，应接不暇，而妇女们购得果品之后，有一人肩之而去者；有二人共扛者，种种式式，非常有趣，见者多为粲然。至于瞽姬八音生花大光灯等项，因受连带关系，亦非常畅旺，而留声机一项，则竟租至绝市云。①

无疑，在近代的广州七夕节里，商家是最大的获利方。乞巧物品无须劳心费神去亲手制作，只要有钱，便可轻松举办“摆巧”活动了。这是近代广州七夕节的一个特点：商业性。出现这种情况的原因大致有二：一是乞巧物品的制作并非易事，不是每个人都可以完成的。商家为顾客提供了选择和便利。二是与女性的观念转变有关系。封建家庭中的女性，重视的是四德：妇德、妇言、妇容、妇功。妇功又作妇工，即女性技艺，主要是纺织、刺绣之类的工作。这类工作讲求的是心灵手巧。而制作乞巧物品正是女性技艺的最好体现。可以想象，没有行动自由的闺中少女，用制作乞巧物品来展示自己的聪慧，同时也借以排遣寂寞，就如同养在深闺的知识女性喜欢创作回文诗一样。但是，时至近代，女权日益受到社会的关注，女性有了受教育和工作的机会。她们的行动不再局限于家庭之中，她们有更多的机会来展示自己的聪明才智，七夕也不再是她们唯一的寄托。所以，一些女性更愿意轻轻松松地过节，也就省去了亲力亲为的麻烦。

---

① 《广州民国日报》，1923 年 8 月 18 日。

七夕节的商业性带来的直接影响是，斗巧变成了斗富。“粤俗最重七夕，无论大小人家，无不争先乞巧，因此奢华，实为各省之最。富贵者竟花洋至千百圆，最少亦须三、五圆为点缀。今年所造七夕台阁故事，无不利市三倍，其用芝麻砌就之台阁，于初五早已售卖一空。”① 在日常生活中，大多数广州人都是比较节俭的。但是，每到一些特殊时节，他们又是毫不吝啬的，比如举行迎神赛会、嫁娶等。另外，由于近代中国时局的动荡不安，令人有朝不保夕的感觉，所以整个社会都弥漫着奢华的味道。广州也难免会受到影响。关于这一点，从七夕节中不难看出。传统的七夕节以女儿家的巧艺为荣，而近代则以家庭财力为骄傲。从近代的资料中可以看出，当时广州城内受到关注的“摆七夕”活动，即乞巧物品展示会，通常都是在富贵人家举行的。七夕成了炫耀财富的舞台。

广州七夕节的另一个特点是时代性。习俗并非是一成不变的。近代的广州社会处在重大变革之中，民众的生活和观念都受到不同程度的冲击，民间节日也不例外。从上文的分析可以看出，近代广州七夕节的宗教色彩很淡，这使得它更易于适应社会变化。1902 年，“七夕之夜，粤城儿女各呈巧思，以芝麻砌成品物，勾心斗角，陈设庭中。闻有某家名媛所制花瓜如字，巧不可阶，并悬一联云：一夫一妻世界会上，七月七日长生殿中。能以新思想混入旧典，故诚天衣无缝也”②。依然是乞巧物品，依然是希冀爱情，却已有别于从前。制作者表达了男女平等的思想。这与当时广州的社会思潮是一致的。“羊垣风俗，每当六月左右，家家女儿，多购纸□芝麻等物，凭空结撰，以为乞巧之用，由来久矣。近闻河南黄某某第，殷户也，有女新嫁，预早回家，堆砌玩物，其结构迥不犹人，有夜拿黎国廉，追悼冯夏威陈天华等作，以旧举动而有新思想，其亦改良社会之一端欤。”③ 这位新婚少妇更是别出心裁，以社会事件为题材，来制作乞巧物品，并且在其中寄寓了自己的思想：一方面说明女性对政治的关注；另一方面又表明了对事件的态度。自古女子不言政，而近代广州的新女性，却用她们的方式表现出了对国家时局的关注。七夕这个旧瓶装上了新酒，使

① 《申报》，1896 年 9 月 6 日。

② 《选报》光绪二十八年（1902）第 29 期。

③ 《东方报》，丙午年（1906）七月初二。

这个古老的节日也得以推陈出新，焕发出了光彩。1918 年 8 月 12 日的《国华报》上还出现了一则题为“新出乞巧品物广告”的文章：“七夕欣逢，双星会合。无论小家碧玉，巨族名媛，皆默拜仙姬，藉叩神佑。莫不钩心斗角，诩雕缕之精工，炫工争奇，逞堆垛之佳妙。但惜手工虽云精巧，式样究欠新奇，陈陈相因，似不适维新时代。本店有见于此，时出新裁，制成各种新式乞巧品物，以供女志士采买。价格克己，转候光临。牛郎帽，仿拿破仑帽维廉帽等式，旧时凉草帽，一概不用。牛郎鞋，分打波鞋、晚餐鞋，以及陆军装之长皮靴。七姐衫，采用泰西贵妇人之衣服式。鹊桥，照美国钢线桥式。人物，砌成苏菲亚罗兰夫人等女志士像。旧时观音菩萨蚌精等，近于迷信，一概不用。香车，改用摩托车自由车。”虽说是谐文，但社会的进步和七夕节的改良也可见一斑。有意思的是，在当时的广州报纸上，七夕是一个经常出现的话题。有些人借此来呼吁社会改革，有些人以谐文的方式来反映民众观念的变化，等等。这些都是七夕节时代性的表现。也正是这种与时俱进的功能，使七夕节这个传统节日在近代成为广州人生活中的重要组成部分。

三、除夕花市

（一）除夕花市的形成

由于广州拥有得天独厚的自然条件，植物的生长十分茂盛，一年四季鲜花不败。晋代的嵇含就曾赞叹道：“春华者冬秀，夏华者春秀，秋华者夏秀，冬华者秋秀，其华竟岁。故妇女之首，四时未尝无华也。”[①] 花成了广州人生活中不可或缺的一部分。广州人不仅种花，而且还喜欢插花、戴花。鲜花是广州女性最普遍的装饰品。“梳妆从俭洗铅华，买串银丝绾髻丫。若得香魂同不死，一生长伴素馨花。”（紫藤女史）[②] 将金丝银线绾成各种式样，然后穿缀花朵，便成了一个绝佳的发饰。有的像展翅的蝴蝶，有的像半弯新月。即使只是随便将花插在鬓边发梢，也同样是清香扑鼻，

---

① 梁廷楠等：《南越五主传及其它七种》，广州：广东人民出版社 1982 年版，第 62 页。

② 《广州历代竹枝词》，《羊城今古》1989 年第 3 期，第 30 页。

娇艳欲滴。广州女子还榨取花油，用作护肤品。花朵不仅装扮了女性，还点缀着羊城的大街小巷。人们还将花朵串成花灯，挂在马车前面，别有情调。很多人家还以花入茶、酒，别有一番风味。在这些需求的刺激下，鲜花逐渐成为商品。“俚女采而鬻之，一钱售数十朵。”[①] 可见，鲜花贸易在古代广州早已出现。在一千多年前的南汉时期，广州南郊就已出现专门种花出售的花农和进行鲜花交易的花墟，到明代则形成了花市。花市在清代的发展非常迅猛：“素馨花市闹黄昏，抛掷金钱价莫论。”（陈坤）[②] 鲜花成了广州的一个重要产业。“城内外买者万家，富者以斗斛，贫者以升，其量花若量珠然。”（屈大均）[③] 鲜花交易很是热闹。而广州也跟花结下了不解之缘。种花的田地叫“花田”，珠江南岸的“花地”即以产花而出名。运花的船停泊的码头叫“花渡头”。“素馨花放近清和，花渡头前唤渡河。担到七门花市去，卖花花债债无多。”（潘永煊）[④] 花市在当时广州的贸易中占有很重要的地位，据乾隆《番禺县志》（卷十七）记载：“粤中有四市。花市在广州珠江之南，有花地以卖花为业者数十百家。市花于城，与合浦之珠、罗浮之药、东莞之香称四市。”卖花人和卖花声成为广州街头巷尾的一大景观。“茉莉蔷薇夹马樱，携篮唤卖一声声。双飞蝴蝶频追逐，跟个卖花人入城。”（张秋槎）[⑤] 老广州将卖花声和爆竹声称为广州最动听的声音。

“花市栅头花聚处，斑斓五色各盈筐。花篮载去沿街卖，散作千家绣阁香。”（张维屏）[⑥] 花市形成之初，主要功能是贸易，因此没有固定的时间。后来，另一种类型的花市兴起：“花田夜雨湿花畦，茉莉初开入市齐。穿作花篮花扇样，日斜沽到月初低。”（胡鹤）[⑦] 这种花市是晚上进行的，而且是从日落到月落，通宵达旦，彻夜不休。同治十一年（1872）《南海

---

① 梁廷楠等：《南越五主传及其它七种》，广州：广东人民出版社 1982 年版，第 23 页。

② 雷梦水：《中华竹枝词》（四），北京：北京古籍出版社 1997 年版，第 2797 页。

③ 屈大均：《广东新语》，北京：中华书局 1985 年版。

④《广州历代竹枝词》，《羊城今古》1989 年第 2 期，第 34 页。

⑤《广州历代竹枝词》，《羊城今古》1989 年第 3 期，第 38 页。

⑥ 雷梦水：《中华竹枝词》（四），北京：北京古籍出版社 1997 年版，第 2869 页。

⑦《广州历代竹枝词》，《羊城今古》1989 年第 2 期，第 29 页。

县志》有载：“花市在藩属前，灯月交辉，花香袭人，炎酷夜尤称丽景。”这种夜市型的花市，除了贸易之外，又多了观赏游玩的功能。其中，夏夜所举行的花市最为吸引人。花香、月影和游人交织成一幅独具特色的广州风情图。夏天的花市比较热闹，与花期有关系：“十里花田花气幽，只宜炎暑不宜秋。今年雨过天逾热，茉莉花钱几倍收。”（苏濬泉）[①] 香味清幽的茉莉和素馨花是消暑的绝佳物品，因此深受欢迎。夜市的出现也是有来由的。当时广州人最喜欢的花是素馨花。这种花可以称得上是广州的“市花”。素馨花通常都是在晚上开放，因此，妇女摘花，要赶在天未亮之前采摘即将开放的花骨朵，然后用湿布盖好等待成交。到了晚上，戴在妇女头上的花尽展娇艳。素馨花的花期是夏季，而广州夜市的成熟又很早。这几个方面，是夜花市在广州兴起和发展的重要因素。

到后来，花市又和年节相结合，形成了广州的除夕花市。张心泰的《粤游小记》中说：“每届年暮，广州城内双门底卖吊钟花与水仙花成市，如云如霞，大家小户，售供座几，以娱岁华。”宣统年间的《番禺县续志》也有记载：“花市在藩属前，岁除尤盛。”女学者冼玉清认为，除夕花市应该是在同治、光绪年间才逐渐繁荣起来的。因为在此以前，两重城门一到晚上就要关闭。而且当时既没有大光灯（火油大汽灯），又没有电灯。在黑夜沉沉中，花市很难繁盛。[②] 除夕花市的形成应当在夜花市之后。咸丰、同治之间的诗人徐澄溥写过一首《岁暮杂诗》，诗中提到了岁暮花市。可见，19 世纪 60 年代，广州的除夕花市已经形成。同治十一年（1872）的《南海县志》谈的是夜花市，并且以夏夜花市为主，没有提到除夕花市，说明当时的除夕花市并不兴旺。“羊城世界本花花，更买鲜花度岁华。除夕案头齐供养，香风吹暖到人家。”（冯向华）这首竹枝词作于光绪年间，内容已经涉及了除夕和花市。因此，除夕花市的繁荣大抵在光绪中期。到张心泰出版《粤游小记》的庚子年（1900），这种花市已逐渐成为一种民间风习。每到年末，在广州双门底都要举行花市，非常热闹。除夕这天，广州人按照惯例，大都要到花市走走，叫“逛花街”、“行花街”或者“趁花市”。民国初年，胡汉民开始拆除旧城墙。1918 年，永汉街发生火

---

① 《广州历代竹枝词》，《羊城今古》1989 年第 3 期，第 34 页。

② 广东省文史研究馆：《粤海挥麈录》，上海：上海书店 1992 年版，第 129 页。

灾，当局乘机拆除了受毁房屋，修筑了永汉大马路。之后拆墙修路的规模更大。这为除夕花市的拓展起了很大作用。

（二）除夕花市的内容和功能

除夕花市又叫迎春花市或年宵花市，举办的时间一般在农历年的最后三天，主要地点在双门底（今北京路）、藩属前（今财政厅前，北京路与中山路交界处），也就是今天的北京路一带。清末，在西关的十八甫一带也形成了一个大型的除夕花市。名为花市，鲜花自然成了名副其实的主角。“宜春帖子灿云霞，爆竹声喧闹岁华。偏是热场翻似淡，家家盆供水仙花。”（雪里芭蕉馆）[①]“几家门巷尽堪夸，桃李三冬烂若霞。翻喜今年天气暖，胆瓶开遍吊钟花。”（黄宗佐）[②] 诗中提到的吊钟花、水仙花和桃花都是清末花市的主要品种，其他还有银柳、金橘、朱砂橘、菊花、鸡冠花等。讲求意头的广州人还赋予了这些花不同的含义，使它们成了“吉祥”、“如意”和“好运”的象征。古代的广州人崇拜花王父母：“越人祈子，必于花王父母。有祝辞云：白花男，红花女，故婚夕亲戚皆往送花，盖取诗华如桃李之义，诗以桃李二物，兴男女二人。”[③] 因此，广州人对桃花青睐有加。花市上的花不仅讲究品种、意头，还要求美观。为此，培植者可以说是煞费苦心：“水仙名色甚伙，与他省布置不同，有形如蟹爪者，以人事为之，嫌近戕贼。”[④]

从花市的产生来看，它最初的功能在于经济方面。时至近代，花市的这种功能仍然极为突出，尤其是对于经营鲜花的商家来说，迎春花市为他们提供了一个绝佳的机会。这一天的利润可能是平常的几倍或者几十倍。有些花则是专门为这次花市而培育的。很多奇花异草平日都是“养在深闺人未识”，就是要到迎春花市上待价而沽。这个晚上，有实力的人可以为捧得名花而挥金如土。即使是贫困人家，也会为讨得吉兆和欢度节日而解囊。花市给大多数人带来的是欢乐，但也有因花市而愁苦的人。“省垣花市均在一春，今年新正雨多晴少，更兼北风凛冽，游客顿稀，故花市亦十

---

① 《广州历代竹枝词》，《羊城今古》1989 年第 3 期，第 26 页。

② 《广州历代竹枝词》，《羊城今古》1989 年第 3 期，第 32 页。

③ 屈大均：《广东新语》，北京：中华书局 1985 年版。

④ 张心泰：《粤游小志》，《小方壶斋舆地丛钞》（第九帙），杭州：杭州古籍书店 1985 年版。

分减色，即牡丹一种因岁底天气大暖，各花均早开放，所有者每朵亦只售半毫，尚未售罄，故花客无不双眉紧锁也。”① 对于一般人来说，花市不过是一个节日，而对于花农、花商，这是生计问题。由于广州迎春花市的影响日益扩大，吸引了各省的花商前来交易。花市原本的市场功能得到最大的发挥。“本届新年，花市颇淡，客岁鲁商运到牡丹仅八万件，较上年已少三分之一。除运艇窃去一万有奇，散植零沽外，其分发各园者六万余，而装植上盆者，只一万三四千盆，售运天津七八百盆，上海一千三四百盆，安南二千五六百盆，南洋二千盆，运港澳一千七八百盆。其在省分售者，尾祃前后，大花每棵值八角至九角。嗣以合时者鲜，除日前已跌至二角。”② 广州成了鲜花的集散地。迎春花市的繁荣促使广州成为鲜花贸易的中心。在这个过程中，习俗的作用是功不可没的。没有广州人爱花的习俗，就不会有花市；没有广州人除夕逛花街的习俗，也就不会有迎春花市的兴旺。

随着民众需求的转变，花市还增加了其他功能。岁时节日原本都带有一些宗教的禳解目的。人们希望可以送走过去的晦气，迎来新年的吉祥。“夜趁花市，可望以后夜行无忌。”广州人相信，除夕如果不逛花街，那么此后的一年中都不能在晚上出门。广州人务实功利和好巫的性格，在他们生活的各个方面都有所体现。在自然环境和社会生活中，每个人都会碰到无法解决的问题。为了将损害降到最低，也为了求得心理的慰藉，人们发明了一种折中的办法，即通过种种吉祥物来缓解困难，摆脱困境。以广州人为例，他们尽量将生活中的各种物品，都加上一个吉祥如意的解释。这样，最起码可以获得心理上的安慰。他们有很多忌讳，因此也有很多意头。花作为他们生活中的重要物品，自然也有诸多讲究。“岁事匆匆启丽华，吉祥云霭护天葩。岭南科甲年来盛，喜听声声唤桂花。”（陈坤）大年初一，广州人喜欢买桂花，因为它的名称中有“桂”（贵），语含吉祥。③ 花团锦簇的水仙与“一苞九个倒悬钟”的吊钟，因为开得繁盛而寓含“花开富贵”之意，预示着来年也会繁荣昌盛。吊钟有红白两色，因此又有金

---

① 《申报》，1897 年 2 月 25 日。

② 《新报》，1917 年 2 月 3 日。

③ 雷梦水：《中华竹枝词》（四），北京：北京古籍出版社 1997 年版，第 2797 页。

吊钟、银吊钟之分。金和银是富贵的象征，所以金银吊钟、金橘、银柳等都是除夕花市的抢手货。“人人买回含苞未放的花枝插在厅中花樽里，以待新年开放。如果新年头上真的瓶花盛开了，便视为一家幸福吉庆的佳兆，若是商店，则视为钱树开花，预兆一年生意兴隆，财源广进了。所以越大枝和越高价的花，就越多人要买。这种风俗习惯，在别处不是很罕见吗?!”① 这些心意现象可以看作民众宗教心理的曲折反映。

张心泰的记载中明确指出，除夕花市的作用在于“以娱岁华”。近代花市的繁荣与这种娱乐功能是不无关联的。“铜壶滴滴夜无声，爆竹如雷响满城。贴罢挥春人小醉，卖花听唱到天明。”（倪鸿）② 贴“挥春”（即春联）、放炮仗、卖懒、逛花市，这些都是广州人除夕必不可少的活动。吃过年夜饭后，市民都要去趁花市。一般的年暮花市都是从年二十八开始，到新年初一凌晨结束。其中，除夕花市是最热闹的。除夕的晚上，双门底、十八甫的花市上场，各种鲜花罗列，任人品评选购。街道被挤得水泄不通。对于商家来说，除夕花市是商机，是一个市场；而对于民众来说，除夕花市更像是一次盛大的游园活动，集观花、品花、购花于一体，可以说是极耳目之娱。有一首广州童谣唱道：“年卅晚，行花街，迎春花放满街排。呢朵红花鲜，嗰朵黄花大。黄花大呀红花鲜，红花鲜呀黄花大，千朵万朵睇唔晒。妈妈笑，爸爸喜，人欢花靓乐开怀，呢枝兰花香，嗰朵桃花艳。桃花艳呀兰花香，兰花香呀桃花艳，千枝万枝拣唔晒。”欢声笑语和丽影花香在夜空中飘荡，构成了一幅活色生香的图画。除了鲜花，后来的花市上还多了一种休闲物品——金鱼。当然，这也是有讲究的，取其“年年有余”的吉兆。除夕逛花市，一方面可以寄托对未来的美好愿望；另一方面，又增添了节日的欢乐，何乐而不为呢？因此，近代的除夕花市发展迅速，成为广州人一年中的重要活动之一。有人说，在广州没有逛除夕花市，就等于没有过年。

---

① 廖淑伦：《广州大观》，广州：广州天南出版社 1948 年版，第 16 页。

② 《广州历代竹枝词》，《羊城今古》1989 年第 2 期，第 30 页。

第二节　民间信仰的传承与流变

广州人信巫重鬼，这是历来为人所公认的：“粤人好鬼信非常，拜庙求神日日忙。”① 为各种神灵所举办的盛大诞会，也成了广州传统习俗的一个特色。

一、近代广州民间信仰的概况

广州人对民间信仰的热情，直到近代仍然十分旺盛。在鸦片战争以后的几十年里，广州民众一如既往，坚守他们对神灵的诚意。文人的笔记记录了道光年间广州诞会的情形：“会城每岁华光神诞，里人先期于双门设坛，延羽流诵经，谓之保境平安醮。是风盛于道光乙未、丙申间，嗣后愈炽雄。镇街通衢建篾棚，棚高数丈，轩豁宏敞，涂以五色，皆花鸟人鱼之状。下复承以布幔，张灯施彩，中多琉璃洋物。市门各悬傀儡，造制奇巧，锦绣眩目。两旁阑干内罗列名花、珍果、珠玉、古玩，错杂繁膴，靡不工致。间数武，则有彩轩，中奏八音，歌声达旦，往来者流连观听。自藩署直至南门，灯火辉煌，金鼓喧震。男妇耳目，势不暇给，凡三昼夜。复演剧以终其事，合计所费不下万金。而城堙内外，终岁各庙作道场如是者，不一而足。”② 光绪十一年（1885）的记录说明这种习俗仍然大行其道：“神诞出会，备极奢靡，举国若狂。合所费及观者之舟车饮食，约数千金或万金。岁且数举。”③ 诸如此类的记载还有很多。从 19 世纪末到 20 世纪初（民国以前），《申报》上做过报道的广州民间诞会就有不少：城隍诞、观音诞、土地诞、生菜会、医灵诞、龙王诞、关帝诞、郑仙诞、洪圣诞等。各种诞会的热闹反映出民间信仰的根深蒂固。在近代民主思想的冲

---

① 杏岑果尔敏：《广州土俗竹枝词》，《羊城今古》1992 年第 2 期，第 11 页。
② 陈徽言：《南越游记》，广州：广东高等教育出版社 1990 年版，第 173 页。
③ 史澄：《趋庭琐语》（卷七），广东中山图书馆藏本。

击下，很多传统习俗都已式微，被新的风俗所取代。然而，在文明新风逐渐形成的同时，一些旧习俗依然生气勃勃。新旧习俗分庭抗礼，这就是明显的近代特色。实际上，改变的主要是物质习俗，而精神习俗的转变不可能如此迅速。有一则“放脚问神”的报道最能说明问题。在社会风气的影响下，一个妇女不得已为自己的女儿放脚，但是，在放脚之前，她郑重其事地向观音菩萨进行咨询。然后为大女儿放了脚，而小女儿不放。[①] 可见，在她的心里，神灵才握有最终的决定权。还有一个例子：西关多宝街有个姓梁的年轻人，平时迷信于鬼神之说。这一年，他准备在郑仙诞期间骑马前往白云山拜神。但是在练习骑马时不慎摔伤，两天后去世。他的父母虽然痛不欲生，然而，当有人谈及这是为拜仙所害时，两个老人却不敢有任何怨言。[②] 引人深思的不是死者拜仙的举动，而是其父母的反应。他们不敢对神灵有所埋怨，证明神灵对他们有威慑力。又有十八甫梁某，因为获得铁路公司的一个肥缺，家人还神作福，酌酒相庆。由于上一年梁某曾拜过郑仙，众人遂以为其得到仙灵庇佑。[③] 这种心理是很普遍的。人与神的互惠关系也在于此。辛亥革命前夕，应该说，民主革命思想已经得到广州社会舆论一定程度的支持。即便是一般民众也表现出对社会改革的热情。但是，在这种狂飙突进的变革中，广州的民间信仰依然保持了它的一贯性。“粤俗以二月初二为土地诞，贺之，举国皆狂。一若倚赖神像，则丁财可立也。”[④] 民国初年，广州政府也对民间信仰进行过统一管理，可是收效甚微。虽然报道不多，但从一些只言片语不难推测当时的大致情形。“七月半烧衣，习惯成风，虽经警厅取缔，然普通店户，仍多行之，近数日烧衣尤多。”[⑤] 地方志也有相似的记载：民国初，政府禁止举办民间诞会。一般商民将醮费移作他用。然而，民间私下里举行的祭祀仍然很多。这些证据充分地说明当时广州的民间信仰依然十分活跃。

（一）近代广州人信奉的主要神灵

广州人信奉的神灵颇为繁杂，且数量众多。在这些形形色色的神灵

---

① 《东方报》，丙午年（1906）八月初十。

② 《东方报》，丙午年（1906）七月二十日。

③ 《东方报》，丙午年（1906）七月廿五日。

④ 《时事画报》1910 年第 2 期。

⑤ 《民生日报》，1912 年 8 月 28 日。

中，有一些是较为普遍的神，供奉的人也最多。近代广州学者邬庆时的记载如下："邑人所崇奉之神，以观音、关帝、北帝、主帅、天后、医灵、华光、洪圣、文昌魁星、财神、金花等为普通。而家中香火有安七位神者，有安九位神者。皆由上列各神择而安之，而必以观音居中，其衔独书九字曰：大慈大悲观世音菩萨。余则皆八字耳，亦有仅写敬如在三字者。"① 而中国早期的民俗学家商承祚所记录的广州市人家供奉的大神主要有观音、白帝（作者注：疑为北帝）、天后、华光、关帝、金花和马王等九位神。② 1919 年，广州市主要的祠坛有社稷坛、风雨山川坛、先农坛、都城隍庙、龙王庙、天后宫、洪圣西庙、真武庙、关帝庙、文昌庙、得胜庙、斗姥宫、西王母庙、三界庙和金花庙等。综上所述，结合刘万章先生拟制的《广州神诞表》，以及当时的报刊、笔记等资料，现将广州近代的主要神灵和神诞列表如下：

广州近代的主要神灵和神诞

名称	神祇名称	时间	民俗功能	主要民俗事象	神灵等级	备注
土地诞	土地	二月初二	求丁、求财	抢头炮、还炮	大祀	也叫社神
文昌诞	文昌帝君	二月初三	求功名利禄		中祀	咸丰时由群祀改为中祀
南海神诞	南海广利洪圣大王	二月十三	求平安	拜神、演剧、波罗鸡	中祀	民间又称波罗诞、洪圣王诞

① 邬庆时：《南村草堂笔记》（卷一），1920 年版，广东中山图书馆藏本。

② 商承祚：《广州市人家的神》，《民俗》（第二册）第四十一、四十二合期，上海书店影印，1983 年版。

（续上表）

名称	神祇名称	时间	民俗功能	主要民俗事象	神灵等级	备注
北帝诞	北帝	三月初三	求平安、添丁发财	建醮游神、出会景、接炮头	群祀	又叫真武会（神又称真武帝或玄武帝）
医灵诞	万寿帝	三月十五	求健康	赛会出景	群祀	有两年或三年举行一次的，时间在三月十八日或三月二十八日
天后诞	天后	三月廿三	求平安	赛会出景	群祀	也叫天妃、妈祖、娘妈等
金花诞	金花娘娘	四月十七	求子、治病	祭拜	未入祀典	
龙母诞	龙母	五月初八	求平安	祭拜	未入祀典	八月十五为“润诞”
关帝诞	关帝	五月十三	求财	赛会出景	中祀	开始为群祀，咸丰三年升为中祀
龙王诞	龙王	六月	求风调雨顺、兴旺发达	赛会出景	群祀	
观音诞	观音	六月十九	求财、求子、祷雨祈晴、乞药治病、求丰收	拜神、演剧	未入祀典	以六月十九为正诞。其他还有正月初八、二月十九和九月十九。正月廿四到廿六的生菜会以及观音开库均与观音崇拜有关
财神诞	比干、关羽	七月廿二	祈福求财	祭拜	未入祀典	此为正诞

（续上表）

名称	神祇名称	时间	民俗功能	主要民俗事象	神灵等级	备注
城隍诞、郑仙诞	城隍神、安期生	七月廿四	求平安、求财、身体健康、求子	打地气、登白云山	城隍神为群祀、郑仙未入祀典	
华光诞	华光大帝	九月廿八	禳解火灾、保平安	打火星醮（也叫华光醮、平安醮等）	群祀	也称火神

显而易见，广州人在精神寄托上，主要还是因循传统。他们习惯于以祖辈的方式去寻求安慰。在普通百姓看来，人生的追求就是升官发财、健康长寿，而人生的障碍则是生老病死和天灾人祸。而上述的神灵基本上为他们解决了这些问题。也就是说，只要信奉这些神，就不会有障碍，就会有求必应、梦想成真，人因此就获得了幸福。这种简单的、利己的想法成全了人与神的合作。各种民俗活动是人对神的贡献，也是交换的砝码。因此，活动的热闹与否直接关系到神的应验与否。当然，活动的规模也与经济有直接联系。清末的一二十年是广州地区历史上经济发展最快的时期之一。在经济条件的促动下，近代（尤其是19世纪末）广州的迎神赛会或者建醮之类的民俗活动热闹非凡。当时的记录者多用“万人空巷”的字眼来形容，足见其规模之巨、影响之大。

根据信众的需要，广州的神灵还具有不同的功能和分类。例如有行业神：医药类的为华佗、孙真人；建筑类的为鲁班等。还有专门为妇女所参拜的神，这类神大多数是生育神，比如金花娘娘。而有些神却是不准妇女入庙参拜的，如康王公主帅。甚至青楼女子也有她们的神，在《番禺河南小志》中有记载：“三娘庙，妓女伤迟暮者，祈之辄应。”当然，神的功能不是单一的，只要这个神有灵，有各种需要的人都会前来参拜。即便只是一棵树，或者一块石头，都可能成为广州人信奉的神灵。他们在乎的不是对象本身，而是所谓的经验。这种经验的获得，很多时候都是道听途说，并非个人亲身体验。“礼，入国问禁，入门问俗，俗之所行，习以为常而牢不可破。粤之穗城五仙观门首向有石狮两座，分列东西，屹然相对。每岁值上元之夕，妇女辈踏月前来，或焚帛或烧香，口中作喃喃之声，各向石狮前稽首祷祝，祝毕即以利市易生菜水果等物，谓取宜男之兆，事虽不经，久为俗例相沿，盖粤人之信奉者，几视为灵物。”① 因此，这种经验更具有心理层面的意义。而广州人的神灵之繁复也就理所当然了。

（二）近代广州人的信仰心理

从1840年到1919年的80年，是广州也是中国历史上非常重要的一个时期。在政治上，广州经历了由洋务运动到戊戌变法再到辛亥革命的一系列重大变革。在经济上，广州贸易的起落沉浮折射出城市发展的曲折。在文化上，中西的交流也日益频繁。在这种社会背景下，广州人的观念也自然而然地发生了变化。这直接体现在他们对新风俗的接纳上。与此同时，一些传统习俗如民间信仰却坚守着广州人的内心世界。迎神的彩幡与移风易俗的大旗相对峙。在科学、民主、平等的精神面前，广州人的神灵依旧神气十足。究竟是什么使得广州人在抛弃辫子和小脚的时候，却对神灵依依不舍呢？答案应该也是近代广州民间信仰旺盛的原因。其一，尽管近代社会发生了很大变化，但是科学民主的思想还没有深入民间，破除迷信的工作不可能一步到位。其二，社会环境也为鬼神的生存提供了条件。近代的广州动荡不安，普通老百姓所承受的压力很大，物质和精神的缺乏兼而有之。这种社会压迫也极易使人滋生宗教情绪。其三，信仰是涉及人的心理层面的问题，改变并非易事。前两个是外因，而第三个是内因。其中，外因所起的是促进作用，而内因才是决定性的因素。下面是对近代广州人信仰心理的粗略分析。

首先是“惟灵是信”的传统。“促使中国人从事宗教活动的是古老的传统力量和未来福祉的诱惑。中国人缺乏系统的神学，他们之所以履行宗教义务，是因为传统习俗要求他们那样做。”② 历史上的广州人就以好鬼信

---

① 《点石斋画报》（丁集），广州：广东人民出版社1983年版，第56页。

② ［美］克里斯蒂安·乔基姆著，王平等译：《中国的宗教精神》，北京：中国华侨出版公司1991年版，第185页。

巫而闻名。久而久之，传统形成了一种心理定式，潜在的习俗规则不断对人起作用。后人自然而然地接过了前人的衣钵。在人们还没有真正意识到迷信带来的弊端时，民间信仰必然长期生存下去。

近代的广州人沿袭了前人对神灵的认识：惟灵是信。不管是什么神，只要应验就值得顶礼膜拜。这种心理尤其适合务实的广州人。所谓显灵，实际上都是民众自己的解释，有自圆其说的意味。他们借这些解释来坚定信仰和满足心理需要。那么，从信众的角度来看，神明又是如何显灵的呢？以下摘录了一些近代广州神明显灵的例证：

1. 康王诞禁止女性入庙。强行进入者，立即头晕腹痛，仆地不起。女性只能在主庙门外拜神。（《点石斋画报》，巳集，第46页）

2. 清末，广州西撒金巷内有六个女郎乞巧，因为祀仙不洁，并且以女儿身着妇女妆，受到天孙惩罚，头发被焚。（《点石斋画报》，戌集，第4页）

3. 本月初二日为北帝诞辰，各处庙堂皆燃放花炮以为庆贺。蓬莱西约北帝庙连日建醮，并高搭炮棚以接炮，极为闹热，因去岁得接此炮者，甚为顺适，添丁发财，故今年拟欲接还诚恐不能如愿，暗出花红银数元，是以此日烧炮人甚拥挤，该炮烧时各人争夺，有一人已先得手，即为强有力者夺去，又有一妇人企立而观，有一炮放时从天下坠，适中该妇头顶，血流被面，有谓该妇是日曾到丧家视殓，故为神儆云。（《申报》，1898年4月14日）

4. 清末，某人土地诞拾得炮头，当年卜中榜花首名，获利丰厚。（《点石斋画报》，行集，第44页）

5. 1894年的医灵诞，诞日之前连日皆雨，惟独当天放晴。（《申报》，1894年4月5日）

6. 建醮失火只于别的神诞期发生，而华光诞时的火星醮没有火灾。（《唯一趣报有所谓》，1905年9月19日）

前三例想要说明，神会让人因违反神的禁忌或对神不尊而受到惩戒。当然，信神的主要目的还在于让人得偿所愿，第四例即是。而第五、六两例则是要证明神诞的特别之处。这些偶然事件却被民众解释为必然现象，不知不觉中，成了坚定他们信仰心理的证据，并被一次次地加以复制和传播。无论是何种形式，只要有所反应，就说明这个神显灵了。而这些显灵的事件又成为一种经验，为他人提供依据。原本只是属于个人感受的宗教体验，最终却被理解为理性的经验而加以推广。“因为他就在已有的知识中训练着前瞻后顾，叫他相信经验所可靠的地方，同时亦叫他不要相信经验所不能帮助及预测的地方。”① 经验的不断重复便产生了“滚雪球”的效应，神的力量越来越大，信众也就越来越多。经验实际上就带有灵验的性质。在传播的过程中，“灵验”的效果起了示范作用，逐渐升级成为一种效应。因此，一己体验才会成为众人的经验。与其说是神的灵验，不如说是神“被灵验”。由于那些偶然事件和结果正好进入了人们的期待视野，所以，他们愿意相信它是真的。广州的土地诞及其他的一些神诞日，会举行抢炮的活动。虽然时常发生暴力事件，却年复一年在举行，而且有踵事增华的趋势。原因在于“其能得首炮及结子炮者，必获大利，历验不爽，故趋之者尤蜂屯蚁聚”②。所以，不管科学多么发达，只要这样的灵迹存在，神的影响就存在。近代广州人对神明显灵事件的津津乐道，也是他们信神重神的一个表现。

其次是需要的心理。从理论的角度来说，宗教信仰产生的心理机制有三方面：畏惧、依怙、向上。③ 当人与自然对立而又无法战胜自然的时候，就会产生畏惧感，从而由屈服、崇拜到求乞。这是原始宗教产生的根源。除了最基本的生存危机之外，人要面临的危机还有很多，例如生老病死和各种挫折磨难。在重重压力之下，人需要一种依靠以消除自身的孤独感。这是第二方面。还有人通过宗教信仰以获得道德的完善等等，这就是向上。从民间信仰的产生来看，主要是前两者。而到近代，由于科学技术已有很大进步，对自然的恐惧大大降低。但是，社会动荡使人更加缺乏安全感，因此，人们不仅需要物质上的保障，还需要一种精神上的慰藉。有求必应的神灵就成了人们内心深处的依靠。神灵可以帮助他们摆脱现实的各种压迫，让他们获得心灵上的庇护。从心理学上来讲，这种对神的渴求就

---

① ［英］马凌诺斯基著，费孝通译：《文化论》，北京：华夏出版社 2002 年版，第 53 页。

② 《点石斋画报》（行集），广州：广东人民出版社 1983 年版，第 44 页。

③ 陈兵：《佛教的宗教信仰心理观》，《法音》2001 年第 5 期，第 2 ~ 10 页。

是源于需要心理。人类学家马凌诺斯基说："任何形式的宗教，都是适应个人及社区的一些深刻的——虽然是派生的——需要的。"① 当人处在满足的状态时，他会有心理危机，担心一切会消失，因此祈求神灵延续这种状态。当人处在困苦中时，他会心生希望，祈求神灵保佑时来运转。总之，无论什么样的处境，都不会平息人内心的欲念，于是产生各种各样的需要。马凌诺斯基还认为，知识和科学不能满足人的所有需求。在很多领域中，科学都没有用武之地。② 因此，行使不同权力的神灵应运而生。人在不可预知的命运面前，也有了一定的主动性。他们可以通过自身的行为来获得神灵的眷顾，满足自己的需求。即使目的永远也无法达到，他们也可以通过自圆其说来坚定对神的信念。宗教心理学家认为，所谓宗教经验，"可能是一种共同的敬畏感，或感到一种宗教的临在"③。以此作为参照条件来分析，广州人的信仰经验，似乎更多的是出于对现实的需求，而非对神灵的敬畏。这也是中国民间信仰为西人所诟病的地方。从广州人对医灵的崇拜，可以看出他们的需要心理："帝之爱人无已。则凡所以降福斯民消灾弥厄者，何所不至。至于抱沉疴而望救则又其显者矣。故闾阎苍首，时疾痛呼天而天若弗及者，惟帝及之。童秩婴儿，时疾痛呼父母，而父母弗及者，惟帝及之。"④ 当至亲都无法依靠的时候，神灵就是最后的庇护所。这对信众来说，是一种极大的心理安慰。

近代的广州战争连连，内外交困。旧的制度在逐步崩溃，而新的体制还在萌芽之中。在这种混乱的转型时期，民众很容易迷失方向。社会危机更加重了民众的心理危机。此时，真正能够安抚民心的不是各种主义，而是老百姓所信仰的神灵。民众在默祷和袅袅香烟中与神明交会，并获得抚慰和安全感。"听天由命"是人们在无法掌握自身命运时的口头禅。他们寄希望于冥冥中的力量。对于老百姓来说，这个力量来自于神灵。他们相

① ［英］马凌诺斯基著，费孝通译：《文化论》，北京：华夏出版社2002年版，第84页。

② ［英］马凌诺斯基著，费教通译：《文化论》，北京：华夏出版社2002年版，第53页。

③ ［英］麦克·阿盖尔著，陈彪译：《宗教心理学导论》，北京：中国人民大学出版社2005年版，第33页。

④ 《民国佛山忠义乡志》（祠祀二），广东中山图书馆藏本。

信，神会一直庇佑它的信众。因此，他们也就有了在乱世中安然处之的勇气。神灵调和了社会与人的矛盾。很明显，在这种特定的时候，信仰更多的是源于心理需要，而并不仅仅是简单的物质上的满足。愿望最终是否能实现，已经不再重要了。关键是人感受到了一种另类的安慰。如果达成所愿，那是因为精诚所至；如果愿望落空，说明对神灵不够虔诚。人们用自己的解释来证明神灵的存在，同时也求得心理上的平衡。

（三）基督教对近代广州民间信仰的影响

1. 基督教与民间信仰观念的冲突

从上文的分析可以看出，广府人的信仰是多神信仰。再加上广府文化所具有的多元性和开放性，因此，一开始，广州人对基督教并未持强烈的排斥态度。相反，绝大多数传教士却无法容忍当地人的这种信仰状况。传教士们的态度大多如此："动以我国风俗习惯为恶，冀以带来欧美风俗易之。"

教案，顾名思义，就是宗教性质的案件，它是指基督教在传播的过程中，由于各种原因与中国社会发生的纠纷和冲突。近代，广府地区是广东教案的高发地，尤其是暴力案件。从教案可以看出当时广州民众对基督教的态度。从近代广东发生的百余起教案来看，原因纷繁复杂。有的跟政治事件有关，如在 1884 年中法战争爆发之时，1900 年义和团运动高涨之际，珠三角地区就频繁发生教案；有的源于排外情绪；有的出于土地纠纷；有的则是因为教民嚣张而导致的民教相嫌；有的却是由于文化差异引起的误会（如男女有别和风水之类），等等。"许多中国人对外来宗教的教义、仪节和传播方式有意见，难于接受，但这是形式问题，反映的本质问题还是外来宗教与中国固有文化不相容，这一点是民教冲突的主要原因。"①

例如 1869 年的广州府育婴堂事件。一信教的老妇苏区氏被广州官府擒获拷打。事件的经过如下：苏区氏将一被弃婴孩送往教堂开设的育婴堂，不料婴孩不久死亡，遂有人怀疑是苏区氏所为，因为她曾用手在婴孩的头、口、胸等处画过十字。甚至有人称之为"勾魂婆"，并且将其描述为一个人贩子："接抱婴孩二口，前往香港，卖与洋人，每口得银二元。"

---

① 张力、刘鉴唐：《中国教案史》，成都：四川省社会科学院出版社 1987 年版，第 675 页。

"其用手画写十字，亦系天主教陋习，不能指为致病之由。前送香港婴孩二口，得受川资，系送交洋人育婴堂抚养，与拐卖人口有间。"① 诸如此类的事件并非偶然发生。1895 年 5 月，"据番禺县民人陈至刚赴臬司衙门禀称，东门外淘金坑常有婴孩尸首，由法国育婴堂舁往掩埋，为数甚多，传闻有剜眼剖心之事，虽未目击，究属可疑，难保无残害情弊。"② 由教会创办的育婴堂，原本带有慈善性质。但是，由于文化的差异和误会，使得育婴堂在当时成了民教争端的导火索。前者是因为民众对基督教的仪式缺乏了解而造成的，把画十字等同于中国民间的符咒一类行为。而后者从理智上来说，育婴堂的行为也是可以解释的。但是，这样的事件一旦成为谣言进入公众视野，其所带来的影响可以用"一石激起千层浪"来比喻。而这样的谣言很早就已经出现了。据光绪五年（1879）《香山县志》（卷八）"海防"记载："今省城天主堂八处，招集一万余人矣。又有女天主堂亦八处，招集二千余人矣。羞辱中国，伤风败化，凡有人心，罔不切齿，此岂待教而后诛之乎。"修志之人明显是反对基督教的。不啻如此，他更进一步提到了基督教对民众的"戕害"："又夷人所有汞银乃银矿水银合药煎炼而成，若得华人目睛，则易于点化。凡入教之人将死，夷人必窃其睛以去。夷人诱人入教，非特异志，亦有所图也。"有关传教士挖眼的说法最早见于魏源的《海国图志》，大概是说是西方人用中国人眼珠来提炼铅，而且是非中国人眼珠不可。很明显，这类说法没有任何科学和事实的根据，带有谣言性质。

从一系列基督教和中国社会的冲突来看，矛盾是多方面的。而此处主要讨论的是与习俗相关的方面。习俗教案多为四种类型：神灵崇拜类、伦理类（祭祖及反对妇女入教）、消灾求福类、娱乐性习俗。③ 这四类习俗教案基本都跟民间信仰有关联。前三类很明显属于民间信仰的范畴。台湾人类学家李亦园认为，中国民间宗教（即民间信仰）包括祖宗崇拜、神灵崇

---

① 中央研究院近代史研究所：《教务教案档》（第 2 辑第 3 册），1974—1981 年，第 1570 ~ 1571 页。

② 中国第一历史档案馆、福建师范大学历史系：《清末教案》（第 2 册），北京：中华书局 1996—2000 年版，第 474 页。

③ 赵树好：《论晚清习俗教案》，《人文杂志》1998 年第 5 期，第 109 页。

拜、岁时祭仪、符咒法术、占卜风水、生命礼俗等。[①] 因此，可以说，晚清习俗教案多由民间信仰引起。以信仰作为前提来比较，可以看出民间信仰与基督教主要有以下不同：基督教是一神教，排斥上帝之外的所有神灵。但是，以广州民众为代表的中国社会，却是多神信仰。在广州人的心目中，只要灵验，无论一草还是一木，都可以成为供奉祭祀的对象。“自天地日月星雷风雨，以至山川城社门行井溜，莫不有神。”[②] 而且，不同行业、不同群体都可以有自己信奉的神。基于不同需要，还可以随时随地选择祭拜不同的神。此可谓因时设祭，因需设祭。这与基督教的宗旨大相抵牾。基督教禁止崇拜偶像，而中国民众把自己的祖先都变成了偶像，加以顶礼膜拜。祖先的神主牌是神圣不可侵犯的。而与民间信仰伴生的迎神赛会，也是基督教极为反感的活动。1905 年发生的连州教案是清末广东最大的基督教教案。在案件中，有五名美国传教士被杀，当地的美国教堂和医院一并被焚。事件甚至引起了中美政府高层的关注。此事与教堂对当地举行的盂兰会建醮活动的反对有关。[③] 还有一些教案，起因则是由于教堂破坏了当地的风水。

应该说，基督教遭到中国传统文化的阻击是必然的。鸦片战争以后，西方人在中国的自由度大大提高。实际上，在条约的保护下，官方不敢反对传教的有关活动，而一些传教士和教民也因此更加有恃无恐。但是，民间的情形却有所不同，老百姓有自己的选择。就在更多的民众接受基督教的同时，反对的声音也此起彼伏。在广东各地就曾多次发生反对基督教的活动。1883 年到 1903 年，在广州地区就发生了近十起较有影响的教案，如民众封闭教堂，拆毁教士和教民的房屋，散发反教的传单等。有时候，连官绅也参与到这些行动中。

同治十年（1871），在佛山等地的街头巷尾出现了很多类似的反教揭帖：

---

① 李亦圆：《宗教与神话》，桂林：广西师范大学出版社 2004 年版，第 115 页。

② 王炳燮：《毋自欺室文集》（卷六），沈云龙：《近代中国史料丛刊》（第 24 辑），台北：文海出版社 1985 年版，第 247 页。

③ 林忠佳、张添喜等：《〈申报〉广东资料选辑》（1902.1—1907.6），1995 年版，第 250 ~ 251 页。

华佗先师乩示：华佗先师乩示云。有夷狄之人，到各处村乡，遍派毒药，唤名神仙粉，以害愚民。倘受其害者，腹中膨胀，可即用密（蜜）糖和朱砂吞腹，或用白鸡屎藤、蟛蜞花、密（蜜）糖擂米煮糊，食能立解，幸勿间视。①

佛山揭贴：启者：近日夷人阴谋诡术设计害人，指不胜数。兹建立福音堂、礼拜台，欲煽惑妇女进教行奸。而妇女本知法纪，凡见夷人异类面目可憎，奚可进教同群。所虑者顽夷不惜资贱（钱），多方买嘱。假办（扮）道士或令妪妇混入村乡，妄说时症将临，设施毒药，名为神仙粉，均派各乡妇女，令其将此毒粉同理（埋）米粉，和匀发糕蒸熟。先参神佛，而后服食，可保无虞之话。独不思一沾此药，二十日后男人足肿，妇人腹胀，其毒难医。无他，欲诱男女，要进其教者，云有可医。如此，实令妇女一入其教，任他肆行奸淫而已。切思妇女无辜，而先受其毒，后被其污，是人人所共愤者也。凡有此等人到乡均派毒药，无论男女务必作其匪类重办，切勿忍容，庶可保全生民之性命，免受顽夷之毒诱。特此遍布，伏望仁人君子抄告远播，功德无量矣。（同治十年五月二十日谨白。）②

这些揭帖警告民众不要相信教堂派发的药物，声称此为毒药，并附上解药药方。有的干脆以“华佗先师乩示”或者“仙翁降乩”为名，劝谕群众勿食教会之药。有的末尾还说：详读此文以晓路人，就可康强逢吉。这种符咒的方式属于民间巫术。但是，反教者的目的不仅仅是出于对本土信仰的捍卫。有资料显示，这些“神仙粉”事件最初是由恶民散发的谣言引起。所谓“华佗先师”、“仙翁”，就是些试图浑水摸鱼、借机敛财的宵小之徒。他们利用民众对基督教的不了解和反感，以及民间对传统仪式的认同心理，制造了这场闹剧。但是，要注意的是，除了恶意造谣的人之外，还有一些人也利用这类事件来进行反教的宣传，如官绅。③

同年，还有一则反教揭帖却与上面的“神仙粉”造谣事件有所不同：

---

① 中国社会科学院近代史研究所、近代史资料编辑部：《近代史资料》（第62号），北京：中国社会科学出版社1986年版，第24页。

② 中国社会科学院近代史研究所、近代史资料编辑部：《近代史资料》（第62号），北京：中国社会科学出版社1986年版，第25页。

③ 苏萍：《谣言与近代教案》，上海：上海远东出版社2001年版。

大清同治十年五月二十三日。进教馆契弟入伙，二十三日摆酒连日，至二十六，系进教契弟将他家内神主祖宗烧了，将他老婆妻子入福音堂。男造契弟，女造老举。分府五斗司衙奸官，受赃贪贱（钱），不成规矩。奉劝为人不可去进教，进教又如做契弟，一样番鬼禽兽，不入五伦。定然本月将福音堂内拆了，放火烧了，将他进教番鬼锁起捉拿，带到祖庙，即赏红银贰百正即时凌迟碎剐。①

从文字上大致推断，“五月二十三日”可能是新教民受洗入教的日子。入教之后，他烧毁了家中的神主牌。他的行为符合基督教的规定，却让地方上的一般民众难以接受。神主牌是祖先祭祀中必不可少的象征。而祖先祭祀是中国民间信仰不可或缺的内容。很明显，在这个事件中，发布揭帖者并非以谋财为目的，甚至对武装反教的人予以重赏。文中还对包庇教会的官员一并加以贬斥。文告中的言辞非常激烈，带有很强的攻击色彩。张贴者指责教士有奸淫的嫌疑，一入教会就等于堕入魔窟。应该注意的是，反教活动隐藏着民间信仰与基督教的矛盾。由于他们争取的对象是一致的，因此不可避免地会发生冲突。从上述的揭帖可以看出，反教者试图以民间信仰来对抗基督教。他们反对信徒烧毁神主牌位，并以供奉北帝的祖庙作为审判邪教徒的场所。他们依照民间信仰的法则，对亵渎神灵和祖先的行为予以批判。自然，拯救民众免受毒害的还是各种民间的神灵。由此不难看出，基督教与中国社会之间的冲突，在很大程度上要归结于风俗习惯的不同。孟德斯鸠就曾说过，中国风俗为抗御基督教的传播而设置了障碍。“由此（改变中国人风俗习惯的困难性）产生了一种很难堪的现象，这就是基督教几乎永远不可能立足于中国。贞节的愿望与女子们教堂中集聚、她们与宗教使者的必要交往、她们参加圣事、亲耳听她们忏悔、临终涂圣礼、一夫一妻制的婚姻，所有这一切都打乱了当地风俗习惯和利益举止，而且同时又打击到了宗教和法律。”② 正是这些差异改变了民众的观

---

① 苏萍：《谣言与近代教案》，上海：上海远东出版社2001年版。

② ［法］谢和耐著，耿升译：《中国与基督教》，上海：上海古籍出版社2003年版，第171页。

念，在推进社会改革的过程中起过不可忽视的作用。也正是这些差异导致了洋教与地方的冲突。传教士们罔顾中国民间传统的做法也加剧了双方的矛盾。对于基督教罔顾中国民间信仰而造成的这些差异和冲突，民国时期修广东地方志的知识分子已看得很分明："古者天子祭天地，诸侯祭社稷，王为群姓立七祀置社，士庶人立一祀，浸假而成为多神之俗。由来盖久。若佛、道二教，只缘迷信鬼神之故，相因而致彼丧作佛事，祈病禳灾，亦由夙所信仰者，乞灵无方，不得不借旁门外教之迷术，以权济一时之穷而已。若基督教之强人废弃其祖宗多神之祀，而听命上帝之一尊，宜为世俗所不喜，此宗教之影响人心，风俗积久益见浅薄也。……以其为一神教，奉教必废祀祖宗，故稍有智识者皆厌弃之，且入教者多倚势凌人……"①

2. 民众对基督教的逐步接受

实际上，基督教很早就已经与岭南文化相接触，并不断融入当地文化。从进入广州那天开始，西方传教士就带着他们的目的和热情四处奔忙。他们通过开设学校、医院和创办慈善机构等，来宣扬基督救世的精神，以此来感化人心，招揽信众。他们布道宣讲的主要对象是普通民众。传教工作曾经一度受到广州人的冷遇，早期的教会学校因为招不到学生而被迫关闭。但是，随着洋务运动的开展和西学的深入，基督教的人道主义理想、平等博爱精神得到了一些广州人的认同。"虚堂洞启昼沉沉，海气苍茫一望深。七日易占来复象，汹汹澎湃弄潮音。"（陈坤）诗下有注释：近三年来，所谓福音堂者构造几遍海滨。凡七日则礼拜一次，开讲耶苏书义，愚而好事之辈，辄往听观。② 这首竹枝词的创作时间是咸同年间。尤其是在传播科技和开展医疗卫生方面，传教士和教会的确为地方做了很多工作，并且也取得了显著成效。民国十五年（1926）出版的《佛山忠义乡志》（卷七）"慈善"条对"西医院"有如下记载："初设于缸瓦栏。光绪七年（1881），英国医士云仁创办。以广传医术，普济众生为宗旨。经费由英国耶稣教会拨给，只收药费，不受谢金。院内设有留医所，房室整洁，服役亦周，人咸称便。光绪十七年（1891），办有成绩，以缸瓦栏地

① 张先清、赵蕊娟：《中国地方志基督教史料辑要》，上海：东方出版中心 2010 年版，第 516 页。

② 雷梦水：《中华竹枝词》（四），北京：北京古籍出版社 1997 年版，第 2793 页。

颇湫隘，迁往文昌沙建设。所至浃洽，耦俱无猜。中医生多有从而就学者，以故镇内西医日渐推广，而尤以接生保养为众所交推。中法向来轻视达生，每多误于稳婆之手，自有西法而婴儿之夭折、产妇之厄难，比前较少云。”实际上，在教民中，有不少人之所以选择基督教，并非由于单纯的宗教因素，主要还是出于功利考虑。有竹枝词为证：“试出东门南北行，学堂医院两恢宏。西人好与鬼争地，地有洋楼便卫生。”① 一方面，由于早期传教具有政治因素，而传教士和教堂又对教民实行保护政策，使得底层的民众获得了特殊待遇。对他们来说，教会提供的不仅是往生后的天堂，还有人间的避难所，更何况，这中间还有利可图。这与中国人普遍的功利的宗教心态是一致的。另一方面，传教士为改善民生所做的努力也赢得了民心。《民国顺德县志》也有记载：“道光以后，传教之禁弛，外人于内地遍设教堂。”可见，到19世纪中期，已有部分广州民众在逐渐接受基督教了。清末民初，基督教在广州的发展很迅速。1903—1919年，在广东全省传教的差会有43个，其中有一半多在广州。到1919年，广东省的受餐信徒总数为6万多人，大部分分布在珠江三角洲。这个地区是传教事业最为发达的地区。“近二十年来，广州三角洲地带及人口众多、村落稠密之地区，宣教事业蒸蒸日上，几乎每镇都有教堂，并以教堂为中心向附近乡村派遣中国布道员积极宣传福音，甚至不少地区中基督教之势力及思想影响几乎达到无处不在之地步。”② 虽然基督教对珠三角地区百姓的影响日益加剧，但民国以前的地方志对基督教的情况却鲜有好评，甚至很少提及。这多少反映出官绅对这种外来文化的抗拒态度。进入民国以后，广州社会对大多数西方文化都安之若素，编撰地方志者也大都能以务实的态度来对待基督教，在佛道之外、祠祀之后附加上了有关教堂的记录。《民国东莞地方志》载：“道咸以后，闹教之案纷出。自通商定约，外国人只居商埠，其未经通商之处，惟教士尚准居住，又或准于各处租赁房屋地基作为教会公产，由是内地多建教堂。彼其为教，盖亦谓同一劝人为善之心，与神道设教之旨也。兹故采城厢市镇最著者附庙祠后以见一斑。”编者已经有意

① 雷梦水：《中华竹枝词》（四），北京：北京古籍出版社1997年版，第2917页。

② 《中华归主——中国基督教事业统计1901—1920》（上册），北京：中国社会科学出版社1987年版，第345页。

无意地涉及了基督教与中国传统文化的关系。他认为，基督教的教义与中国封建社会的神道设教是殊途同归的。这种看法未必十分准确。但是，两者之间有相通的地方则是必然的。这也正是基督教能够在中国繁衍生息的原因之一。

不可否认，基督教对近代广州人的信仰形成了一定冲击，并逐步侵占了民间信仰的领地。在传教士的不懈努力之下，部分民间信仰的信众变成了教民。由于人数不多，这个群体似乎还构不成威胁。但是，当代表社会先进力量的革命知识分子也成为基督徒的时候，民间信仰就不得不面临巨大的挑战了。在参加 1895 年兴中会广州起义的人中，有 30% 都是基督徒。而革命先驱孙中山也信奉基督教。因此，一些革命志士在反对民间信仰的时候，可能也掺杂了宗教的因素。知识精英对待基督教的态度是不一样的。到 20 世纪 20 年代，在反帝反封建的斗争中，中国爆发了“非基督教运动”，广州又成了反对基督教的中心城市之一。简言之，基督教对近代广州民众的生活是有影响的，也间接对民间信仰形成了冲击。这种冲击主要表现为民众观念的改变和有关人士对民间信仰的反对。

二、近代广州民间信仰的特点

文化的特点不是一朝一夕形成的，它受时间、地域和社会等因素的影响。同样，近代广州民间信仰的特点也不是在近代或者只有广州才有的，但是，这些属性随着时间和社会的变化会有所增减。如功利性是中国民间信仰共有的特征，但是，这种特征被近代的广州人演绎得淋漓尽致，这又是其他地方难以比拟的。以下根据具体材料来分析近代广州民间信仰的三个主要特点。

（一）功利性

广州民间信仰的功利性体现在两个方面：一是人与神灵的交易关系；二是对钱财的孜孜追求。

人神交易。在一般信众的观念里，神灵是万能的。不管是疾病苦痛，还是天灾人祸，一旦有困难，只要拜对了神，一切问题都可以迎刃而解。而庙宇就成了民间的保险公司。神是人造出来的，所以，神的身上也打上了人的印记。人和神是可以互相理解和互相利用的。人需要神祇的保佑与灵验，而神则需要人的承认和供奉。从广州人的神身上，最直接地体现出人和神互惠互利的关系。神要灵验才有信众；反过来，人只要虔诚地烧香拜佛，神就会给予回报。有时候会给人一种感觉：神灵关注的只是信众对他的崇拜和供奉，全然没有鉴别善恶的意图。在广州近代很多关于神显灵的故事中，中心是神是否灵验和信众是否酬谢神恩，而很少涉及求神之人的道德品行。这也说明了人对神的要求，更多地在于有求必应，而并非对道德的规范。这也是信仰功利性的曲折反映。赌博是近代广州非常盛行的一种生活陋俗，对社会造成很大危害，一直为有识之士所反对。但是，神灵并没有抛弃他们。赌馆也有神灵庇佑："赌馆之安土地，例用绿纸白字，上书'门口土地接引财神'八字。其'财'字必斜写向入。殆取横财之意欤。横财者，不用勤而得之意外财也。"[①] 在广州的一些神诞活动中，有接炮和还炮的内容。接了头炮之人会得到神灵的帮助，心想事成，然后在第二年要重礼还炮，以酬谢神恩。只接不还者会受到神的惩戒。这就是很明显的交易行为。"许愿是人与神之间的个体性交易，人只须向神许诺一定的财物，便会得到相应的回报，而每年的迎神赛会则是集体性的还愿行为，人们举行仪式的同时，神明的灵验当成了可以用金钱衡量的商品，人与神明之间的交流越来越缺乏神圣意义，逐渐成为一种交换行为，而这种交换行为建立在互利的基础之上。"[②] 广州人之重迎神赛会，既表现出他们的虔诚，又说明他们的功利之心。这类活动的目的不仅在于还愿，也有媚神的意义。

钱的诱惑。中国民间信仰的目的无外乎康、福、寿、禄、爵。从上面广州主要神灵的功能来看，民众所求的也就是功名利禄、健康平安、风调雨顺和人丁兴旺之类。其中，广州人最重视的是钱财："抢来头炮保平安，立刻发财胜作官。"[③] 以功利为主要职责的神受到近代广州人特别的尊崇。包括广州人在内的广东人有重商务实的传统。重商必定重利。而务实又使得他们追求实效。获得利益则是最实际的。从现实生活来说，利益又多与钱财相联系。近代对外贸易的频繁和西方商业理念的传入，更刺激了广东

---

① 邬庆时：《南村草堂笔记》（卷一），1920 年版，广东中山图书馆藏本。

② 刘晓春：《仪式与象征的秩序》，北京：商务印书馆 2003 年版，第 192 页。

③ 杏岑果尔敏：《广州土俗竹枝词》，《羊城今古》1992 年第 2 期，第 12 页。

人原有的金钱观。因此，广东人对钱财的渴望，直接而且强烈，毫不遮掩。这也成了外人在谈论广东人时最津津乐道的特点。广州人把他们的这种特色也贯彻到了民间信仰当中。在广州的各种拜祭神灵的诞会中，利益是其中不可或缺的一个部分。“粤俗赛神，辄施放花炮，而广郡尤盛。二月二日为土地诞辰。是日闾阎里闬，轰轰彻耳。余少时见花炮高不过三四尺，内实秆槁，外施五彩而已。厥后高至八九尺，备极精巧，有头炮二炮三炮之名。每一炮赍至百余金，辄争夺炮首，得之以为利市三倍，甚至持械争夺。”① 兵戎相见只为了贪图利益，而且是未知的。在抢炮的活动中经常发生流血事件，让官府十分头疼，因此常常下令禁止。但是，积习相沿，牢不可破。相关报道常常见诸报端：“二月二日相传为土地神诞，粤俗例燃花炮以伸庆贺。当放炮时，居民争相拾取，往往滋生事端，迭经官宪出示严禁，不啻三令五申，无如积习相沿，牢不可破。城西大笪地丛桂南约之北帝庙，每届燃放花炮，其能得首炮及结子炮者，必获大利，历验不爽，故趋之者尤蜂屯蚁聚，至有挟刃带枪以求必得者，及逾年还炮，踵事增华，异常热闹，然亦不一其□。闻今届二月初一日诣庙还炮者为某元绪公，因去年拾炮，卜中榜花首名，获利不赀，特雇八音、亭宇并乔扮雏妓三十二人为散花仙女，华妆艳服，过市招摇，见者皆啧啧称羡，谓其不忘绿头巾本色云。”② 获利之人固然欢天喜地，而围观的人也必然摩拳擦掌。

将民间信仰的功利性表现得最为突出的，是广州的观音开库习俗。宣统《南海县志》（卷四）记载：“金利司官窑乡有白衣观音庙，前临河，后依冈。俗传正月廿六日为观音借库之期，故该庙每年以是日开库。”有名的官窑生菜会就在正月二十四的观音庙举行，生菜即“生财”。而向观音借钱当然也是为了生财。一般认为，观音开库与生菜会是相联系的。有人提出，生菜会是伴随着观音开库而产生的。③ 民俗学家叶春生教授认为生菜会起源于明末清初。④ 如果这两种意见都是正确的，那么观音开库最起码在明末就已存在了。倘若真是这样的话，为何两百年间却没有人注意

---

① 黄芝：《粤小记》（卷四），广东中山图书馆复制，1960 年版，第 42 页。

② 《点石斋画报》（行集），广州：广东人民出版社 1983 年版，第 44 页。

③ 韩伯泉、陈三株：《广东地方神祇》，香港：中华书局 1992 年版，第 25 页。

④ 叶春生：《岭南民间文化》，广州：广东高等教育出版社 2000 年版，第 200 页。

到观音开库的习俗呢？先来考察生菜会的情况。雍正年间编撰的《广东通志》中有一条记录："迎春日，竞看土牛，或洒以菽稻，名曰消疹。啖生菜、春饼以迎生气。"可知当时已有吃生菜的习俗，取其生机勃勃之意，与后代"生菜"的含义有所不同。从活动的时间和民俗事项来推断，生菜会的形成与这个习俗是有关系的。同治《南海县志》记载："观音庙，在（金利司）麻奢堡官窑墟。岁正月二十五日，村人夫妇多诣赛神，礼毕登凤山小饮、啖生菜，名生菜会。是岁多叶梦熊之喜。"这是明确提到"生菜会"的较早的记录。其后，"生菜会"这个名称的出现频率增高。清末最著名的生菜会举办地是南海的官窑。关于观音开库较早的记录见于19世纪70年代的竹枝词。"神祠高耸玉山阿，招引烧香士女过。闻说观音开库日，白莲台下美人多。"（倪鸿）[①] "频占利市入新年，稽首慈云借库钱。他日归还随尔便，福田先广种心田。"诗下有作者注：省城内粤秀山上立庙，奉祀观音大士，因呼为观音山。每岁正月观音开库，如往借钱数文以归，则必出纳赢余，来年须什百倍还库。原系庙祝谰言，偶有应验，遂为所感，相习成风，殊觉可哂。（陈坤）[②] 1913年的《民生日报》上也有一篇文章谈到了相关内容："观音山有观音庙，正月二十六日，有大士开库之说，迷信妇女，是日咸往借宝。次年酬还。"[③] 上述的观音开库是在越秀山举行的，但却没有发现在同一地方举行生菜会的材料。而且，两个活动的时间也不一致。可见，早期的观音开库活动与生菜会没有附属关系，也没有直接联系。但是，由于它们祭拜的都是观音，活动时间也相近，而且有相同的求乞目的，所以两者有逐渐合二为一的可能。到20世纪初，官窑的观音庙不仅以生菜会为名，观音开库的活动也吸引了不少信众。如上文的宣统《南海县志》所记。又如民国时期的记载："旧历正月二十六日，为本神开库之期，都人士女，向例于是日联群逐队，或附小轮船，或雇紫洞艇，望官窑而戾止，诣神庙而参拜。"[④]

观音开库与别处借阴债的习俗相似。苏州、杭州、北平等地都曾盛行过借阴债，例如北京"正月初二日各家祭财神。……祭时所供品为鸡及活

---

① 《广州历代竹枝词》，《羊城今古》1989年第2期，第30页。

② 雷梦水：《中华竹枝词》（四），北京：北京古籍出版社1997年版，第2801页。

③ 《民生日报》，1913年9月24日。

④ 《南越报》，1915年3月11日。

鲤鱼。又有在家中祭祀不算，必须赴彰仪门外财神庙烧香，并借元宝，唯借一枚须还十枚。”① 观音开库的含义也大概如此。所不同的是，他们向财神借钱，而广州人却是向观音借钱。观音原本是一位主生育的神，在广州却又多了一重财神的职能。原因很简单：观音在民间声誉很好，是一位灵验的、值得信赖的神。而梦想发财的广州人正需要这样的神灵保佑。从此处也可看出广州人的功利心。他们按照自己的需要，把神灵改造成“为我所用”的情状。手持净瓶、普洒甘露的观音菩萨到了广州民间，也不得不改头换面，让人感觉他应该手执金库钥匙，向人间抛撒金钱。这在其他地方的观音信仰中并不多见。向观音借钱，无非是想借观音的法力以获得财运亨通的机会。观音庙不是现实中的银行，不会给付现金。但是神灵的庇佑才能给人以最大的希望和安慰。观音开库的活动中还包含着一点理性的金融原则：借库与还库实际上与现代银行的借贷是一样的。

（二）世俗性

世俗代表的是人的日常生活。神的世俗化，说明神的人性化。人所需要的，也是神所需要的。有人认为民间信仰的世俗化表现在四个方面：①民间信仰的繁杂和宗教意识的实用化；②仪式中的世俗内容；③解释的主观性和组织的分散性；④信仰空间的世俗化。② 中国民间信仰属于万灵崇拜和多神崇拜。只要于己有利，不管是佛教神还是道教神，逢神就拜。广州三元宫、五仙观门口的石狮都被视为神物而受到信众的顶礼膜拜。至于空间，拜祭神灵不一定在庙宇，很多百姓都习惯于在家中供奉神灵。广州人是最勤于在家中拜神的了，可以说神无处不在。门前、院子、堂屋、卧室、厨房，甚至厕所，全都供着神灵。（详情见商承祚先生《广州市人家的神》）除此之外，神居住的庙宇通常又是民众聚会的地方，或娱乐或商贸。清朝末年广州居民还经常集庙议事，在庙宇中讨论有关事务。而革命志士也以金花庙等处作为演说台。说庙宇是神圣之地，不如说是一个公共活动场所更为确切。要从浩如烟海的广州近代文献中找到与上述四个方面相吻合的例证并不难。为了更能凸显广州的特色，也更集中地说明问

① 胡朴安：《中华全国风俗志》（下编），石家庄：河北人民出版社 1986 年版，第 15 ~ 16 页。

② 方百寿：《论民间信仰的世俗化》，《青海师范大学学报》（哲学社会科学版）1995 年第 2 期，第 28 ~ 32 页。

题，以下将广州民间信仰的世俗化归纳为两个内容：生活化和实用化。

上文提到世俗代表生活化。民众对神的祈求都源于现实生活的需要。他们对神的回报也基于这种认识。在神灵的祭祀中，各种仪式和物品的安排都是基于现实生活的考虑。在广州的土地祠中，不仅供奉着土地爷爷和土地奶奶，还有土地的如夫人。这完全是照搬人间一夫多妻的版本：“当坊祠里拜尊神，花鬘红鞋如意巾。老媪老翁居上座，边添陪个二夫人。”① 只要这种婚俗在民间延续，神灵就仍然可以艳福无边。19 世纪末，广州城内的石将军，城外的灵善菩萨等，往往每一尊神都有十几位夫人。老百姓习惯于用人世间的生活标准来衡量神灵。既然广州人以多妻为荣，那么他们所尊崇的神也应该尽享齐人之福。因此，他们以此作为许愿的承诺，也就不觉得奇怪了。“日者宝源大街土地祠内，鼓乐悠扬，人声鼎沸，有数人舁一女偶像至，询之其人，则言前曾许愿于神，求中大彩当以佳偶相配。今果如愿，故特以此酬之。燕尔之喜，当为神贺之。”② 原本高高在上的神灵也俨然成了生活中的凡夫俗子。更不可思议的是下面这则消息：“穗垣城隍庙中有十王殿焉，刀山剑树，布置森严，令人赫然可畏。殿角塑一潘金莲女像，做对镜梳掠状，西门庆立而窥妆，武大郎怒目视之，旁有鬼卒状貌狰狞，作欲触目惊心，乃青楼荡妇、绣阁娇娃不知立像之云何妄。冀侫神之获佑。凡有幽期密约难偿者，每逢春秋佳日，群以鲜花香粉供于金莲妆前，喃喃默祝，取其所供旧粉以归，自敷于面，谓可藉其神通法力，能使夙愿毕偿也。”③ 城隍是阴间的神，掌管人的生死。受到佛教地狱观念的影响，城隍神还有审判鬼魂的权力。因此，城隍庙中为潘金莲等人塑像，应该是起警戒的作用。然而，民众的理解却是出乎意料的。那些与情人约会无期的女子，竟然向潘金莲祈求，希望能够得偿所愿。虽然潘金莲被视为不守妇道，但是她毕竟能与意中人双宿双栖。这对于封建礼教下的女性来说，是具有很大诱惑力的。潘金莲由淫妇变成了爱神，这完全取决于信众的现实需要。这是另一种生活化的模式。人既然可以按照人的生活方式来供奉神灵，当然也可以按照生活的需要来塑造神灵。

---

① 杏岑果尔敏：《广州土俗竹枝词》，《羊城今古》1992 年第 2 期，第 13 页。
② 《点石斋画报》（戌集），广州：广东人民出版社 1983 年版，第 59 页。
③ 《点石斋画报》（申集），广州：广东人民出版社 1983 年版，第 68 页。

世俗还表现为实用化。“中国人所重视的是宗教实践，而不是宗教信念，是宗教礼仪而不是宗教教义，是宗教行为而不是宗教信仰。”[①] 1891年，由于广州西关地区时发瘟疫，不少人染病伤亡。有人乘机造谣生事，扬言曾有神仙下凡，预言九、十两个月必瘟疫盛行，消灾的方法是将此两月改为正、二月。由于当时人心惶惶，听说有禳解之法便信以为真。于是，当地出现了怪状：人们以八月三十为除夕，九月一日为元旦。就像平日过年一样，桃符竞换，爆竹齐施。路人相逢都在说“恭喜发财”。除夕之日，家家户户都买肉祭祀神灵，以至于市场上的猪肉很快就被抢购一空。[②] 1909 年，南海官窑举行生菜会，观音庙因失火被焚，地方官当即出告示要永远禁止这个活动。但是一些信众却张贴广告，解释说因为国恤，将生菜会改期到二月三日。这种变更居然也得到了一些民众的认同。[③] 这两件事有一个共同特点：变通性。而变通又都是出于实用的目的。广州人的务实和创造性就是这样体现在民间信仰中的。在各种民间信仰的活动中，有关行业神的崇拜仪式显得尤其隆重。“在这些游行中，守护神像和其他的神像都被抬着游街。行会祭祀场所和神戏都是该行业的神圣‘集体符号’，其作用是增强组织的凝聚力、向社区表明自身的存在，从而增强成员对团体的忠诚度与自豪感。”[④]

（三）娱乐性

民间信仰，主要是迎神赛会的娱乐性，不独广州，在全国各地都是一样的。而广州因为其赛会规模很大，热闹程度也就不同凡响了。外国人将广州的民间祭祀活动称作“最张扬的集体表演”。[⑤] 既然是表演，自然就带有娱乐性质。民间信仰中的仪式，最初是单纯的宗教性质，而后逐渐加入了其他元素，如商业和娱乐。前引古人笔记中曾明白无误地说过，神诞放大炮是为了“赏心乐事”。近代的神诞活动不仅仅在于酬神，还带有很浓

---

① ［美］克里斯蒂安·乔基姆著，王平等译：《中国的宗教精神》，北京：中国华侨出版公司 1991 年版，第 32 页。

② 《申报》，1891 年 10 月 16 日。

③ 《时事画报》1909 年第 3 期。

④ ［美］杨庆坤著，范丽珠译：《中国社会中的宗教》，上海：上海人民出版社 2007 年版，第 81 页。

⑤ 吴义雄：《在宗教与世俗之间》，广州：广东教育出版社 2000 年版，第 462 页。

厚的攀比意味："沿至后世，点缀愈觉新奇，夸多斗靡，各相争胜，一赛会而所费甚巨，一迎神而所伤实多。如近日所谓赛会迎神之举，则袭其貌而失其实，专以为奇技淫巧，争妍竞胜，以快一时之耳目，而春祈秋报不过略借其端。"① 这种变化除了历史的因素外，还有经济的作用。近代广州的经济实力在全国名列前茅，有经济做后盾，活动的规模和物品的奇巧华丽自然更胜一筹。

近代广州民间诞会的影响，从下面的报道即可知晓：

1. 上月二十四、五两日有好事之徒舁城隍偶像出游，勾心斗角，踵事增华，其扮顶马者更衣履崭新，扬鞭自得。所过之处士女结队来观，酒肆茶寮几无隙地。嘻！是真所谓一国之人皆若狂者欤。（《申报》，1892 年 5 月 10 日）

2. 城西湛露巷有医灵庙，香火极盛，每年香钱所积为数不赀，凡届三年巡游一次，兹值巡游之日，都人士遂择于三月二十八日举行，连日皆雨，独至是日大放晴光，故执事人愈觉得兴高采烈，仪仗之美备，顶马之众多，彩色之新奇，这数十年来所未见。倾城士女结队来观，如水如云，几至万人空巷，所有茶亭酒肆皆形忙迫，无不利市三倍云。（《申报》，1894 年 4 月 5 日）

3. 初十日系机匠锦纶行进香关帝庙之期，仪仗繁盛，鼓乐喧阗，彩帜顶马皆簇簇生新，远近士女结队来观，如水如云，极形热闹。（《申报》，1895 年 7 月 13 日）

4. 南关麻栏街海旁有龙王庙焉，本月某日俗传为龙王诞期，好事者择于闰五月二十六日预行赛会，以志庆祝。南关素称富庶之区，物产既盈，举办自易。以故仪仗之华丽，色马之众多，为数十年来所仅见，远近士女结队来观，如水如云，几致万人空巷，茶寮酒肆生意甚忙，无不利市三倍云。（《申报》，1895 年 8 月 2 日）

5. 连日好事者舁城西北庙偶像游行，入靖海门，过大新街、西关至泮塘仁威庙。是日风清日丽，士女如云，十一、二甫各大户门前均支板为台，以便妇女凭栏观览。（《申报》，1896 年 11 月 3 日）

---

① 《申报》，1879 年 6 月 7 日。

6. 城西十二甫湛露巷医灵庙，每阅二年，好事必舁偶像出游，今年定于三月十八日举行，先期悬牌庙外，念各人认定所行之事，计顶马一百另数匹，抬阁四十余架，锣鼓四副，罗伞八顶，仪仗彩亭不计其数，十一二铺各大姓门外均搭布幔，俾眷属愿得以凭几而观。（《申报》，1897年4月5日）

参与者之踊跃，场面之热闹，足以使这些诞会成为民众的盛宴。有时在神诞期间还要搭台唱戏。对于普通民众来说，这就是他们最好的娱乐。与其说在娱神，不如说是娱人。民众借神灵的名义来达到娱神和自娱的双重目的。举办者通过这样的活动来展示自己的财富和能力，而民众则在其中得到了愉悦。诞会的功能和意义同样也是双重的。从上面的材料可以看出，世俗的娱乐超过了神圣的祈祷。广州迎神赛会的影响从“举国若狂”的情形中能得到一些印证。从这个意义上来说，神诞成了广州民众名副其实的狂欢节。

在广州其他的信仰活动中，同样也能发现游戏的色彩。“春来花埭众香稠，拾翠寻芳乱泊舟。红粉绕花行缓缓，蜂随后背蝶先头。”（陈如岳）① 这种游玩中的男女嬉戏，在民间信仰活动中也不缺乏：“相逢争作白云游，贪看名花不雇兜。妾自下时郎自上，怪他一步一回头。”（周献南）② 七月二十四是广州传统的郑仙诞。从七月十五到这天，民众习惯到白云山烧香礼佛。青年男女也乘此机会出来游玩散心。妇女们大都冶容丽服，引人注目。可想而知，她们的目的并非完全是宗教性质的。广州有谚语道：“第一游波罗，第二娶老婆，第三绒线柜，第四担纱锣。”这是用来形容猎艳的。女性的集会，为男性提供了一睹芳容的机会。还有一种说法：游客乘船到波罗庙，如果遇到退潮，就只能涉水上岸。一些蛋家妇女便以背人上岸为业。而部分男子也乘机一亲芳泽。“第一游波罗，第二娶老婆”就是这个意思。无论是哪一种，波罗诞为异性提供了互相接触的机会，这却是不争的事实。在封建礼教的桎梏下，挑逗和被挑逗，本身就带有游戏的成分。对于那些年轻的男女来说，这又何尝不是一种娱乐呢？民间信仰所具

---

① 《广州历代竹枝词》，《羊城今古》1989年第3期，第36页。
② 《广州历代竹枝词》，《羊城今古》1989年第3期，第36页。

有的娱乐性对女性来说尤其难能可贵。只有在宗教的掩护下，她们才可以获得微乎其微的一点自由。因为酬神，她们才能无所顾忌地站在高台上凭栏观望；因为拜神，她们才可以不受限制地走出家门。虽然快乐是短暂的，但也值得日复一日去期待。晚清官绅似乎看出了女性的这种心理，他们三番五次地反对女性外出祀神。清末，番禺县县令就曾严禁妇女前往白云山烧香。理由自然是“男女有别，礼教宜遵”之类。

三、现代化对近代广州民间信仰的影响

现代化是一个传统社会的变革过程，它体现在经济、政治、社会、文化等各个方面。现代化是促使封建社会土崩瓦解的动力。现代化与传统不是完全对立的，而是一种相辅相成的关系。没有传统，就无法凸显现代化的作用。当然，没有现代化，也就不存在传统。“在时间意义上，传统文化的存在就是现代化的存在；在政治、经济意义上，传统文化的对外开放、对外互动，是一种现代化过程。传统文化是现代化的对象，不考虑传统文化的现代化，即失去对象的现代化，是没有意义的。”① 中国摆脱封建制度的过程其实也是一个现代化的过程。中国的现代化一方面是社会发展的必然趋势，另一方面也是西方文明的示范效应。所以，从时间上来说，鸦片战争是中国现代化进程的开端。从地域上来说，广州处在现代化的最前沿。时至近代，民间信仰成了最坚固的一种传统，其迷信色彩也与现代化不相协调，因而成为现代化过程中极需改造的对象。但是，这种改造非常困难。

追根溯源，广州的现代化最初是从西方器物的输入发轫的。洋货以及西方的生产技术一起进入广州，日益作用于本地的生产和经济。在对外贸易的催谷之下，广州的现代化产业逐渐形成。在这个过程中，民众的生活也起了很大变化。洋货开始只是富人家里的摆设，后来很快便成为寻常百姓的生活用品。民间信仰是民众生活的一个重要环节，于是，它与洋货也就有了直接联系。西方传入的小火轮为信众求神提供了交通的便利。而仪

---

① 高丙中：《现代化与民族生活方式的变迁》，天津：天津人民出版社 1997 年版，第 367 页。

式中的物品也不乏洋货："下复承以布幔，张灯施彩，中多琉璃洋物。"饶有兴味的是，广州人用照相的手法翻印关帝像到街市出售。[①] 虽然此举被官府认为有亵渎神灵的嫌疑而加以禁止，但是，现代科技却以这种方式与民间信仰结合在了一起。

按照传统习俗，广州人在生病的时候，习惯以求神问卜来代替寻医问药。随着西医在广州的蓬勃发展，部分民众转而求助于医学。科技文化的濡染，为消除迷信起了一定作用。包括康有为、梁启超在内的有识之士，都把提高民众的文化素质作为消灭民间信仰的基础。因此，康有为曾提出将祠庙改建为学堂的建议。19 世纪中期，广州出现了新式学校，到 19 世纪末 20 世纪初，这种具有革新性质的学校已在广州普及开来。西方科技文化的濡染，经济和教育的现代化都为消除迷信起了一定作用。而具有革命精神的知识分子更喊出了"消灭神权"的口号。这一系列的社会变化都对民间信仰有所影响。

打醮是信众用来娱神和媚神的手段。按照广州的习俗，每年农历的九月二十八日是华光帝的诞日。在神诞期间要举行火星醮，以禳解火灾。民间认为，如果不打醮便会惹恼神灵，进而降祸引起火灾。建醮最为隆重的是打铜街、双门底等处。20 世纪初，随着欧美文明之风的浸润，小部分广州人渐明事理，对神诞打醮之事淡然置之，并且将举办诞会的资金用来开办博览会，使商家受益。例如，1904 年的火星醮比之往年，规模就小了很多。以前的建醮非常奢靡：所搭龙殿有十处之多，鼓乐也有十班，且多请名家。相形之下，该年的建醮显得异常冷清。[②] 虽然一时之间不可能尽除陋习，但是，这说明迷信神权的社会风气已出现一丝衰退的微光。这类以宣传破除迷信为目的的报道在当时并不少见。"月之廿四日，相传为关羽诞日，世俗以为神诞，每届是日演剧庆贺，相沿为例。佛汾水关帝庙，每年必演戏贺诞，动费数百金。本年当值恒记店等数家，力辟耗财媚神之无益，倡议删除此例，以为演戏靡费，且多顾虑，不如将此款项办地方公益，众亦赞成，遂决议实行云。"[③] 可见，现代化的进程已从物质层面上升

① 《中西日报》，光绪十八年（1892）五月廿四日。
② 《广东日报》，甲辰年（1904）九月十一日。
③ 《东方报》，丙午年（1906）六月廿五日。

到了文化层面。

中华民国的成立是中国真正进入现代化的阶段。辛亥革命推翻了封建专制政权，建立了具有现代意义的政权。政府建立了议会制度，还成立了制度化的职能部门，民众也有了选举权。这些都对社会产生了深远影响。从局部来说，政治只是部分人争权夺利的活动。但是，政治往往又不是个人的事情，它牵涉到社会的方方面面。在清政府统治时期，由于当政者要利用宗教来控制民众，因此对信仰采取的政策是有限制的宽容。甚至以国家的身份制定了祭祀的相关条例（即祀典）。因此，官员代表政府祭拜是他们的分内之事，是职务行为。换句话说，在辛亥革命之前，求神拜佛之观念是上下一致的。正因为如此，才使得官府严禁民间迎神赛会的行动多令行而禁不止。随着政治的变化、政权的更替，观念和政策也发生了转变。1911 年广州光复以后成立了广东军政府。这个以革命党为主导的政府对社会进行了大刀阔斧的改革。在对待民间信仰的态度上，他们的态度是很鲜明的，坚决予以取缔。革命人士大多受过西风美雨的洗涤，接受的是科学、民主、自由、平等的思想观念，因此他们反对带有迷信色彩的活动。当时在军政府中担任警察厅厅长的是陈景华，他以雷厉风行的态度和速度，以近乎高压的手段，对广州的民间信仰进行了压制。每逢神诞，诞日前后三日关闭庙门，并派警察监守，不许民众参拜，对违反之人进行严惩。他对七月半烧衣之类的活动更是严加防守，不仅让各区警察上门劝谕，还要拘捕一意孤行之辈。他试图通过这些手段来达到改良地方习俗的目的。由于采取了强制的政治手段，政府的行为在短时间内取得了成效："粤城小圃园等处坊众，以民智开通，神权衰替，拟将该街公款，不作建醮酬神之用，移而安设电灯，兼营公共阅书报社，以有用之财，办有用之事，该坊众诚知所当务矣。"① 虽然此后广州的政权几经变动，政府管理民间信仰的政策也时有起伏，但从整个社会的发展来看，改革的趋势却没有变。直到 1917 年，反对民间神诞的措施仍然在实行："波罗庙祀南海神。神诞之日，游者甚众，故谚有第一游波罗，第二娶老婆之语。今经当道示禁，游人亦将裹足矣。"② 而民众的观念自然也会多少有一些转变。

---

① 《真相画报》1912 年第 11 期。

② 《新报》，1917 年 3 月 3 日。

近代广州的现代化趋势对民间信仰也起过一些作用，少数民众开始逐步摆脱鬼神。但是，要清醒地认识到，这种衰退只是表面的、暂时的。中国近代的现代化只是处在早期阶段，传统的势力依然很强大，肃清陋俗的目的不可能完全达到。在政治的影响下，在政府的高压下，民间的信仰活动虽然在短时间内有所收敛，可是，他们的信仰心理并未改变，一旦有适宜的环境，这些活动就会死灰复燃。这说明民间信仰与人的意识和精神相关，要改革并非易事。19 世纪末，虽然广州的医院已越来越多，可是民众仍然习惯于向神灵求拜。医灵庙依然香火极盛，而医灵诞的活动也还是盛况空前。1913 年 8 月，广东军政府解散，继任的新政府有保守倾向，因而给了民间信仰反弹的机会："万福里中约华光庙，前由汤某呈明警厅，在该处附设阅报社，皆系同人捐资，开办已阅两年，颇著成效。昨该处神棍陈老二钟某等，纠同无知妇女，于昨日华光神诞，复建偶像，尽将阅报社之家具毁烂，并将阅报社之匾拆去，互相争论，率由五区巡士实行干涉云。"①

在近代反对民间信仰的知识分子看来，以科学、文明等为特征的现代化社会，与民间信仰是相互对立的。从表面上来说，民间信仰的确有很多近似迷信的内容，而这些内容与科学的精神是相违背的。但是，西方学者注意到，在科技发达、文化程度较高的日本、中国台湾和香港及马来西亚等国家和地区，民间信仰与现代生活并不冲突。传统信仰不仅残留在老人和未受教育的农民那里，而且在受过教育的年轻市民中也逐渐兴盛起来。②更何况，近代只是现代化进程的早期。在传统与现代从对立到交融的过程中，传统始终在支配着民众的思想和行为。在近代这个特殊的历史阶段，现代化确实对民间信仰有过一些影响，却是很有限的。

---

① 《民生日报》，1913 年 10 月 28 日。

② ［美］罗德尼·斯达克、罗杰尔·芬克著，杨凤岗译：《信仰的法则》，北京：中国人民大学出版社 2004 年版，第 94 页。

第三节　商业对近代广州传统习俗的影响

从历史上来看，商业与习俗一直都是如影随形、不可分割的。到近代，随着商业经济的发展，这种互惠关系更为明显。商贸行为中的物质交换，让广州人接触到西方的器物，生活开始发生转变。从前面关于剪辫易服的论述中，不难看出习俗与商业的关系。一方面，习俗的改变引起了商业的变动。例如剪辫使得人发市场衰落。而相应的服饰改变也对当时的广州造成了很大影响，商家不得不随俗而动。另一方面，商业对移风易俗也起了推动作用。洋货的大量输入是改变广州人生活习俗的物质基础。从新风尚的形成来讲如此，而在传统习俗传承的过程中，商业的影响也是不可忽视的。

一、传统习俗对商业的推动作用

岁时节日对地方经济的促进是显而易见的。庙会是在寺庙内或其附近定期举行的集市，通常在神诞日进行，具有很强的商业功能。这是对正常商业贸易的一种补充形式。庙会在北方非常普遍。由于广州地区自古商业发达，至近代尤甚，因此庙会并不是很盛行。广州地区具有庙会性质的神诞主要有生菜会和波罗诞等。以波罗诞而言，有清代嘉庆年间崔弼的《波罗外记》（卷二）的记录："搭蓬作铺店。凡省会、佛山之所有日用器物玩好，闺阁之饰，儿童之乐，万货荟萃，陈列炫售，照耀入目……（庙东的海光寺）百货聚集庙门，寺里则摆卖字画、洞碑古帖、虫鱼卉木。"实际上，除了这类具有明显商业性质的庙会之外，广州传统习俗中的商业活动，可以说比比皆是。

广州民间素来以迎神赛会的奢靡著称，而这些活动也带来了无限的商机。举行赛会所需的物品必然会促进许多行业的发展，而赛会期间的各种商业活动，也使得整个活动充满了金钱的味道。在民国初期，由于激进的知识分子的反对，一些传统习俗（如七夕节）曾一度受禁，市场也跟着衰退。但是，没过几年，市场又重新兴旺起来。原因自然是传统节俗的复兴。这说明，传统习俗对当时社会经济的推动作用是不可低估的。在此以七夕节为例。对于女性来说，七夕节意味着女性的权利，而对商家来说，七夕代表的是利润。广州女性认为用拜过织女的香粉来搽脸，就可以使人脸孔漂亮。因此，每到七夕节，出售香粉的商店生意特别好。而这些商店一年的生意全靠这几天。心灵手巧者固然可以展示自己的才华，而手拙者也不必为此伤脑筋。精明的广州商人不仅为顾客提供拜神用的果品、香粉，连乞巧用的各种物品也一应俱全。因此，七夕节蕴藏着巨大的商机。“粤俗最重七夕，无论大小人家，无不争先乞巧，因此奢华，实为各省之最。富贵者竟花洋至千百圆，最少亦须三、五圆为点缀。今年所造七夕台阁故事，无不利市三倍，其用芝麻砌就之台阁，于初五早已售卖一空。”[①]直到民国时期，这种情形依然在延续。有所不同的是，人们为了应节还租用留声机这类洋玩意。以租代售，连商业的形式也开始多样化起来。[②]不变的是人们对传统岁时节日的热情，还有商人对利益的追求。

二、商业对传统习俗的影响

从传统习俗的商业活动中获得实际利益的主要是两个群体：宗教团体和官府、商人和小贩。

1. 宗教团体和官府

中国寺庙在传统上就自成一个经济体系。在民间，除去捐助款项之外，无论大小庙宇，终归是要收取香油钱的。如果说香油钱是出于自愿的话，那么，庙祝出售符箓就应该算是商业行为了吧。不仅如此，庙祝还会向信众收取其他费用，如出钱方能入庙烧香。“仙城士女尽多才，都向城隍祝寿来。欲保平安无个事，金钱争掷买符回。”（注：七月二十四日为省城隍诞，司香火者造符箓，于是时售之。）（陈坤）[③]诗中坦言，“平安”是用金钱“买”回来的。“广州都城隍庙，香火极盛，归广州府管理，其

① 《申报》，1896 年 7 月 29 日。

② 《广州民国日报》，1923 年 8 月 18 日。

③ 雷梦水：《中华竹枝词》（四），北京：北京古籍出版社 1997 年版，第 2805 页。

司祝按年承充，纳费数万元之多，平日入庙烧香者，香烛须在司祝处买取，酬神上匾，必须数十金。”[①] 城隍庙是由官府管理的，其收益必然也要部分归公。“十一甫大巷二街观音庙，每年例由司祝报效洋银三千余圆，除城隍庙外其出息以此为最。盖粤人士夙喜佞佛，香花供奉，昕夕不休，司祝日进斗金，故能报效若斯巨款也。”[②] 所谓“报效”，即奉献官府。“广州城隍庙香火极甚，司祝每年出息竟以万计。今春天气清明，进香者每日如蚁附膻，司事多至五六十人，尚有应接不暇之势，闻仅一月，而所获已有五千两之数矣。”[③] 可见，庙宇及其管理者在整个活动中是直接获利的一方。而且，这种买卖可说是“旱涝保收”。因此，以庙祝为代表的管理方在维护庙宇的正常功能方面，必然是不遗余力。可以说，商业经济对庙宇的兴盛是有刺激作用的。

2. 商人和小贩

商人是指那些资本相对较多的坐商，而小贩则是指本钱较少的行商。无论大商人还是小摊贩，他们的商业行为都与民众生活息息相关。他们的商业情况，或许还可以看做是民俗活动的晴雨表。“惟查刻下西关一带，如十六甫第十甫下九甫等处之摆卖乞巧品物者，又复星罗棋布，习俗难移如是，良可慨也。”[④] “佛山四乡，本年乞巧之闹热，比前尤甚，尤以乐从等缫丝女工所耗为最多。镇内售卖七夕供品，异常畅销，未至期已售罄无遗，业此者无不利市三倍。”[⑤] 节日之热闹与否，从七夕所需物品的销售情况即可见一斑。过节的女性固然快活，而商人的欣喜之情，也可想见。

正是由于民俗节日的这种商业价值，也使一些有识之士在反对传统习俗的同时看到了它的正面意义。“越人尚鬼，而佛山为甚。今不示之以节，更铺张其事，得毋谬于坊民范俗之旨欤。曰，此拘迂之见，未达乡之事情者也。夫乡固市镇也。四方商贾萃于斯，四方之贫民亦萃于斯。挟赀以贾者什一，徒手而求食者则什九也。凡迎神赛祷类，皆商贾之为，或市里之饶者耳，纠铢黍以成庆会，未足云损。而肩贩杂肆藉此为生计，则食神惠

---

① 且寄庐主人：《粤游闻见录》，《民生日报》，1913 年 9 月 24 日。

② 《申报》，1897 年 2 月 16 日。

③ 《申报》，1898 年 2 月 12 日。

④ 《民生日报》，1912 年 8 月 14 日。

⑤ 《民生日报》，1912 年 8 月 21 日。

者，不知其几矣。况愚夫愚妇日从事于神，安知不有动于中，而遏其不肖之念，是又圣人神道设教之妙用欤。若禁抑之，不得仍其故习，此特便于吝竖，而贫民不其馁，而夫民相资相养事，有近于奢而无害者，固不必遽示之以俭也。至若以礼事神，士夫稍知敬远者，自能循度中节。岂待厉禁，而始知嚣渎之非哉。是以牧民者求通民情，守土者不违土俗。"① 从文中可以看出，作者是相当通达的。他对知识分子一贯反对的奢靡赛会有自己独到的见解：一方面，拜神之人因为对神的信仰，会对自己的行为有所节制；另一方面，更重要的是，这些活动为当地的贫民提供了生计，所谓"食神惠"。持类似观点的不独一人。"神诞出会，备极奢靡，举国若狂。合所费及观者之舟车饮食，约数千金或万金，岁且数举。余曰以此财积谷储备，不犹愈于无益妄费乎。人曰若是则一钱不可得。惟此乃输将恐后耳。且买卖辐辏，敛富者之财以沾丐贫者，亦不尽为无益也，是或一道也。"② 抛开意识领域的因素不谈，以部分老百姓的具体生活来说，从事与传统习俗相关的商业活动，为他们提供了生活所需。从这个角度来看，他们自然是支持传统的。这就为有关习俗创造了存在的理由。

"佛诞新逢大喜欢，观音山上大悲坛。屠儿此日真高兴，还愿烧猪准卖完。"（杏岑果尔敏）③ 在这个屠儿的心里，想的兴许不是神灵的灵验与否，而是出售烧猪的多少。但是，可以肯定的是，他绝对不希望佛诞被取缔。

小　结

综观近代广州的风俗，可见移风易俗是精英们制造出来的潮流。但是，从风俗具体的内容来看，传统的势力依然很强大。大体来说，变化的主要是物质习俗，而涉及精神领域的民间信仰却与现代化的科学技术相对峙。即使是政府的行政命令，也难以在短时间内消除广州人对民间信仰的虔诚。

---

① 引自《民国佛山忠义乡志》（卷十，风土一），第8页。

② 史澄：《趋庭琐语》（卷七），广东中山图书馆藏本。

③ 《广州土俗竹枝词》，《羊城今古》1992年第2期，第11页。

在这个大变革的时期，岁时节日和民间信仰等仍然能大行其道，原因主要如下：以岁时节日而言，到近代，它的主要功能不是宗教祭祀，而是娱乐和商贸。无论是龙舟竞渡、七夕节还是除夕花市，它们的作用是娱人而非娱神。因此，它们与社会的现代化并无冲突，其传承应该是理所当然的。而政治家基于管理职责，对这些习俗进行禁绝是不符合现实的。从它们的发展来看，只要引导得当就可以去芜存精。而民间信仰的情况更加复杂。由于广州地区崇巫尚鬼的风气很盛，改革在一时之间也难以奏效。当时的情况是，虽然革命党人及政府都不遗余力地进行反对，可民间信仰在一般民众心目中的地位还是很重要。除却传统的原因之外，信仰的需要心理是主要因素。人是需要内心安慰的。不管是来自正统宗教的佛、道、基督，还是民间信仰的鬼神，只要人有需要，就有宗教。对于普通民众来说，千百年流传下来的民间信仰则是他们最好的选择。

当然，在如火如荼的社会变革中，无论是岁时节日还是民间信仰，所有的传统都在面临挑战。风俗不是一成不变的，适时的自我调整是传统习俗得以长期维持的保证。传统也在不知不觉间有了一些不同。节日趋向于纯粹的游乐，这是近代节日习俗的一大特色。而民间信仰的信众也在外界的冲击下有所减少。有些人在民主科学新思想的感召下放弃了鬼神崇拜，而有些人却改弦更张，投到了基督的门下。西方文化对广州民间信仰的影响看起来不大，却很深远。

与社会风尚一样，广州传统习俗的传承也体现出城乡一体化的特点。一般来说，乡镇居民会作为观众参加城市的民俗活动，而城市人却很少加入乡镇的活动。但是，广州地区的民俗活动却没有这种明显的差别。生菜会、龙母诞、波罗诞都在城市之外的地方举行，却成为近代广州市民的三大盛会。

从近代直到今天，中国的现代化之路还在继续，而近代民间盛行的传统也还在延续。

第五章

近代广州移风易俗的实施与效应

近代是社会发生大变革的时期，现代化是这个时代最明显的特征，而移风易俗是社会现代化的表现之一，也是连接传统习俗与现代的渠道和手段。传统和现代并非是对立的，在近代社会的现代化进程中，有的传统却因落后于社会而遭到淘汰，有的传统可以继续适应社会的发展要求而存在。这个扬弃的过程实际上就是一个移风易俗的过程。

人类学家把对社会起作用的文化划分为“大传统”与“小传统”。“大传统”指城市中以官绅和政府为主导的文化，而“小传统”则是指一般民众的文化。[①] 官绅是传统社会的精英，而革命知识分子则是近代社会的主导力量，作为“大传统”的代表，他们对“小传统”的态度和影响都有所不同。这种区别反映出社会的变化。而“小传统”在近代，尤其是辛亥革命以后，发生了不小的变化。这些变化说明，社会的现代化也必然带来传统习俗的发展。民众的观念可以通过移风易俗来加以引导。但是，不同的阶层对习俗改革的理解和实施却有所不同。

第一节　晚清官绅对习俗变革的态度

官僚和士绅是中国传统社会中最重要的两个社会阶层，是传统的精英集团。官僚是封建帝国得以维持的坚实基础，而士绅则是地方上维持秩序的重要人员。如果说官员是政府代言人，那士绅就是辅助官府的管理人员。民国以前，这两个阶层左右着封建社会的发展。他们对习俗的理解和态度，对民俗文化有直接影响。官员和士绅在官方祭祀中享有特殊地位。官员代表朝廷，是政策的制定者，而士绅则在政策的制定和实施中扮演重要角色。“绅士还有卫护传统的纲常伦纪的职责。这是他们在中国社会中作用的主要方面之一。”[②]

组织和参加祭祀活动，是官绅的重要责任和权利。当然，这些祭祀多

---

① 王铭铭：《社会人类学与中国研究》，北京：生活·读书·新知三联书店 1997 年版，第 157 页。

② 张仲礼：《中国绅士》，上海：上海社会科学院出版社 1991 年版，第 67 页。

数属于政府行为，也就是外国学者所称的“官方信仰”。[①] 官方祭祀的对象，是统治者承认并载入祀典的神灵。因此，这种祭祀也叫“正祀”。而那些脱离正统的祭祀则被称为“淫祀”。官方信仰实际上是政府用来控制民众的一种手段。正如《周易》所说：“圣王以神道设教，而天下服矣。”“神道设教”的意思是利用鬼神来辅助政治教化。在这个过程中，官方与民间相互妥协。一方面，统治者将朝廷认可的神灵强加给民众，使其力量渗透到民间。据《白云越秀二山合志》（卷二十一）记载，广州的龙王庙即来源于中央的命令。“京师业经虔供，复造大小像，命各省守土大臣迎奉之。是年遣韶州通判陆柱国赴京迎像至粤奉祀。乾隆元年（1736）移祀于粤秀山，庙制宏壮，有司朔望皆诣行香，每求雨入庙，注水盈缸，插柳枝，设香案行礼。”另一方面，为了笼络民众，官方也逐渐接纳民间的神灵，给予封赐。但是，官方信仰对祭祀主体和仪式有严格的规定，因此与民间有很大差距。以广州的立春为例，可以看出官方与民间的区别。立春是二十四节气之首，在古代极受重视。《周礼》中规定的五祀之一就是春神句芒。在周代，每到立春日，天子亲自率领群臣到东郊迎春祭神，祈求丰收。这种礼俗代代相传。清代的广州官员也不违此例。立春之时，广州府太守连同南海番禺两县地方官，一起盛装到东郊举行迎春打土牛典礼。经过一系列正规隆重的祭拜活动后，官员带头鞭打春牛，以促其勤力耕作，获得好收成。而广州民间还有掷石打春的习俗。在鞭春的时候，小孩子抛掷砖石以为乐。石子横飞，极易发生意外，还时常有官员被打的情况发生。此外，广州还有焚土牛和打太岁的习俗。迎春完毕，要在广州府衙的甬道上焚土牛。焚烧之时，土牛必须放在甬道正中，不能偏东或偏西，因为广州分属南海和番禺两县，民间相传，如果土牛偏东则番禺多人命案，偏西则是南海。所以，焚烧土牛时，南番两县都要派人监督，稍有差池就会引起争端甚至械斗。[②] 而打太岁则纯粹是民间习俗。旧历纪年采用干支的方法，值岁干支叫太岁。例如，当年是甲子年，甲子就是太岁。而值岁的神也叫太岁，有专门的祠庙供奉。在清朝的祀典中，祭太岁为中

---

① ［美］斯蒂芬·福伊希特旺：《学宫与城隍》，［美］施坚雅著，叶光庭等译：《中华帝国晚期的城市》，北京：中华书局2000年版，第669页。

② 梁松年：《梦轩笔谈》（卷十八），咸丰二年（1852），广东中山图书馆藏本。

祀。官方有春秋两季祭太岁的规定。而据广州民间相传，打了太岁的人可以富贵，否则不利。官方曾经严令禁止。1895 年的立春日，行毕迎春礼，春牛和太岁被抬回府衙，经过东门时碰到一个手持锄头的百姓。他说，去年因为没有打太岁而使得众人不安，这回一定要打。然后挥锄向太岁头上打去。可怜这尊太岁神像刚修复又遭毁损。① 同样是立春，官方和民间不仅在仪式上有所区别，在象征意义上也有不同理解。掷石打春容易导致场面混乱，造成人身伤害，直接影响社会治安。官方出于管理需要，禁止是合情合理的。而太岁是国家祀典中规定要尊崇、祭祀的神灵，民间却用暴力的方式来对待。这种行为与国家意志想抵牾，无形中对权威构成冲击。类似情况是当政者最忌讳的，其被禁是理所当然的。但是，掷石打春和打太岁的性质却是迥然不同的。前者是在官方控制范围内的，而后者有背离正统轨道的迹象。从这个例子不难看出，即使是国家赋予民间的符号或者仪式，民间总有自己的诠释方法。民众遵循着他们的理解去进行各种活动，而并非局限在官方为他们设置的范围内，除非迫不得已。有时候，即便是表面上屈从于官方的压力和教化，实际上内心仍然固守民间的想象和解释。也正是因为这种情况，官方在强调移风易俗的时候，关注的是对社会的控制权。

观风俗，知得失。古代统治者都很清楚民风民俗的重要性。清朝皇帝有谕旨："凡尔封疆大吏，暨监司守令，俱有教养斯民之责，当以移风易俗为己任。"② 番禺史澄也明白无误地说："士大夫居乡本有转移风俗之责。"③ 官绅成了维持封建社会风俗纯美的最重要的一道防线。那么，他们所谓的移风易俗又是指什么呢?

一、官绅改革风俗的内容

对于清朝广州的官绅来说，移风易俗主要有两个内容：反对和维护。清朝广州官绅反对的习俗主要有淫祀、归宁不返、妇女入庙烧香、新婚

---

① 《申报》，1895 年 2 月 15 日。

② 《清会典事例》（卷三九九），北京：中华书局 1991 年版，第 454 页。

③ 史澄：《趋庭琐语》（卷七），广东中山图书馆藏本。

俗、新服饰等。而他们所维护的是符合封建伦理、有利于朝廷统治的习俗。

禁淫祀。所谓淫祀，是指不入祀典，不为国家认可的民间祭祀。朱元璋说："天下神祀不应祀典者，即淫祠也，有司毋得致敬。"① 在广州历史上，规模和影响较大的禁淫祀的活动，是明正德十六年（1521）提学副使魏校所进行的。他下令捣毁广州城内以及南海、番禺的淫祠，建立社学、书院，倡导祭祀祖宗和里社之神，以此来推行正统的儒学。而当时的士大夫也遵守魏校的相关政策，舍弃一切民间信仰并不断与之对抗。② 雍正年间治粤的张渠有记载："明魏校督学粤东，毁淫祠以为书院、社学，令生童肄业其中；……其辟邪崇正之功为一时创见。吴廷举令顺德时，毁淫祠八百余所。取其材以修乡之亭障，有余则输县备营缮。"③ 但是，到清代中晚期，这种对抗已经没那么明显和强烈了。实际上，广州官员对淫祀的态度是不一致的。以金花夫人为例。"若广州祀金花夫人，潮州祀三山国王，皆不经之祀。"④ 显然，在士绅看来，金花夫人是一个不够正式的神灵。因此，其被毁也就不可避免了。不仅魏校毁过一次，清乾隆年间翁方纲也毁过。但是，从记载来看，金花庙却与官绅结下了不解之缘。传说在明代的时候，一广州巡按夫人难产，巡按梦见神灵告诉他要求助于金花。金花姑娘一到，产妇即产子。金花是一个处女，却具有助产的神异功能，因此没人敢跟她结婚。她羞愧难当投湖自尽。于是人们塑像立庙来祭祀她，以求生育。成化年间巡检陈濂曾重建金花庙，称其为金花普主惠福夫人。可见，官员们对金花庙的态度不尽相同。而知识分子对金花夫人的感情也很复杂。有人赞美她："盖夫人以子子粤人，粤人以母母夫人者。"⑤ 士绅不仅集资扩建庙宇，还撰碑记以为纪念。也有人反对她："神福粤人使震育，

---

① 张廷玉：《明史》（卷八十），北京：中华书局1974年版，第1306页。

② ［日］井上彻：《魏校的捣毁淫祠令研究》，《史林》2003年第2期，第41～51页。

③ 张渠：《粤东闻见录》（卷上），广州：广东高等教育出版社1990年版，第54页。

④ 张心泰：《粤游小志》，《小方壶斋舆地丛钞》（第九帙），杭州：杭州古籍书店1985年版。

⑤ 《番禺河南小志》（河南七），广东中山图书馆藏本。

仙湖灵迹传当年。那禁流俗不祠祷，宜肃典礼明祀禋。不然男女纷杂沓，姜嫄简狄开其端。举国若狂竟何事，谁职造物生化权。为作此歌告守土，无使礼法胥沦旃。”① 作者认为祭祀是很严肃的事情，要符合典礼的要求。从光绪年间（1877）出版的《羊城竹枝词》可以看出，当时的金花祭祀十分盛行，而文人的态度比较平和。对于这类影响很大的民间信仰，晚清广州的地方官和士绅们更多的是采取一种折中的办法。在不对政府和社会产生威胁的情况下，官绅尽量与其和平共处，然后逐渐将其纳入管理范围。封建政府对民间信仰的态度看起来是自相矛盾的，既要有意排斥，又要加以提倡。实际上，官方是在有针对性地实施政府的管理职能。排斥是为了加强中央集权，而提倡则是为了扩大政府的影响。两者可以说是殊途同归。

虽然朝廷对淫祀有很严的规定，但是，士绅与淫祀的关系是模棱两可的。有人的态度是：“粤俗信鬼神，余则五祀之外皆不祭……且祭神欲求福也，非其所祭而祭之，名曰淫祀。”② 这是光绪年间一个非常正统的知识分子，他只承认《周礼》规定的祭祀。但是，也有一些士绅看起来不是太在乎祭祀对象的正统与否。佛山的士绅每到观音诞都会集中到南泉庙祭祀观音大士。③ 20世纪初，南海横沙的士绅，以吕纯阳降乩为名，在当地集资修建了一座善堂，经常在此举行祈福的活动。④ 从当时的资料来看，清朝晚期广州的民间信仰依然十分旺盛，各种正统或非正统的祭祀活动一如往常，有的甚至超过以往的规模。如《申报》所载，1894年的医灵诞、1895年的龙王诞都热闹异常，仪式的隆重为数十年来所未见。有意思的是，这两篇报道的后半段文字惊人的相似，好像出自同一人之手。而生菜会的有关情况也很受重视。《申报》对1892、1894、1899、1901年的生菜会都做了相关介绍，足以说明它的影响之大。从这两个例子可以看出，当时的知识精英非常关注广州的民间信仰活动。但是，不难发现，他们的态度是倾向于官府的。在报道城隍诞、立春、龙王诞、关帝诞这类正祀的时候，作者通常都是作正面介绍。而对于生菜会、郑仙诞之类的非正统的活

① 《番禺河南小志》（河南四），广东中山图书馆藏本。

② 史澄：《趋庭琐语》（卷七），广东中山图书馆藏本。

③ 《佛山忠义乡志》（卷十），广东中山图书馆藏本。

④ 《香港少年报》，丙午年（1906）五月十二日。

动，却总是强调其负面影响，或翻船、或遇劫、或遭火，无非都是想起一个劝诫的作用。总的来说，晚清的广州官绅对淫祀并没有采取强硬手段，而是采取顺其自然、因势利导的方法。这与当时广州的社会环境有关系。从地理上来看，广州偏于一隅，远离中央政府，相对而言，朝廷对它的控制没那么严。更主要的原因是，近代的广州处在中西交流的风口浪尖，由于清政府无能而导致的各种外交事件接二连三地发生，政府既已疲于应对，也就无暇顾及民众的神灵了。政府控制力的削弱使广州的各种民间信仰得以正常发展。官府对民间信仰活动的默许还有利益的因素。“十一甫大巷二街观音庙，每年例由司祝报效洋银三千余圆，除城隍庙外其出息以此为最。盖粤人士夙喜佞佛，香花供奉，昕夕不休，司祝日进斗金，故能报效若斯巨款也。”[①] 报效给谁呢？自然是官府了。一个观音庙尚且如此，把广州所有庙宇的收入集中起来，想必不是一个小数目。“广州城隍庙香火极甚，司祝每年出息竟以万计。今春天气清明，进香者每日如蚁附膻，司事多至五六十人，尚有应接不暇之势，闻仅一月，而所获已有五千两之数矣。”[②]“广州都城隍庙，香火极盛，归广州府管理，其司祝按年承充，纳费数万元之多，平日入庙烧香者，香烛须在司祝处买取，酬神上匾，必须数十金。”[③] 广州人对鬼神的狂热对地方经济产生了很大的影响。无论是烧香拜佛还是迎神赛会，他们都愿意倾其所有。民间信仰对经济的辅助作用是不可忽视的。实际上，庙宇成了广州官府长期而且稳定的收入来源。对民间信仰的支持，既可以笼络民众，又可以获利，官府何乐而不为呢？只要不对封建统治形成威胁，清末的广州官方对民间信仰的态度是比较宽容的。

禁结金兰和归宁不返。结金兰（也叫结相知或契相知）和归宁不返是清代中晚期珠三角地区流行一时的风俗。官府对此一再禁止，却收效甚微。成书于1836年的《粤小记》中有记载：“广州村落女子，多以拜盟为姊妹，名曰相知，父兄不能禁。……若促之过甚，则众姊妹相约自尽。此等敝习，南顺两邑乡村居多，昔贤县令曾禁之，众女闻知，以为闺阁私事

① 《申报》，1897年3月18日。
② 《申报》，1898年3月4日。
③ 《民生日报》，1913年9月24日。

扬之公庭，殊觉可耻，一时相约自尽无算。弛其禁乃已。”[1] 官府的禁令带来的是更加激烈的行为，最终以民间习俗的胜利而告终。试想，倘若结相知只是个人行为，官府肯定不会束手无策。然而，这是一种沿袭已久、已经获得了民间认同的习俗。民间对自梳和不落家（也叫归宁不返）之类的行为，如果已成事实，大都默认，不以为忤。这是民间立场。从官府的角色和职能来说，这种习俗与儒家的教义相左，因此，官方禁止的态度是很鲜明的。这是他们维持风俗的职责所在，这也就是他们所谓的移风易俗。笔者查到三份官府的告示：《番禺县严禁归宁不返告示》、《严禁妇女结于金兰不返夫家》、《禁妇女不返夫家示》。其中，广州府于光绪年间发布的《严禁妇女结于金兰不返夫家》一文最为严厉，并对相关行为做出具体的规定：第一，新娘要与新郎行夫妇之礼后才能归宁；第二，在一百天之内归宁的当天就要送回夫家，娘家不能留宿；第三，归宁不返属不守妇道的行为，父母将被追究纵容的责任；第四，以往归宁不返的女子限定在一个月内返回夫家，逾期不归属有心违抗，女方返还财礼并要受惩处；第五，如果女事主以轻生相要挟，则属咎由自取，夫家不负责任，而且死者不能送回夫家下葬，也不能附祀于祠堂。官府的目的是要“禁恶习以维风化”。其理由是“夫妇为人伦之始，上嗣宗祧下延似续，义至重也”，仍然是以封建社会的行为准则作为法理。同时，在这份告示中，还可以看出士绅在地方管理中的作用。文中说：“顺番两邑人文蔚起，士习醇良，该绅耆等平日读书稽古，自宜讲究家规，果能劝化平时，何难转移陋习。自今以往，务于本乡本族，各立禁约，切实开导。”[2] 可见，官府在维持地方秩序时对士绅的依赖。再来看知识分子对此的态度。“天地生人，本分男女，乾坤定耦，各配夫妻，合二姓以为婚，虽非一脉，订百年而偕老，适属五伦，何人淫心日炽，正理沦亡，结拜相知，借称姊妹始共言，继共笑，两两情投，日同坐，夜同眠，双双意合，于是指白水以联盟，对青灯而发誓，十年不字，本是无郎，二女同居。何妨作婿，衣裳颠倒，帐中认作鸳鸯，衾枕交欢，被里行如狗彘。岂知耻心丧尽，礼法无存，莫谓风流，实伤风化。生则无官府刑诛，死必至鬼神震怒，刀山剑树，叹前时之恩爱成

---

① 黄芝：《粤小记》（卷四），广东中山图书馆复制，1960 年版，第 44 页。

② 《杂抄布告》，广东中山图书馆藏本。

空；油锅铁丸，恨此日自咨嗟莫及。只自苦耳，有谁怜哉。然盖由老母先无管束，邪朋又与交游，至令昏迷，不知醒悟，白圭受玷，一生徒得污名，碧玉留瑕，万载难云清节。今劝世间女子，天下妇人，早要回头，时防失足，勿出淫言勿听淫话，斩断邪缘，愿行善事，愿发善心赎回前罪，则天眼恢恢，恶虽莫若污人之体，而神灵赫赫，祸亦转不加尔之身矣。"①封建文人自然也以伦常与礼制为口诛笔伐的原则。他们视女性的同性之爱为淫荡、罪恶，甚至咒骂她们死后还要受上刀山、下油锅的煎熬。官绅对金兰会等的禁绝，显然是出于维护正常社会秩序的需要。首先，归宁不返造成了社会矛盾，男女双方家庭产生矛盾，有时还会闹出人命。这对社会治理形成了阻碍。其次，官方还可以借此机会向民间宣扬儒家的伦常之道。再次，促使士绅更好地发挥监督和管理的作用。因此，告示主要针对的是归宁不返的妇女。但是，对于金兰会中那些自愿梳起，并且获得地方承认的不嫁女子，告示却语焉不详。从管理的角度来说，梳起是个人行为，不牵涉他人，也就不易引起纷争。相较之下，文人批判得更多的似乎是不嫁女性的自主生活。从某种角度来说，这是封建男权思想的体现。他们对女性脱离男性的状态有一种隐忧。归根到底，他们试图维护的还是封建社会的伦理关系：男女两性的不平衡、压迫和被压迫。因此，封建文人与官绅可以说是殊途同归，文人成了官绅之外的封建卫道士。从上面的文章看得出来，晚清的正统文人不仅是儒学的捍卫者，还相信因果报应等鬼神之说。

禁妇女入庙烧香。由于妇女在封建社会处于弱势地位，她们只能借助于神灵来求得心灵上的安慰，也只有求神拜佛才能给她们带来些许行动上的自由。这是她们可以名正言顺地参加的少数公众活动之一。所以，妇女特别热衷于此道。然而，就连这一点自由也被统治者剥夺了。光绪本《清会典事例》中规定："若有官及军民之家，纵令妻女于寺观神庙烧香者，笞四十，罪坐夫男，无夫男者，罪坐本妇。"② 广州的官府颇为严格地执行着朝廷的这一规定。1901 年的郑仙诞，官府发布告示，禁止妇女到白云山

① 诸名家老师戏墨：《后续岭南即事》，粤东书院前守经堂藏版，广东中山图书馆藏本。

② 《清会典事例》（卷七六六），北京：中华书局 1991 年版。

一带烧香拜佛："粤垣风俗，每岁自七夕初旬起，善男信女结队往白云山礼佛进香，轻薄少年沿途拥挤，评头品足，秽亵不堪。兹经番禺县钱大令出示严禁云：照得妇女入寺烧香，有干例禁，兹因省城北门外白云山各寺每有妇女相郑得道为名，自七夕初至月底止，冶容丽服，结队成群赴寺烧香游玩，或在寺食斋，或借房歇宿，男女混杂，清浊不分，大为风俗人心之害。迭经各前县出示严禁，并饬差前赴驱逐在案。现届七夕之期，诚恐日久晚生，城乡妇女狃于积习，故智复盟，或住持僧人从中勾引渔利，以致重染旧习，渐启浇风，当巡防吃紧之阳，更恐有拦途抢窃，乘机诱拐等弊，亟应重申禁令，以靖地方，除派拨差役前往择要驻扎，分别驱逐拿究外，合行出示严禁。为此示谕县属绅民人等知悉，尔等须知男女有别，礼教宜遵，务各约束妇女，晓以大义，谕以家教，力为防闲，不得任听妇女仍往白云山一带入寺烧香。倘敢仍前纵容，以致滋生事端，是则咎由自取，定按妇女有犯罪坐夫男之例立拒，该夫男到案治以应得之罪，其寺观僧人如有引诱妇女入寺烧香及容留宿斋等事，亦即严拿究办，决不宽贷，各宜禀遵毋违。持示。"① 这个告示提到的负面因素有：①轻薄少年对女性评头论足；②男女混杂，清浊不分；③容易滋生抢劫诱拐之事。稍加分析就可以发现这三个因素与烧香的行为没有直接关系，在其他场合也可能存在。很明显，有关规定是专门针对妇女而言的。官府最终的目的是要推行"男女有别，礼教宜遵"的儒家规范，他们要约束的不是烧香这种行为，而是妇女的行动自由。显而易见，广州官绅对妇女烧香活动的禁止，固然有对社会治安的担忧，更主要的原因是对封建伦理的维护。

禁止西方风尚。广州处在中西文化交流的最前线，其社会必然受到西方文化的影响。这种变化在近代尤其明显。清代末年，从衣食住行到思想文化，广州的各个领域都不自觉地感受到了新的气息，一些新的生活习尚逐渐形成。而统治者对此显然很抗拒。外国器物大量输入广州，使得民众的生活中充斥着形形色色的洋货，洋化的趋势是在所难免的。首先表现出来的就是穿着。早在19世纪中期，广州就已有人穿着西装。但是，直到1900年，官府仍然对身着西式服装的行为耿耿于怀。"省垣每有一种纨绔少年，身穿华服，头带西人小帽，招摇过市，恬不知耻。无赖之徒更相率

① 《申报》，1901年9月2日。

效尤，自鸣得意。南海县令杨大令闻而恶之，特饬差役在城厢内外严查，见即拘回重责取保。一时风行雷厉，居民无不懔遵，是亦整齐风俗之一道也。”[①] 从有关资料可以得知，进入广州的洋货种类非常多，其中又以消费品为主。吃美国面粉、英国罐头不是犯罪，而带西人小帽就是违法。这是因为封建社会的服制有严格规定，而饮食并没有等级划分。背离正常秩序的行为自然要被正统所取缔。况且，近代服饰的改变还有强烈的政治色彩。保守的官员们以此作为维持风俗教化的重要方面，也是情有可原的。直到 1905 年，当广州民间已积极酝酿剪辫易服的时候，粤督张人俊却倒行逆施，禁止洋装剪辫。此举激起很多人的反对，包括其属员。[②] 闭关自守的时间长了，很多清朝官员对外来的新事物总是有一种抵触情绪。相反，广州一直享有对外交流的特权，新的物品、新的生活方式以及先进的生产技术和思想观念都先在这里登陆。广州人近水楼台先得月，不仅得风气之先，还开风气之先。以婚俗而言，倡导自由的文明结婚很早就已在广州落地生根。这势必会引起官绅的恐慌。1910 年，“南海县属澜石乡附近绅士劳伯华等，因邻近各乡女子皆染有自由习气，特联赴县署，呈请出示严禁。王令以‘男女婚姻，由父母之命，媒妁之言，岂能任听妇女自由择配，据禀前情，在女子固越礼逾闲，在父兄亦疏防失教，应候出示严禁。该绅等仍传谕各乡绅耆父兄，善为教训，妥为约束，俾使习娴礼义，未嫁前则贞静自守，已嫁则敬戒无违，以挽浇风，是为至要。’”[③] 官绅沆瀣一气，对有违正统的行为一概予以打击。听任父母之命和媒妁之言是中国传统婚姻的弊端之一。这种盲婚对于女性尤其不公平。在近代民主思想的感召下，女性的自主意识开始萌芽，这是社会进步的一个标志。但是，封建官绅却反其道而行之。他们害怕女性的崛起将摧毁几千年来的男权统治的大厦。因此，他们对危及封建社会的新事物有天生的敌对情绪。实际上，他们才是近代移风易俗行动中最大的阻力。真正的移风易俗应该符合社会发展的需要，不是逆流而行。

当然，晚清广州官府所做的努力并非一无是处。对于民间的早婚习

① 《申报》，1900 年 3 月 6 日。
② 《广东日报》，乙巳年（1905）四月初二。
③ 《时报》，1910 年 9 月 16 日。

俗，官府也意识到其弊端，因此规定："男子二十而娶，娶要留须。女子十八而嫁，嫁要梳髻等。"[①] 倘若违反规定的，就要用抽捐的方式以示惩罚。1913 年，"国务院电致行政公署，谓男女结婚，于体育有莫大之关系，民间不察，往往子弟十四五岁，或十二三岁，即为完婚者。不独有损于身，且贻害于后嗣。应由各省民政长，限定结婚年龄，倘有违背此规定者，罪其父母，以强人种云"[②]。都是对早婚的禁止，不同的是，前者以早婚奢侈为理由，而后者从身体健康和人种的角度来考虑。这就是两种文化的不同。在落后的封建文化背景下所做的改革，也就注定了失败的命运。

二、官绅改革风俗的原因和目的

归纳起来，清末广州官方改革风俗出于以下两个原因：不符合正统伦理的规范；不利于社会治安，影响正常生产生活。

以上几点，在迎神赛会中表现得最突出，而广州的这类活动又极为盛行，确实给政府带来了不小的麻烦。文人在记录这些场面的时候，经常使用"万人空巷"、"举国若狂"等字样。每到这种时候，维持社会治安自然就成了官府的当务之急。广州官方三令五申禁止的生菜会，便每每发生意外。1892 年，前往官窑参加生菜会的人们遭遇翻船；1894 年的生菜会有匪徒抢劫；1909 年的生菜会发生大火，观音庙被焚，南海县令乘机下令永禁生菜会。毋庸讳言，广州很多遭到官府禁止的习俗，大都存在安全隐患，例如掷石打春、打太岁、抢炮头等。这些活动往往会演化成打架争斗，进而导致惨剧发生。番禺附近乡镇有"打踭"的风俗。这种习俗源于广州民间的儿童游戏。"下番禺诸乡，每正月初旬，儿童先集山野间，以拳棒相角，谓之打仔。已而壮者蜂拥至助之，以胜负卜其乡一岁之兴衰。"[③] 后来竟演变为村与村之间的竞胜活动。为了求胜甚至兵刃交加，致人死伤。民间以此为戏，百姓也不以为忤，很少牵涉诉讼。而打斗的双方平日里也礼尚往来。但是，这种习俗毕竟不是良风美俗。后来在士绅的干预之下才稍

---

① 《广东日报》，乙巳年（1905）八月初一。

② 《民生日报》，1913 年 10 月 28 日。

③ 屈大均：《广东新语》（卷九），北京：中华书局 1985 年版。

有敛迹。而龙舟竞渡被禁也是这个原因。“兹番禺县裴明府预为出示禁止，曰：为出示严禁事，照得粤省民气鸱张，恃强而好动，无往不欲斗胜，而习俗相沿，有戏即近于斗者如赛龙船一事。”① 这两则材料让人浮想联翩。第一则，既然没有引起诉讼，官绅的介入就是别有用意了。第二则，官方告示提到了“民气”，说明官府担忧的不仅仅是争斗本身，而是民众的力量，所以要加强控制。例如翁方纲之毁金花庙，起因只是祭拜的人堵塞了道路。这是表面借口，实际上是由于金花祭祀乃淫祀，而且信徒众多。归根结底，官府就是要把一切都纳入朝廷的管理之下，儒家的正常秩序之中。任何逾越的行为都要受到压制。

晚清官绅改革风俗的目的很明显：维护正统的权威性（也就是皇帝的权威性），以此来加强对民间的控制。一方面，官方制定相关律例，对那些冒犯祀典中神明的行为予以重罚。即使是神像也是不可亵渎的：“神圣绘像使人望之俨然起敬，洋洋如在，不啻临之在上，质之在旁。虽神之灵爽未必实式凭之，然待之以亵渎，则慢神已甚，且将获罪于神矣。关圣帝君尊之曰协天，列之为祀典，赐之以御祭。其尊无对，近有无知射利之徒，将圣像善本，以西人照相之法，映作大小画张，沿街或陈列于不洁之地，或悬挂于粪土之壁，混杂于淫娼秘戏画图中而贱售之。不敬已甚。即或有买归者，不能诚敬奉祀以供，小儿戏弄之资，其亵愈甚也。前经县宪出示严禁，稍为敛迹，而日久玩生，近复摆卖如故。兹南番两县宪联衔再行出示严禁，饬地保查报，并令各贩卖之家，饬将圣像敬谨送赴武庙收藏。如仍前违玩是，则怙终不悛，定即拘案枷责示惩，其失察门首货摊摆卖之店户，一经地保指报并先查封，究罚决不轻饶云云。”② 绘像是神圣的，而照片就是大逆不道。从道理上来说，民众相信神灵才会供奉其画像。对他们而言，绘像和照片并没有不同，而神灵正好也需要信众，制作方便的照片对他们迅速走向民间有好处。然而，官府的认识并非如此。正祀的神灵是朝廷和皇帝御封的。对这些神灵的祭祀被称为“御祭”，有烦琐而庄重的仪式。民间仪式自然不可与之同日而语。这就赋予了神灵不同的含义。正祀的神代表的是朝廷的权威，而朝廷或者代表它的地方政权，

① 《申报》，1897 年 5 月 5 日。

② 《中西日报》，光绪十八年（1892）五月廿四日。

就摇身一变成为神灵在阳间的代言人。所谓“慢神”，实际上是怠慢了政府，“获罪于神”是获罪于政府。官府总是试图将他们的意志强加给民众，以此来加强对民间的管理和控制。不仅如此，民间也不能私自告天拜斗，因为祭祀天地是皇帝的权利。所以，鲁国的大夫季氏到泰山去祭祀，被孔子认为是僭越的行为而加以谴责。民间信仰的这种政治化是很明显的。鬼神如同官员一样，有等级秩序。祀典的神分为大祀、中祀和群祀三等。除此之外，皇帝用封赐的形式，把民间信仰的神灵纳入朝廷的管辖范围，又借神灵把民众掌握在自己的控制中。实际上，封建的皇权与神权是统一的。但是，从民众的信仰心理来讲，他们关心的是神的灵验与否，而不是他的职位或者级别。广州淫祀的发达即可证明这一点。

另一方面，官府严禁民间举行迎神赛会。在光绪二十五年（1899）本的《清会典事例》中《亵渎神明》一文有规定：“凡各省有迎神赛会者，照师巫邪术例，将为首之人从重治罪，其有男女嬉游花费者，照治家不严例，罪坐家长。”① 广州地区举行的赛会，大都在神灵的诞日举行。而这些神灵有很多都是属于祀典规定的。既然不是淫祀，官府为何要禁止呢？其中固然有管理的原因，而更重要的是，这些赛会的仪式与官方仪式有相似之处。民间的迎神赛会很隆重，通常有仪仗、鼓乐、杂戏等。而广州的赛会尤其奢华热闹，“凡遇神诞则举国若狂”。1897 年广州举行医灵诞，其排场足可媲美国家盛典。顶马一百多匹，抬阁四十余架，罗伞八顶，彩亭不计其数。民间的力量是统治者最为忌讳的，因此，他们不允许这种超越官方的行为存在。有时候，这些民间仪式还会有意模仿官方礼制。也许，在百姓看来，这是他们承认政府的一种方式。而从统治者的立场来看，这种行为有亵渎的性质。官民的界线应该是泾渭分明的，模仿意味着侵犯。在清末广州的赛会仪仗中，还有人专门扮演洋枪队。② 这多少会令官方有不自在的感觉。同样，迎神赛会的被禁也与清政府加强统治有关。

也是在《清会典事例》的《亵渎神明》一文中，统治者的意图昭然若揭。文中规定，如果僧道斋醮之时拜奏青词表文，就要判罪；只是祈福禳灾而没有拜奏就是合法的。拜奏成了关键因素。所谓“青词”，也叫“绿

① 《清会典事例》（卷七六六），北京：中华书局 1991 年版。

② 《申报》，1896 年 6 月 9 日。

章”，是道教斋醮时献给天神的奏章祝文，始于唐代。青词的写法模仿官方的表奏类文体。而且，一拜一奏与朝廷的官方礼仪相似，是对皇帝权威的挑战。因此，政府对此当然不能等闲视之。

广州一些开明的封建文人，一方面对社会现实有积极认识，另一方面又是传统道德观念的维护者。番禺学者邬庆时就是如此。直到民初，在他的著述里仍然充斥着对封建礼教的眷念之情。他对节妇、烈妇、贞女等倍加赞赏，对这些人的事迹被湮没不彰感到惋惜，认为是“真一大憾事”。对于女子不嫁以求贞洁的习俗，他称为“风俗之美，何以尚之”。而女性对自由的要求却被他视为隐忧：“自由之说行，而闺女之风纪渐坏。”[①] 旧历的七月二十四是广州的城隍诞和郑仙诞，信众多于头一日晚前往城隍庙或郑仙祠席地坐卧，俗称“打地气”。民间认为此时升腾的地气有祥瑞之兆，可以使人身体健康，多生贵子。因此，每到此时，庙宇中人头涌涌。广州府太守和南海番禺县令都曾下令禁止。官府的意图同上文所述一样。而有见识的知识分子却已意识到了这种习俗的落后，他们从科学、卫生的角度来进行劝说：一则世上无鬼神；二则众人拥挤，汗气熏蒸，加上香烟缭绕，酷暑难当，对身体极易造成损伤；三则男女混杂，有伤风俗。[②] 无神论显示出作者思想的先进性，但是，他仍然寄希望于封建政府来改变社会风俗。殊不知，封建制度才是近代风俗改革最大的障碍。

总而言之，晚清广州的官绅一如既往，力图通过维护正统的权威以达到其专制的目的。清末官绅的移风易俗并非革新，而是要返回正统的轨道。种种迹象表明，晚清的广州精英阶层在风俗的改革方面虽然也做了一些努力，但是对社会的发展并没有太大作用。在异质文化已悄然登陆的背景下，固守传统造成的结果就是停滞不前。风俗应该随时而易，而不是一味因循传统。这才是移风易俗的真正意义。

---

① 邬庆时：《南村草堂笔记》（卷一），1920年版，广东中山图书馆藏本。

② 《游艺报》，乙巳年（1905）七月廿三日。

第二节 知识阶层对移风易俗的诉求

清代末年，以康有为、梁启超等人为主导的维新知识分子已经注意到风俗对社会改革的重要作用。尽管他们仍然处于封建时代，但他们的思想已与传统的封建士大夫有很大的不同。康、梁等人以风俗作为突破口，欲借移风易俗来达到改革社会的政治目的。放足、剪辫、易服、办学校、兴女学、倡导自由民主等，维新派的努力虽然没有起到立竿见影的效果，但是，这颗种子却已植入民间，并且在悄悄生长。正是他们为接踵而来的革命派奠定了基础。当然，由于维新派的政治途径是改良式的，他们与封建社会还有千丝万缕的联系，这就决定了他们的改革是有局限的。封建制度是社会现代化过程中最大的阻碍。只有推翻封建朝廷才有可能真正实现现代化。继维新派而起的革命派就是以此为他们的政治目标。正因为如此，他们所倡导的移风易俗才具有划时代的意义。

近代的社会分层出现变化，主导社会的力量不再是官绅，而是知识分子，尤其是那些有进步思想的知识分子。“知识阶层在长达一个半世纪的岁月中独撑孤舟，不知疲倦地鼓吹和倡导社会变革，成为现代化的主要推进者，极大影响了中国现代化的基本面貌和最终结局。”① 清末，以同盟会会员为首的革命人士开始逐渐推行他们的社会改革理念，其中也包括风俗改革的内容。辛亥革命前后，革命派移风易俗的工作取得了很大成效，整个社会为之一变。民国成立以后，政府也曾致力于革除陋习、培养民众新的行为规范和道德观念。同上文一样，本节讨论的对象包括新式知识分子和当时的地方政府。

---

① 许纪霖、陈达凯：《中国现代化史》（第一卷），上海：上海三联书店 1995 年版，第 23 页。

一、对移风易俗的认识

“随同政治革命而来的，还有一个思想革命。旧的规章法律的约束力随着清王朝的崩溃而被抛弃在一边，结果，人们的心理状态几乎像政治一样混乱。中国的‘新思潮’号召的思想运动，批判昔日人们视为常规的所有事物。宗教、道德、家庭、社会关系、父母、兄弟、姐妹、朋友、师生、主仆等等，每一件事和每一个人都在争论之列。任何禁令不再被承认，风俗习惯和礼节仪式不得不为自己的存在提供法律依据，它们不会得到应有的尊重，除非它们能够迎接新的挑战。”① 革命人士强调的是革故鼎新、破旧立新。因此，对于旧时代的一切，包括社会制度、思想道德、生活习俗等，他们都主张屏弃。这种观点在辛亥革命以前广州的各种报纸上就表现了出来。革命人士移风易俗的要求主要有倡导新风、反对传统。这两个内容通常是结合在一起的。

先来关注知识分子对风俗的态度。辛亥革命前后，革命派的知识分子出于改造社会的目的，对社会风俗的改革非常热心。他们对充斥于社会各个角落的习俗都进行了一番破旧立新的分析。广州的志士们积极地指陈本地风俗的鄙陋之处，并出谋划策，以改变落后的社会面貌。反对乞巧的人认为，七夕节的盛行，反映了女子缺乏教育和自由的现状。由于女性没有婚姻自由权和学问自由权，因而受到重重束缚，不仅“刑其足”，而且“刑其心”。在这种感情希望都没有寄托的状况下，女性只能迷信鬼神以为慰藉。所以，要废除女子的迷信，必须要恢复女权、提倡女学。② 知识分子对神权、迷信的反对非常激烈。他们认为，在哲学和科学日益发达的情况下，更要反对神权惑众的现象，并且可以将佞神的耗费移作公益事业，对社会更有意义。还有人把矛头直接指向封建的“神道设教”。具有自由民主思想的知识分子积极倡导自由和革命之说，他们尖锐地批评了由父母主持、家庭专制的广州旧婚俗，并且指出，那些终身归宁不返的妇女就是

---

① 广州市地方志编纂委员会办公室等编译：《近代广州口岸经济社会概况——粤海关报告汇集》，广州：暨南大学出版社 1996 年版，第 992 页。

② 《游艺报》，乙巳年（1905）七月初七。

遭受了婚姻不自由之累。“若能还女子以自主之权，则婚事定少错怨，琴瑟在御，夫妇唱随。”① 但是，对于那些追求自由平等的女性，社会上又颇多非议。有一个时期，“自由女” 在广州竟成了贬义词。对于女茶馆的开设，不仅官府不容，而知识分子也认为容易滋生事端，应予以取缔。“西关宝贤坊，近有女茶室二间，一名富云楼，一名特别茶室。所有执役人等，均属女界，且皆装束趋时者，以至别有怀抱之男子，趋之若鹜，常有座满之患，晚间尤甚。但当女茶博士提壶开水时，左冲右突，其任意挨擦也，正与剧场中之卖物者同。而其招待则甚殷勤，从无稍忤客意。遇有逡巡门外不敢迳进者，彼必出而招之入座，且以先生称呼。”② 对此，作者认为警察厅应该干涉以维风化。这实际上还是反映了女性所受到的不平等待遇。男女授受不亲、男女有别等口号，是封建制度下男女不平等的最直接体现。民主平等就是要打破男女之间的界限。虽然这种思想在辛亥革命之前就已得到宣扬，但从实践来看，却远非如此。即便是革命派人士也仍旧老调重弹。例如：章太炎等人就对女子参政表示反对，并向孙中山施压，南京《临时政府公报》不得不将孙中山发表的关于女权问题的文件取消；宋教仁在起草国民党政纲时甚至删除了同盟会新纲领中“主张男女平权”的条款。这些矛盾也反映在时人的看法上：1912 年 8 月 14 日的《民生日报》上登载了一则消息，在广州举办的一个学界展览会上，主办方强调参观者不分男女，并对与会者的服饰有所要求：男性可以穿长衫、操衣和西装，但剃头者和剃半留半者不准进入。女性的衣服要雅洁，缠足者也不准入。很明显，这个规定的制定是符合当时的社会潮流的。次年，“顺德学界，于月之十二、三两日，假座大良之顺德中学校，开美术成绩展览恳亲会。连日游人如鲫，极形闹热。红男绿女，鬓影衣香，一般西装之少年与一般掘辮尾、高裤脚之自由雌，集沓其间，相识者则握手谈心，不相识者亦眉目传情，或有于此两日择婿者，其一种状态神情，难以形容。而所谓高尚之学校教员学生，亦追逐争香，遂至会所秩序错乱，喧哗叫嚣之声，振聋耳鼓。呜呼，人民之程度如此，教员学生之人格又如此。”③ 文章对这

① 《香港少年报》，丙午年（1906）九月十五日。

② 《民生日报》，1913 年 6 月 19 日。

③ 《民生日报》，1913 年 7 月 16 日。

种男女混杂的热闹情形颇有微词。把男女间的自由交往和互相欣赏，视为招摇之举，这样的态度不免显得有些迂阔和不合时宜。而对于那些穿着入时的青年，报纸上也时有抨击。例如：1912 年 12 月 23 日的《民生日报》上，有一则题为“警察何不干涉服妖”的消息：“二十晚八时许，有两女郎携一梳佣，在旧广府前某洋货店购物。一穿时庄，一头戴急帽，眼戴金丝眼镜，身揽要（西）式裙，足穿革履，上部男庄，下部女庄引动路人，围观如堵。该店以人多挤拥，推他出门，由是向东而去。无赖辈沿途追逐，如蜂蝶之随花，行不数武，有嘲笑之者，该梳佣谓人家打扮趋时，干你甚事。时有警兵怒目而来，各人始散去。”将头戴西帽、戴金丝眼镜、身着西裙、足穿革履的女郎称为“服妖”，呼吁警察干涉。所谓“上部男庄，下部女庄”，大概是指西装套裙。而另一则新闻，更将“穿着猩红袜裤，脚高不掩胫，后拖掘尾辫”的时髦打扮视为“私娼荡妇所为”，严禁女学生仿效。[①] 登载这条消息的《大公报》，其创办宗旨是：“开风气，牖民智，挹彼欧西学术，启我同胞聪明。”而《民生日报》，应该是由具有革命观念的知识分子创办的。这些新闻大概也反映出了媒体和部分知识精英的观念导向。服饰是衡量一个社会自由程度最好的标尺。前清官府以“整齐风俗”为由禁止服饰的洋化，其目的是为了维护封建统治。而进入民国以后，倡导自由的知识分子也对服饰进行干预。可见，无论是维新派还是革命派，他们所提倡的移风易俗也是有限的、不彻底的。与此不同的是，一些革命人士对一切旧事物都表示要推倒重来。他们甚至反对学生参加寿礼、丧礼等正常的传统习俗活动。辛亥革命期间，知识分子对移风易俗所作的贡献是多方面的。他们不仅大力宣传风俗改革，而且也身体力行作出表率。但是，也应该看到，革命派对移风易俗内容的认识还存在分歧。这种分歧的主要原因在于个人的认知水平不同。保守的人对社会的剧烈变化无法接受，如“乱花渐欲迷人眼”的服饰更新就使他们招架不住，失去了心理平衡。而激进的人则试图在最短的时间内颠覆旧世界，建立一个新秩序，但凡带上传统烙印的统统弃之不用。这两种对移风易俗的理解都很片面。当然，这也是社会转型时期所不可避免的。

辛亥革命以后，广州的地方政权更替频繁，社会情况更加复杂。这种

---

① 《大公报》，1913 年 6 月 15 日。

局面为讨论政府的政策带来了不便。为了便于论述，下面主要选择其中最有代表性的一段时期进行分析。1911 年 11 月，以革命党为主的广东军政府成立，1913 年 8 月解体。虽然只有短短的一年零八个月，但广东军政府的一系列措施却产生了很大的社会影响。更何况，军政府是由革命党人组成的，他们的观念也有一定的代表性。由于广东军政府的成立是辛亥革命的直接结果，因此，其政治措施也与孙中山领导的南京临时政府保持一致。可以说，广东军政府在广州的风俗改革是辛亥革命影响风俗的一个样本。从 1912 年 5 月到 1913 年 10 月，《民生日报》上登载了十多则关于文明结婚的报道。从民众的反应可以看出社会对这种新婚俗的接纳。而社会环境的宽松也表明了政府的立场。不啻如此，在军政府的努力下，城市卫生系统之类的设施已逐渐完善起来，这对改变市民的生活习俗有很大帮助。虽然放足、剪辫易服、改革称谓等行动在广州早已开展，但真正得到大众响应，还是在辛亥革命之后。针对广州的实际情况，广东军政府推出了一系列改革社会风俗的措施：废除祀典，禁演粤剧，“禁神诞、禁烧衣、禁打醮……禁卖阴骘文、禁学堂拜孔子”[①]，甚至禁止过阴历年和端午节龙舟竞渡等。毫无疑问，这些措施有的具有革新、进步的意义，但是有些却存在矫枉过正的问题。1913 年 1 月，广东警察厅发出布告，制止贺旧历年：“立国之初，首重正朔，今民国新历已颁，凡属国民，均应遵守。现在一月已过，本无复有新年，乃见街上贴有接写新年挥春等告白。此等行为，无非出于图利。深言之，即为反对民国，既为中华国民，何可自罹于法。且此等所为，显系导国民恢复旧历，实属有骇视听。又有其甚者，无知之徒，不难因此相率举行贺年之事。其时爆竹喧天，盗贼则从而劫掠，纵使呼喊警察，必无所闻，实于治安大有妨害。除通过严行制止外，用特开诚布告，我粤人开通最早，当不为若辈所惑也。特此通告。”[②] 过年行旧历还是新历，这本身对社会并无大碍。但是，政府采取行政手段，严禁使用旧历，这就不仅仅是风俗的事情了。不难看出，其中更多地带有政治色彩。政府试图通过新历的施行来获取民众对新政府的承认，移风易俗带有的政治性也就不言而喻了。在当时风云突变的政治背景下，这种方式是可

① 《时报》，1913 年 5 月 16 日。

② 《民生日报》，1913 年 1 月 23 日。

以理解的。“在处理自己的文化之时，他们也在所谓的‘良俗’和‘陋俗’之间，在中国文化范围内不同类型的传统之间作了政治性的区分。”[①]在这种情况下，革命派掌权后，出于管理和社会控制的需要，必然会对民众的行为有所限制。“阴历七月烧衣，为粤省陋习，既耗无谓之资财，复有火烛之危险。又其甚者，各街铺户，每于烧衣后抛掷铜钱，引动无数童男，沿路喧闹，争相抢夺，□行人则阻碍交通，在小儿则酿成抢掠之恶性根。他时至流为盗，亟应严行干涉，以除恶习。用特通告各区各分区，立即劝谕各铺户，倘能免行此烧衣一举，固属甚善。否则告知各段警长，转令各铺户不得于烧衣后抛掷铜钱，致召上开各弊，如铺户有不服干涉者，许即带区惩罚，庶于地方习惯，渐次改良，本厅有厚望焉。”[②] 七月半烧衣掷钱是广州人过中元节的传统内容。民众准备冥衣等物以拜祭祖先，拜毕焚烧冥衣等物。冥衣通常为纸制，也有一些人家用真的衣物。最后还要向街上撒铜钱，借金属之声以驱鬼。这种习俗带来的弊端是多方面的：浪费、易引发火灾和争抢伤人。从社会秩序的管理来讲，禁绝这种习俗是理所当然的。除此之外，清朝官府严禁的龙舟竞渡也成为军政府移风易俗的一个内容。“查旧历五月初五，省河一带，有等好事之徒，竞渡为戏，以至一般男妇，快睹争先，水陆为之阻塞，危险因而发生，甚至演成械斗。风俗野蛮，莫甚于此。去岁已因此严禁，现在时期将届，亟应重申禁令，以革陋习，除令区执行外，届时如在有此等行为，定即逮捕惩究。此布。”[③] 如果说这些措施都还可以理解的话，还有一些禁令就有些不可理喻了。1912 年，省参议院议制定礼仪，其中有不许男女握手或携手同行的条例。在民主革命取得胜利之后还出现这种论调，说明部分革命党人的思想观念依然很陈旧。当时的报纸就有专门的文章讽刺这项提议。其他如禁止女茶室、反对奇装异服等，都表明军政府对移风易俗的认识是有局限的，或者说是有选择性和目的性的。又如，在政府严禁祠庙的时候，得以幸免的只有孔庙。同时，政府与部分知识分子都极力宣扬祭祀孔子的圣诞。1912、1913 年举行的孔子诞辰礼节之盛更为多年所未见。在政府的鼓励

① 王铭铭：《灵验的“遗产”》，郭于华：《仪式与社会变迁》，北京：社会科学文献出版社 2000 年版，第 13 页。

② 《民生日报》，1912 年 8 月 24 日。

③ 《民生日报》，1913 年 5 月 29 日。

下，一些商民将迎神所需花费移祀圣诞。这种行为被认为是移风易俗的体现。[①] 同样是传统，孔子和民间信仰的待遇却是天壤之别。王铭铭认为，这是因为儒教属于被现代化的中国大传统，而民间信仰则是处于其对立面的小传统。[②] 作为大传统的代表，又掌握了国家机器，政府理所当然地具有了选择权和决定权，与一般知识分子的情况不一样。夺取政权以后，作为管理者，政府的首要任务是要建立社会的正常秩序，并在此过程中逐渐推行新的措施。当然，新的措施规范是与其社会控制相适应的。换言之，风俗的移易要符合政治和社会管理的需要。因此，一些违背民主革命初衷的条款，也堂而皇之地出现在新政府的纲领中，这应该不是简单的个人认识的问题。

二、移风易俗的目的和方法

同清政府一样，民主革命政府实施移风易俗也有其政治目的。所不同的是，由于两者所依附的制度不一样，他们的目的也有所区别：前者是为了维护封建的专制统治，而后者是为了建立一个资产阶级的民主共和国。概言之，革命人士力图通过移风易俗来达到的目的是：改良社会，推动民族进步，最终推翻封建制，实现民主共和。从社会发展的角度来看，革命派的最终目的是要推动社会的现代化发展。

无论是剪辫、放足，清洁、卫生，还是民主、自由，这一系列移风易俗的活动，都与社会变革有重大关系。经济、政治、教育等的现代化，为民情风俗的演变提供了必要的条件。社会变革与风俗演变是相辅相成的。因此，辛亥革命前后的移风易俗活动也是实现社会现代化的重要步骤。它为后期新文化运动时期更大规模的风俗改革奠定了坚实的基础。

改革风俗所采用的方法直接影响到其实施效果。有时候，即便出发点是好的，由于方法不当，也会适得其反。综观当时广州的情况，得到这么一个印象：知识分子主要以报纸作为宣传移风易俗的渠道。除此之外，还

---

① 《佛山忠义乡志》（祠祀二），广东中山图书馆藏本。

② 王铭铭：《灵验的“遗产”》，郭于华：《仪式与社会变迁》，北京：社会科学文献出版社 2000 年版，第 14 页。

利用创办阅报社、演讲、改良戏剧等来进行推广。清末民初广州的很多报纸都是由革命派主办的，他们以此为阵地，抨击陋俗，倡导文明新风。“地方报纸是促进一个国家的社会和政治生活变革的最有力因素。”在20世纪初的广州，呼吁剪辫放足的文章屡屡见报。在1905年的反美拒约活动期间，报刊上的相关报道更是铺天盖地，甚至还有专门的拒约报和拒约画报问世。民国初年，广州报纸的种类和数量都激增，外国人感叹道：“广州人似乎都变成了报纸的勤奋阅读者。”① 报纸成了民众的航标，而报纸的发行量也成了民心向背的参数。在近代广州的风俗改革中，报纸的作用和影响都是无法取代的。阅报社的目的就是要扩充民众的知识，它在移风易俗中也起了很大作用：“城西旋源桥附近有志士潘某等，深知公益，拟邀会同志各捐小资，专事收罗女学显浅书报及新理诗歌讴曲，一切开化女界之作，编成书后，雇夫挑往省乡，借给闺阁中人阅看，三日一换，不取分文，俾灌益女流，以间接于儿童云。”② “卖麻街设阅书报处，购备各种新书报，任人进观，不取分毫。”③ 因此，在破除神权、迷信的时候，志士们热衷于将庙宇改为阅报社，其用意是很明显的。演讲也是革命志士最常用的手段。街头往往成了一个开放的民间政治场所。志士们还有意选择海幢寺、金花庙等民众集中的地方，作为宣讲的舞台。无论是抵制洋货还是号召移风易俗，演讲都成了必不可少的内容。知识分子尤其善于把握机会，在每个可以为他们所用的场合不失时机地进行演讲宣传。例如：在渡船上演说，鼓动众人剪辫。不仅如此，各种庆典也成了革命志士的“革命仪式”。在上文述及的文明结婚仪式中，大多会有演讲这个环节，以宣扬自由平等的婚姻精神，呼吁婚俗改革。戏剧是广州民众喜闻乐见的一种娱乐方式。正是由于它的普及性和大众性，才成为知识分子所利用的武器。在改良戏剧方面，兴中会成员、新会人陈少白作出了很大贡献。光绪二十九年（1903），他与程子仪、李纪堂等创办天演公司，开办彩南歌戏班，排演《文天祥殉国》、《六国朝宗》、《儿女英雄》等新戏，宣传民族民主革命思想。而振天声剧社的成就也是颇为显著的。光绪三十四年（1908），

---

① 广州市地方志编纂委员会办公室等编译：《近代广州口岸经济社会概况——粤海关报告汇集》，广州：暨南大学出版社1996年版，第1056页。

② 《广东日报》，乙巳年（1905）五月一日。

③ 《东方报》，丙午年（1906）八月廿二日。

为了宣传革命，革命党人陈铁军等人在广州荔枝湾彭园创办了振天声剧社。其后，在广州、香港还建立了10多个“志士班”剧社。同年，慈禧和光绪帝病亡，清廷借口“国丧”下令停演粤剧，艺人被迫流散南洋，振天声剧社积极为革命义演募捐，在新加坡“晚晴园”受到孙中山接见，并全体加入同盟会。1910年，振天声在广州演出新剧《自由花》，引起各种评论。《南越报》上有一篇题为“移风易俗之新剧”的文章颇有见地。作者认为新剧没有“唱口”和“弦索”，不适合普通民众的需求。剧本要达到移风易俗的目的，应该注重下流社会的民众。不过，他对振天声的这种行为却是非常支持的：“况夫民智初开，新旧过渡之时代，人皆好新，特患其不能尽新耳。使能持以毅力，则始而间有旧物厌其新，继而所谓新者，亦逐渐迎合社会之眼光，而有共大之趋势，则潜移默化之能力，自能收夫最后之效果。而尤以移风易俗之新剧，为更甚也。毋因风气未开毁誉参半者，而灰其心也。”[①] 可见作者对这种方式是认同的。知识分子采取的这些方法都是比较温和的，动之以情，晓之以理。从民众的角度来说，应该也比较容易接受。1912年12月6日，《民生日报》上刊登了题为“演说队排演白话戏”的消息：“广仁善堂演说队何耀廷等，现到佛山万善堂拍演白话新戏，观者人山人海。其中有毁家纾难、排俄热、铁禅助饷、救国等剧，为最堪动人云。”从文章可以看出：第一，知识分子采用了白话新戏的方式，将民众熟悉的方言和改良的新剧巧妙结合起来。第二，戏剧反映的是时政、保家卫国等现实内容，借以唤起民众的社会责任感和爱国情绪。第三，演出获得了民众的认同。知识分子为移风易俗，发起民心所做的努力还是卓有成效的。

相较之下，政府则更多地动用行政手段，通过国家机器来推行改革。警察厅是广州政府移风易俗最强有力的实施机构。与此相适应，有关部门还组织了宣讲员，专门宣传风俗改革。“每届七夕，无知妇女，犹沿奇巧陋俗，甚有学校女生，亦腼颜为者。欲革此习，非学校教育，与社会教育并进，其道末由。虽然，教育普及，非旦夕可期，治标之法，莫如干涉售卖七夕物品之店铺。近数日来，此种店铺，渐渐发现矣。城市之地，警察林立，若严加取缔，谅不为苛也。吾言及此，吾望警察厅之执行，吾尤望

① 《南越报》，庚戌年（1910）二月十一日。

宣讲员之注意。”① “七月半烧衣，习惯成风，虽经警厅取缔，然普通店户，仍多行之，近数日烧衣尤多，小童熙攘道中，如店户不掷钱果等物，则喧哗詈骂，持泥石乱抛。昨旧抚台前某户，因烧衣为小孩掷石伤头部，血流如涌。彼无知愚人，迷信邀福，掷伤头部，固无足惜，惟此等凶顽小童，非由警察实行惩戒一二，适足以养成其贼性也。”② 诸如此类的文字屡见报端。翻开当时的报纸，凡是涉及移风易俗的，大多会出现警察的身影。政府实施行政命令本不足为奇，但是，用高压的手段强制人民改变习俗，这种方法必然会引起民间的反感。冰冻三尺，非一日之寒。风俗习惯的形成也是如此。自然，要破除这些习俗也并非一日之功。更何况，习俗不是简单的个体行为，而是群众长期积淀的一种文化心态。仅仅从外部的行为来进行改革，是治标不治本的做法。政府的强权行为也不能真正起到移风易俗的作用。

第三节 民众对移风易俗的调适

由于政府权力的衰退，晚清官府对风俗采取控制措施的效果并不好。无论是淫祀、迎神赛会，还是新的礼俗，都是禁不胜禁。一方面说明民间习俗有顽强的生命力；另一方面，也体现出清末地方政权的没落。清朝末年，广州官府处在两重压力之中。从外部环境来说，中国社会的动荡不安加剧了他们管理的困难。从内部来看，盗贼日益猖獗也使他们的权威性受到质疑。尽管官府仍然可以得到士绅的支持，但是，官绅的联盟正在失去效用。在省城广州及其周边地区，官绅已无法维持清朝的统治秩序，原有的社会系统逐渐失去作用。③ 政府职能部门的作用趋于真空状态，无形中扩大了民间习俗的生存空间。因此，面对官府的禁令，广州民众我行我素，香照烧，神照拜，迎神赛会一如既往，甚至有过之而无不及。以1897

① 《民生日报》，1912年8月13日。

② 《民生日报》，1912年8月28日。

③ 邱捷：《清末民初地方政府与社会控制》，《辛亥革命与二十世纪的中国》，北京：中央文献出版社2002年版，第1265页。

年的医灵诞为例，踵事增华，令人叹为观止。主办者事先将有关事项公布在庙外，任人认捐。出会景当日，有顶马一百多匹，抬阁四十余架，锣鼓四副，罗伞八顶，彩亭不计其数。[①] 足见众人参与的积极性。而在神像所经的街道上，有钱人家在门外搭台，以方便妇女观看。这种状况使得官方的禁令形同虚设。又如，按照清政府的规定，妇女不能随意入庙烧香。广州官府也发布了相关的禁令，但是，实际情况却与此大相径庭。1905 年的广州天后诞，妇女仍然成群结队前往各庙烧香拜神，让有关人士也无可奈何："妇女入庙烧香，向垂例禁，然禁者自禁，烧者自烧，使非严厉干涉之政策，恐示谕徒成具文耳。"[②] 诸如此类的报道比比皆是。其他禁令的遭遇也大抵如此。因此，晚清广州官绅所进行的风俗改革并没有产生大的社会影响。

与此不同的是，清末民初的知识精英们所提倡的移风易俗，对社会的改变日益明显。而广州民众在这场改革运动中做出了两种反应：适应和反对。

一、对改革的适应

风俗的变异不会是无缘无故的，有的是内力的作用，有的是外力的作用。当一种习俗不能适应社会的发展时，它本身会做出自我调适，从而引起自发渐进的变化。这是内力的作用。而外力则是人为的。人们通过移风易俗来对习俗进行改造，使其能够符合当时的社会环境。近代广州的风俗变异主要是通过移风易俗的作用来完成的。

从广府文化的形成与特点可以看出，广州人是善于容纳和富有创造性的。地域优势使他们能够得风气之先，进而开风气之先。在近代移风易俗的过程中，广州人体现出他们的这种先导作用。剪辫、易服、放足等新风俗的实践，最初都是在以广州为主的城市进行的。不仅如此，这些活动在广州的普及程度也相对较高。辛亥革命之前，剪辫在广州已经不是新鲜事，而革命之后剪辫的速度更是惊人，仅在光复日一天之内就有 20 多万人

---

① 《申报》，1897 年 5 月 6 日。

② 《广东日报》，乙巳年（1905）三月廿一日。

剃除发辫。这说明民众蓄势待发，证明他们的观念早已发生了变化。相对而言，实行文明结婚的人没那么普遍，但也不只是极少数特殊人群的特别行动。举行新式婚礼、具有自由结婚观念的大有人在。这些人，有的是知识分子，有的是商人，有的是乡中望族，也有的是普通民众。有一个时期，广州西关经常出现女子失踪的事件。她们大都是为了追求婚姻自由而离家出走的。广州更是中国近代民主革命的发源地。通常习惯于远离政治的民众，开始积极投身到保家卫国的活动中，并以此作为自身价值的体现。在几次拒绝洋货的爱国运动中，广州人都扮演了重要角色。最重要的是，这种行动几乎是全民的。这些在第三章里都有比较详细的说明。

从郑观应到康有为，从梁启超到孙中山，这一个个名字照亮了近代中国的天空。就是这些广州人掀起了一场又一场社会改革的风潮，并不断彰显出广州人的创新意识和爱国精神。在他们的影响和感召下，广州和广州人才走在了时代的前沿。广州民众对社会改革的态度，有主动支持的，也有被动接受的。无论如何，他们总是在积极适应社会和时代，并为其他地方提供了借鉴的模式和经验。从整个近代的情况来看，广州人对改革的适应速度较快，而且没有很大的城乡差别。这也是广州的优势所在。

二、对传统的坚持

广州人在面对移风易俗时具有两面性：一方面，广州人有创新的传统，因此，相对地比较易于接受新风尚，如剪辫、放足等。另一方面，广州的传统习俗也有根深蒂固的特点，主要表现在信仰和岁时方面。

同光时期的文人汪瑔有一首《重五日有感诗》并序：“广州往岁竞渡颇极游观之盛，比者乡三老一时事有殊，自为禁约，江上遂无一艘。客以告余，慨然赋此诗曰：珠江江上鸣鼍鼓，岁岁南人作端午。纷纷江草杂江花，嬉戏珠儿与珠女。船旗五色各乘潮，沙岸千人不知暑。为酬节物盛游观，更乐升平竞歌舞。今来缘底忽寂寥，黄帽少年意消沮。如闻人事近艰棘，欲遣民风归朴鲁。祷祈碧海静回澜，挥斥白衣罢摇橹。儿童好事兴犹剧，父老忧时心独苦。我时晏坐慵不出，照眼榴花惊节序。清游颇忆道光中，画舫珠帘数容与。流光一去不复近，胜事百年能几睹。况今弓箭结乡社，是处楼船暗江浦。闾阎旧俗多变迁，似此区区何足数。客夸越甲士六千，我读楚骚编廿五。衰年感慨亦无聊，且可闭门餐角黍。”[①] 汪瑔曾常年在广东各地担任官府幕僚，但是，他不仅哀叹时局，也对禁止龙舟竞渡颇感愤懑。文人尚且如此，民众的心情就更加可以理解了。

民国成立之初，革命政府对传统的一概否定也引起了民众的反感。这从他们的行动上可略知一二。广东军政府禁止百姓庆祝端午节，也不许举行龙舟竞渡的活动。但是，习俗的影响不是一纸禁令就能解决的。广州各界遵循旧例，用传统的方式来过节。1913 年 6 月 10 日是传统佳节端午节。由于政府的禁止，从上一年开始，这个节日变得有些不寻常。节前一天出现了一场纷争："粤俗工商各界，对于时节，多数休业者只新年与端午，余照常操作，则其重视之处，已可想见。省中机纺西家，昨闻某某东主，倡言是日不休业，即群起反对稍要将他抵制。"[②] 习俗对社会的控制作用可见一斑。节日当天的情况也是纷繁复杂。除了邮政海关按照老规矩放假之外，其他的政府部门照常办公。学校的学生不准请假。水陆警察一齐出动巡查，不许在珠江举行龙舟竞渡。而工商界经过前一天的讨论达成一致，大多照旧休业。虽然缺少了龙舟赛，但市民欢度节日的热情却没有降低。有的乘舟游河，有的联朋聚饮。长堤一带游人如织。而珠江两旁的酒楼茶室更是其门如市。还有人干脆到郊区去观赏龙舟竞渡，使得高塘一带的赛事异常闹热，为以往所罕见。最后，媒体也只能用"破铁城易，除习俗难"作为结论。很显然，民众用坚持传统的行动，来表示他们对禁令的反对。

民国元年（1912），广东咨议局发布公告，以每年阳历的 4 月 27 日为广东倡议纪念日，11 月 9 日为广东独立纪念日。但是，民众对这些新的节日并没有太大兴趣。在提倡新历年及节日的同时，广东军政府禁止民众过旧历年。以强硬著称、被称为"杀人魔王"的警察厅厅长陈景华，对民间沿用旧历的行为进行严厉惩处。一时间，怨声载道。1912 年和 1913 年的广州旧历年都显得比较冷清。但是，这并不代表老百姓真的抛弃了传统。农历 1912 年的年关将至，广州的老百姓一如既往，按照长期的习惯，仍然在准备过春节的物品。以广三铁路为例，为了方便过节群众，特于除夕日

① 《民国番禺县续志残稿》，广东中山图书馆藏本。

② 《民生日报》，1913 年 6 月 9 日、11 日。

增加车次，让支持新历者不得不发出“习俗骤变之难”的感慨。[①] 1913 年 8 月，军政府倒台之后，龙济光成为新政府首脑。作为袁世凯在广东的代言人，龙济光所领导的政府是属于守旧派的，他属下很多官员都是前朝旧臣。他们的政策与前任截然相反。旧历新年重新热闹起来：“家家爆竹，户户桃符，大小商场一律休业数天，熙来攘往，遇人即相庆祝，皆说吉祥佳话，居然尽复旧观矣。政界自行政公署以及各局所，凡办公人员皆停止办公三天，表面上虽不庆祝，然员司往来仍互相贺岁也。惟学界则因教育司长先期颁发通告，禁止学生告假，故是日仍照常上课。至二十七日，始由省长传知，奉总统命令，阳历元旦作为春节，放假一天，遂于二十八号补行放假。故学界中人多议政界中之人办事颟顸。政界则自行休业，学界则不准休业，过于不近人情云。”[②] 撇开政治层面的意义不说，这件事的结论只有一个：民众坚持传统岁时节日。

广州民间信仰的牢固也让革命派感到无可奈何。庙可以被砸，香可以不烧，但是，心灵上的追求却无法用武力或者权力消除。说是愚昧也好，说是迷信也罢，终究，这就是民众的选择。政府以政治为目的，利用权力对习俗进行筛选；而民众则是根据需要进行抉择。辫子遗留了民族创伤，小脚带来肉体的残损，旧婚俗代表铺张浪费和女性的不幸，等等，这些习俗都背离了民众的正常需要。更何况，广州人是务实的。这是他们最为人所津津乐道的特质之一。一般的广州百姓并不会奢谈诸如主义、思想、精神这类话题。他们纯粹是从现实出发，然后决定做什么或不做什么。当外敌入侵时，家园受到威胁，他们自然而然就拿起了抗争的武器。当国家、民族有难时，爱国又成了理所当然的事情。从知识分子到苦力，无论男女老幼，他们都以行动来尽自己的责任。因此，一旦这些方面实行改革，不管是主动抑或被动，民众终归会逐渐适应的。相反，那些于大众生活并无大碍（起码他们自己没有察觉）的习俗，他们也不会轻易放弃，因为他们乐在其中。民间信仰被革命派视为封建迷信而加以大肆批驳和禁止，可百姓却从中得到心灵慰藉，这就是他们的需要。而旧历的岁时节日更是民众娱乐和休养生息的时机，他们没有理由自动放弃。所以，正如政府的改革

---

① 《民生日报》，1913 年 1 月 27 日。

② 《申报》，1914 年 2 月 5 日。

有目的性和选择性一样，民众对传统的坚持也有自己的目的和选择。对移风易俗是支持还是反对，民众的需要决定了他们的态度。

小 结

清政府所进行的风俗改革，由于其制度的落后，因而缺乏先进的因素。以推动社会发展为宗旨的革命派，他们的出发点可能是好的，但有时候却适得其反。从革命人士以及他们的政权在移风易俗中的行为及效果来分析，有两个方面是需要检讨的。一是观念的问题。对移风易俗的认识，当时有两种主要的看法。一种比较激进，认为所有的传统都是落后的，因而要大刀阔斧地加以铲除，并且主张以“洋为中用”的方式来改造社会的落后面貌。还有一种则是比较保守的。由于部分革命者仍然受到一些传统偏见的影响，他们对风俗变革的认识很片面。在大力提倡剪辫、放足的同时，他们还在坚持男尊女卑的封建习俗。事实表明，这两种观念都是行不通的。在这个问题上，孙中山的认识比较科学。他建议向欧洲文明开放，但又不是全盘西化，而是以此作为比较的对象。即所谓的知己知彼，百战不殆。他并不主张完全否定传统。因此，在历法的使用上，他制定了新旧历同时使用的条例，这种习惯一直延续至今。二是方法的问题。要完成移风易俗的任务，单纯用“自上而下”的行政命令是难以达到目的的，应该从民众的切身利益出发，进行有理有节的疏通和引导，改革要顺应民情。1914 年年底，广东警察厅为了防范革命党人偷运军火入城，设稽查员搜查往来行李。但有一特殊规定，对结婚之花轿可以通融，理由是：“粤省女子出阁例以花轿送往。既经上轿起行，非到男家并无落轿之理。若因其入城而概令下轿，施以普通之查检，既与地方习惯相背。且婚姻为人生大典，忽遭留难，尤非所以。”为了防止浑水摸鱼，规定有婚嫁的人家必须到有关部门登记，在有人担保的情况下，到警察厅领取护照，然后花轿可以免查。[①] 这件事虽然并不涉及移风易俗，但是，这种对待传统习俗的处理方法却是可资借鉴的。又如上面提到的新旧历，因为照顾到了民众的心理，所以很容易被接纳。

---

① 《申报》，1914 年 12 月 7 日。

政府对端午竞渡的反对，部分是出于管理的原因。实际上，民间对习俗也会进行制约和管理。传统习俗中必然有沉滓浮渣，随着社会的进步，这些落后的成分必然会遭到淘汰。但是，绝非所有的传统都是落后的。传统习俗的生命力取决于它是否能够适应社会的发展。习俗有调试功能，它可以自己做出内部的调整，以适应外界的变化。端午节“白须老龙”的出现，就是这种自我调适的结果。对于龙舟比赛中的暴力带来的弊端，政府虽禁而不止，民众对这些问题也不可能视而不见。于是，他们在习俗中增加新的内容来对众人有所约束。这就体现了民俗特有的规范作用。所以，在移风易俗的过程中，要善于发现习俗的这种功能和作用，并充分利用起来，才能达到目的。这也体现出了社会控制与民俗控制的不同功能。[①] 通过社会制度功能来对民众进行约束的方式，在处理一部分问题时可能更有效。但是，由于它是强制性的外力作用，因此也很容易产生负面影响。尤其是在进行习俗改革的时候，强制可能引起群众的抵抗。而民俗控制所起的是内力作用。在传统的影响下，让民俗自然而然地遵循有关的约定，这样，民众无论在行动上还是心理上都有一种认同感，就不会轻易做出违规的举动了。所以，在实施移风易俗的过程中，要适当地利用民俗的控制功能，不要一味以国家权力进行粗暴干涉，否则只会适得其反。

① 乌丙安：《民俗学原理》，沈阳：辽宁教育出版社2001年版。

第六章

当代田野的回响

时至今日，在经历了长时间与外来文化的接触后，更多人逐渐回归传统，重新审视传统文化中的有利因素。传统习俗的复兴与此不无关系。在广州，很多习俗在经过长时间的沉寂之后，再次热热闹闹地登场亮相，并且赢得了满堂喝彩，诸如赛龙舟、狮子会、摆七夕等等。但是，这些习俗并不是历史的翻版，它们必然受到社会变迁的影响。传统和现代的碰撞、融合仍然在继续。在广州形形色色的传统习俗中，生菜会别具特色。不仅如此，当代生菜会的几种不同面貌还呈现出了新旧结合的特点，因此很具有代表性。本章将重点剖析这一事象。

第一节　近代史上的生菜会

先来看一则登载在 1910 年的报刊上的谐文，题为“戏拟观音请罗汉赴生菜会启”：

每值桃夭令节，花信芳辰，开生菜会于官窑，演梨园于神庙。痴男怨女，几多低首慈云，寡妇鳏夫，不少沾恩法雨，争先恐后，大都求子之人。攘往熙来，俱想发财之辈。如入山阴道上，应接几穷。似游锦丛中，行观不厌。今者元宵已过，良会欣逢，金马玉龙，贺诞之铺张已备。瑞狮喜鹊，迎祥之景色俱全。紫洞艇鱼贯其来，河边泊满。青衣轿蝉联而至，路上奔腾。十色五光，龙殿与醮棚高搭。四方八面，鳌灯共纸扎纷排。演唱梨园，班皆第一。铺陈花塔，品列无双。①

文中众人趋之若鹜且热闹非凡的活动就是生菜会。生菜会是最具广州地方特色的习俗之一。除了广州地区，其他地方都没有这种习俗。广州地区举行过生菜会的地方很多，但凡有观音庙，就有举办的可能，如番禺、芳村、越秀山、黄岐、桂洲等地。上文提到生菜会的起源时间大概是在明末清初。广州人很早就有迎春日吃生菜的习俗，生菜与“生子”谐音。而

① 《南越报》，庚戌年（1910）正月廿三日。

观音的职责之一就是生殖。观音诞又正逢正月初八。生菜与观音逐渐结合在一起。“每逢佛诞，必有善男信女作生菜之会。”[①] 生菜会也因此而形成。同治《南海县志》（卷五）记载：“观音庙，在（金利司）麻奢堡官窑墟。岁正月二十五日，村人夫妇多诣赛神，礼毕登凤山小饮、啖生菜，名生菜会。是岁多叶梦熊之喜。”据此可知，在19世纪中期已出现固定的“生菜会”活动。活动内容为祈神和吃生菜，目的是为了求得子嗣。从文献记载来看，生菜会在清末民初最为盛行。

以下从地点、时间、举办者、民俗活动、功能等几个方面来分析近代生菜会的情况。

地点。虽然举办生菜会的地点不止一个，但近代史上较为有名的举办地是南海官窑。在笔者收集到的材料中，标明在官窑举行的生菜会有10则：同治年间和宣统年间的《南海县志》2则；《申报》5则，时间从1892年到1901年；《时事画报》1则，时间为1909年；《南越报》2则，分别是1910年和1915年。

时间。近代史上的生菜会活动时间不是很统一，但相差不远，有正月二十三、二十五、二十六几个不同时间。据《申报》记载，1899年的官窑生菜会从正月二十开始，直到二十六方告结束。[②]

举办者。生菜会是民众自发举办的，没有固定的组织者，其行为带有分散性和随意性。

民俗活动。同治年间的生菜会还比较简单，活动主要是祀神和吃生菜。随着民众需求的变化，生菜会的活动也渐渐丰富起来。到清代末年，活动内容主要有烧头炷香、吃生菜饭（也叫生菜包）、搭台唱戏、观音开库、摸螺摸蚬等。有关内容，在宣统《南海县志》（卷四）中有比较详细的记录：“金利司官窑乡有白衣观音庙，前临河，后依冈。俗传正月二十六日为观音借库之期，故该庙每年以是日开库。庙前雇梨园一部，灯火连宵，笙歌达旦。前后数日，远近到庙祈祷者络绎不绝。士女云集，画舫塞河。祷毕，藉藁坐地，以蚬肉拚饭，生菜作包食之云。取生子之兆。故人多挈眷往祷。迩来小轮日盛，往返五六次，仍异常挤拥。游人之多，可与

---

① 《申报》，1894年3月27日。

② 《申报》，1899年3月23日。

悦城龙母诞、波罗之南海诞鼎足而三。粤人迷信鬼神，于此亦可见一斑矣。”

对生菜会的报导也屡屡见诸报端：

南海县属有地名官窑者，距城四五十里，每年自正月二十日起，至二十六日止，好事者以为生菜会，是处有观音寺一所，庙貌虽不甚宽宏，而香火极盛，附近民人之演剧酬神者，马龙车水，络绎如梭，劳民伤财，亦地方之陋俗也。(《申报》，1899 年 2 月 12 日)

南海县境官窑地方有观音寺，焉平进香火甚为寂寞，惟每年正月二十六日，寺中设有生菜会，善男信女之烧香礼佛者络绎于途。（《申报》，1901 年 2 月 7 日)

功能。生菜会的民俗功能也从初期的求子发展到了祷雨祈晴、乞药求子、借钱求财等。其中，向观音借库以求财运亨通与求子成为生菜会的两大主题和功能。生菜既是“生子”，又是“生财”。

以下是对近代生菜会两个主要内容的分析。这为后文探讨生菜会的变迁提供了参照。

观音送子。官窑观音庙的面积并不大，里面供奉的是身披白衣、手抱婴儿的白衣观音，俗称送子观音。每到生菜会，士女云集，来往信众络绎不绝，平时冷清的庙宇香火极旺，庙宇顿时显得异常逼仄。为了缓解拥挤的状况，当地民众特地在庙前修建了一个凉亭作为跪拜之所。亭柱上悬挂着一副长联。上联为：合掌问前因，十方世界随缘至；下联是：低头罗下拜，一朵善云送子来。善男信女们为求得子嗣诚心膜拜。得偿所愿的人还会请戏班前来酬神。[1] 与求子相关的还有摸螺摸蚬的习俗。在笔者所掌握的文献材料中，较早提及这种习俗的是 1929 年发表的一篇文章。文中说，在生菜会上，会有一些专设的水池，池中放有螺和蚬。妇女于水中摸到螺则生儿子，是蚬则生女儿。作者进一步认为，这种迷信可能起源于唐代。唐文宗喜欢吃蚝，有一天偶然发现一个巨蚝，接着在蚝中得到一尊观音像，于是文宗开始诚心向佛，而对观音的崇拜也从此兴盛。既然观音可以

① 《申报》，1894 年 3 月 27 日。

在蚝中，那么自然也可在螺中。而观音主生殖，因此，得螺即得观音，也就可以得子了。[①] 至于生菜会中何时加入了这个内容则不得而知。撇开唐文宗的故事不说，螺蚬之所以出现在生菜会中有其他原因。宣统《南海县志》提到生菜包中有蚬肉。因为病人吃了蚬肉容易发病，故取其“生发”之意，此其一。其二，中国人讲究以形补形。螺和蚬的外观与人的生殖器官形似，因此衍生出这种讲求征兆的观念。

观音开库，也叫观音借库。传说每年的正月二十五日和二十六日交际之间的子时至亥时，是观音打开金库赈济百姓的时机。此时如果能向观音许愿借库，当年必会财运亨通。“频占利市入新年，稽首慈云借库钱。他日归还随尔便，福田先广种心田。”（省城内粤秀山上立庙，奉祀观音大士，因呼为观音山。每岁正月观音开库，如往借钱数文以归，则必出纳赢余，来年须什百倍还库。原系庙祝谰言，偶有应验，遂为所感，相习成风，殊觉可哂。）（陈坤）[②] “观音山有观音庙，正月二十六日，有大士开库之说，迷信妇女，是日咸往借宝。次年酬还。”[③] 从这些记载可以得知，原本观音开库的活动并不限于官窑，在其他地方也很盛行。其后却逐渐以官窑作为主要举办地：“旧历正月二十六日，为本神开库之期，都人士女，向例于是日联群逐队，或附小轮船，或雇紫洞艇，望官窑而戾止。诣神庙而参拜，莫不争头柱而上香，问灵签而修纸，本神环顾座中，人丛杂遝。不图当此神权衰落之时期，犹有此善男信女，相奔走趋跄，为本神保存元宝蜡烛之利权，使永永勿替。”[④] 这是一篇戏文。作者对民众参与观音开库活动不无嘲讽。可是，这也正好说明当时此类活动的盛况。

最初，观音开库的习俗与生菜会并无直接关系，后来逐渐融合。所谓借钱，就是拿走供奉观音的冥币几枚。当然，既然是借，就要完成一定的程序。前人如何借库，因为没有确凿材料不敢妄加揣测。

围绕着生子和生财两个目的，近代广州人的创造力和想象力在生菜会中得到了最好的展示。他们将普通的事物神圣化以达到世俗的目的。这个转化过程显得相当有趣。

---

① 李圣华：《观世音菩萨之研究》，《民俗》1929年第78期，第20页。

② 雷梦水：《中华竹枝词》（四），北京：北京古籍出版社1997年版，第2801页。

③ 且寄庐主人：《粤游闻见录》，《民生日报》，1913年9月24日。

④ 《南越报》，1915年3月11日。

在近代，生菜会是广州民间的三个盛会之一，影响很大。从当时官窑的情形来看，其规模不大，但人数众多。由此而带来的经济利益和治安因素也成为一个焦点。既然名为“生菜会”，自然是以生菜作为主角。活动期间，生菜是最行销的商品。有的人事先准备了生菜，也有的人刚好相反，在会后购买生菜回家。尽管此时的生菜肯定比平日贵，但游人也不以为意。可想而知，菜农必定从中获利。赚得盆满钵满的还有当地的餐饮业。观音庙周围临时搭建的店铺可以说是鳞次栉比，大多数都是提供饮食服务的。当然，饭食中必不可少的还是生菜。人们或者吃生菜，或者用生菜包饭做成生菜包（生菜包更有可能是商业的产物）。在整个活动中，民众和商人各得其所：“生菜，本名莴苣。粤人因其菜可生食，故以名之。每届新岁，居民互相赠答，盖取生发之意。不意今更有以为会者。南海县属之云圩，有观音庙焉，中奉神像，被以白衣，手抱婴儿，俗谓之送子观音。土人以元月二十六日祝神灵诞，不知何故谓为生菜会。男、妇祈嗣者麇集该庙，虔爇办香。庙前饭馆、酒馆鳞次栉比，以备游人饮食。唯是日肴馔中虽水陆并陈，必以生菜为主，以至老圃皆利市三倍。虽价值稍昂，人亦不靳。有市以赴会者，烟苗露甲，嚼齿生香。有会后市归以取生机者，嫩绿柔青，盈筐满箧，亦一时佳话也。故志之。”①

然而，反对生菜会的声音也此起彼伏。清末，反对声来自官府。当时的地方政府多次对生菜会进行禁止。原因有二：一则因为生菜会属于淫祀，自然在取缔之列；二则由于这类活动人群密集，容易发生祸患。在1894年的官窑生菜会期间，某晚正在演戏之时，一个小贩的油灯爆裂，有不法之徒乘机扬言失火，引起观众骚乱，互相践踏，造成惨剧。② 1909年，也是在官窑生菜会上，神柜底失火引起火灾，观音庙被焚，连同庙前的亭子和周围临时搭设的蓬厂，一共烧掉十一间房屋。三江司巡检向上禀报，南海县令于是下令永禁生菜会。③ 对于管理者而言，这类活动越是热闹，危险也就越大。从社会管理的角度来说，这种担忧是不无道理的。但是，从实际情况来看，当时的生菜会禁而不止。到民国初年，反对生菜会的主

---

① 《点石斋画报》（亥集），1884年5月18日创刊，第43页。

② 《申报》，1894年3月27日。

③ 《时事画报》1909年第3期。

要是知识阶层。理由很简单：打倒神权。广东军政府以雷厉风行的手段对民间习俗进行打击。然而，随着军政府的退出，生菜会又重新红红火火地开展起来。这又说明，无论是封建官府还是革命政府，简单粗暴地进行强制禁止的方法都是行不通的。

以上分析说明，尽管一直受到大传统的反对，但是，近代的生菜会仍然十分盛行。唱戏演剧等活动增添了活动的娱乐色彩，各种贸易也增强了生菜会的商业气氛，但是，近代生菜会的主要功能还是宗教性质的。禁止的后果是，不仅影响了部分小生意人的生计，还严重伤害了民众的感情。再者，在当时民智初开的社会环境下，要求普通民众突然放弃信仰废除迷信，是不可能的。直到20世纪30年代，生菜会依然在民间大行其道："郊外各乡村都得举行。大家在郊外席地大吃生菜，非常热闹。唱八音，演戏的亦有。据说，这样做了，年成必好，故盛装的男女也纷纷去参加。"①

第二节　当代的生菜会

"文革"期间，和其他很多传统文化的命运一样，生菜会被停办。20世纪七八十年代开始有复苏迹象。到90年代，广州等地的生菜会陆续升温。近年来，生菜会又回复了往日的热闹景象。但是，时移事易，社会的转变也在改变着生菜会。

一、三处有名的生菜会

目前，比较有影响的生菜会主要有三处：番禺沙坑、南海官窑、芳村坑口。这三处生菜会的内容都不尽相同、各有千秋。

（一）番禺沙坑的生菜会

沙坑村原本位于南海大沥和罗村镇交界之处。1953年，这个村的土地因为修建新机场被征用。因此，大部分村民都迁移到了顺德和番禺。迁到

---

① 清水：《旧历新年广州人的风俗》，《歌谣》1937年第37期。

番禺的村民把他们迁居的地方也叫做“沙坑村”。这就是今天的番禺沙坑村。（出于同样的原因，南海、顺德也有沙坑村。）

2004 年沙坑第九届生菜盛会于 1 月 29 日（正月初八）在番禺沙湾镇沙坑村举行。笔者也有幸参加了这次活动。这次生菜会主要有两个内容：周氏家族的联谊活动、龙狮技艺交流。

周姓是原沙坑村的大姓，他们自称是南宋学者周敦颐的后代。迁移之后，周氏子弟分散到了各地。到番禺的初期，沙坑村周氏只有几百人，现在已发展为约两千人。现在的沙坑村书记即姓周，他同时也是番禺武术协会会长和沙坑龙狮团团长。此次生菜会，周氏家族欢聚一堂，共计宗族大事。之所以在番禺沙坑村举办，有一个很重要的原因：沙坑村经济比较富裕，而且有一定声誉。该村有常住人口 1 300 多人，而 2003 年的生产总值达到了 1.8 亿元人民币，纯收入 618 万元。可以说，生菜会为周氏的宗族联谊提供了一个契机，让周氏后人可以互相联系，加强沟通交流，既增进了彼此的感情，又为大家的共同发展提供了一个平台。除了周姓之外，原沙坑村的村民也应邀前来助兴。这些来宾都被称为“沙坑乡亲兄弟”。

龙狮技艺交流是这次生菜会的重头戏。这一点从组织者编排的活动程序可以看出来。上午 10 点，各路雄师到村委会报到，然后到沙坑龙狮训练场进行“祭师采青”仪式，之后到沙坑北牌坊口“拜土地”。中午，“沙坑乡亲兄弟”和各地的龙狮团分别安排就餐。下午 1 点到 5 点是龙狮技艺交流展演。到 5 点半，整个生菜盛会结束。精彩的表演赢得了观众的阵阵掌声。醒狮是沙坑的骄傲，也是沙坑的品牌。沙坑醒狮团曾多次在全省和全国的比赛中获奖，1998 年还在法国巴黎国际雄师争霸赛上夺得冠军。同年又在西樵山举行的“黄飞鸿杯”比赛中获得“狮王之王”的称号。醒狮之外，沙坑的舞龙队也声名远播。龙和狮的结合就形成了沙坑龙狮团。1996 年，为了开展龙狮文化，将南派醒狮发扬光大，沙坑村村委决定举办每年一届的“沙坑醒狮生菜会”，并将时间定在正月初八。这是沙坑生菜会的来历。除了本村的龙狮团之外，今年参加舞狮表演的嘉宾，有来自附近乡镇的 39 支队伍，盛况空前。来参加生菜会的观众大部分都是来看表演的。用周书记的话来说，“醒狮生菜会”的目的是以狮会友。因此，生菜会成了技艺交流的桥梁，龙狮争霸的阵地，发扬传统文化的舞台。

通过以上叙述，可以看出，与传统生菜会相比，沙坑生菜会是袭其名而失其实。首先，沙坑生菜会的主办方是镇政府；其次，其举办地与观音并无关系；再次，它也没有传统仪式中的各项内容。在广州的各种民俗活动中，醒狮是很普遍的，用来壮声势、助兴，它不是传统生菜会的主要内容。而沙坑生菜会借生菜会之名来扩大醒狮的影响，这也不失为一种创新之举，并且有移风易俗的意义。

（二）南海官窑的生菜会

过去，在南海县盐步、官窑、大沥、里水等镇，都有在正月二十六举行生菜会的习俗。近代最著名的生菜会是在官窑举行的。如今，官窑生菜会依然声明远扬，招徕了四面八方的游人。20 世纪 60 年代，因为“破四旧”的缘故，朝拜白衣观音之举被废，观音庙也被夷为平地，而吃生菜包的习俗却保留了下来。从 1986 年开始，官窑恢复了每年一次的生菜会。新的生菜会由镇政府主办，时间改在正月十五，与元宵节合二为一。相应地，生菜会的内容和功能也都与传统截然不同。活动以民间艺术表演和吃生菜包为主要内容，举办地为官窑镇的广场。在改革后的首届生菜会上，有 48 支醒狮队前来参赛，参加的人数达十万之多。主会场牌楼上挂的两条横幅表达了主办者的意图：“群狮迎盛会，生菜贺元宵”，“同游生菜会，共叙故乡情”。当天，在组织者搭建的四个表演台上，各村镇的龙狮代表队共同献艺，上演精彩绝伦的龙争狮斗。观众来自广州市区以及周围各县市乡镇，他们都穿着节日盛装前来观看表演。一时之间，台上彩龙飞舞，群狮嬉戏，而台下欢声笑语，其乐融融。看完表演，场面颇为热闹的生菜宴粉墨登场。顾名思义，这是以生菜为主题的宴席。席间，传统凝固在了生菜包上。有幸吃上生菜包的人都喜气洋洋。除此之外，镇政府还特地邀请海外侨胞、港澳同胞回乡叙旧，借此介绍本地的投资环境，招商引资。生菜会又成了交流经济信息，洽谈合作项目的盛会。这种功能与传统生菜会“发财致富”的愿望是一致的。在 2004 年的官窑生菜会期间，当地举行了盛大的庆祝活动，有千人齐吃生菜包、狮王争霸赛、象棋大师应众挑战赛、模特表演等游乐项目。生菜会一改过去膜拜神祇的迷信习俗，成为融经济、文化、娱乐于一体的新型的民间盛会。

官窑生菜会，因为有历史做对比，其变迁更为明显，也更加有现实意义。传统的仪式大都被淘汰，而生菜的彰显又赋予了“生菜会”新的含义：不是单纯地求子或求财，而是对未来和美好生活的一种向往。

（三）芳村坑口生菜会

相较之下，唯有广州芳村坑口村的生菜会古风犹存。芳村早期的生菜会在区内的芙蓉观观音庙（今芳村中南街海南村）。关于芳村生菜会的起源，在当地有一个传说。古时候，海南村一带经常暴发洪水，致使村里疫病流行，村民贫病交加，生活难以为继。就在村民一筹莫展的时候，大慈大悲的观音菩萨显灵，指点村民吃生菜和蚬肉来治病。于是，每到疫病流行的时候，百姓都会吃生菜和蚬肉以避祸，并举行活动来祭祀神灵，逐渐形成了"生菜会"。后来，村民纷纷迁往地势较高的坑口，认为这里是得到神灵庇佑的地方，"生菜会"也就随之迁到了坑口。还有一种说法，芳村生菜会是从赤岗迁移过来的。之所以有这种搬迁，是因为赤岗离广州城太远，给市民造成不便，于是在清末搬到了坑口。每年农历正月二十六，坑口四周的居民都会自发组织参拜村内榕树下的观音石像，祈求它广开"药户"，借药治病，保佑平安。"文革"时期生菜会停办，改革开放后复办，而且规模不断扩大。1993 年，由祖籍坑口的华侨出资，在坑口"联谊会"的主持下，原本占地仅 3 平方米的观音庙被扩建成 15 平方米，庙前约 300 平方米的空地上，用水泥建起了两座高 4 米的葫芦形焚烧炉，还有多个香火炉和几排香灰槽，供焚纸、烧香之需。近几年，参加坑口生菜会的人越来越多。参加者来自四面八方：市区、番禺、南海、香港、澳门等。据有关方面统计，20 世纪 90 年代初期，每年的参加人数为一万多人。1997 年后，每年有 3 万～5 万人参加坑口"生菜会"。而"借药治病"的祈求也变成了"发财致富"的梦想。

2004 年 2 月 15 日（正月二十五），笔者和一位同学前往芳村做调查。出了芳村地铁站，极目远望，一片高高低低的建筑遮住了视线。我们不知道坑口生菜会究竟在何处。问了两个人，终于了解了大致方向。走着走着又到了一个路口。正在犯难之际，走过来三个人，一个老太太带着两个孩子，手里还拎着个塑料袋，感觉像是赶庙会的。上前一问，果不其然。可能是我们不咸不淡的广州话让老太太有疑虑，她不愿搭理我们。跟着她们走了不一会儿，就看到路边墙上贴着生菜会路线的指示。由于时间较早，一路上人并不是很多。没走多久，转过一个街角，另一幅景象出现在面前。在街道两旁摆了很多地摊，摆卖的东西五花八门，一看就知道是拜神用的祭品。我们花了两块五毛钱买了一份，用塑料袋装着。我们找了个地方停下来翻检一下，物品着实不少。有锡纸做成的“金元宝”、各种符箓、红纸剪成的“四方贵人”图案等。拍了一些照片后我们继续往前走。人越来越多。这条街道呈上坡走势。这与文献中提到的坑口村地势较高的记载是相吻合的。往上就没有地摊了，而是一个接一个临时搭设的摊档。所售物品也以风车为主。远远看去，金灿灿一片。风车有大有小。稍大的风车顶端都有一个观音像（重阳节时白云山下也卖风车，却没有观音像）。还有卖生菜的。同平时吃的生菜不一样，这些生菜都带着根须，和一个利是封一起用塑料绳扎好。在过往的人群中，有人提着生菜，有人手持香烛。再走不远，我们跟着人流转向左边。眼前出现一座牌坊，上面刻有一副对联：紫竹重新踵事增华逾前代，乐园又始修文劝业泽后人。横批为紫竹乐园。立牌坊的是坑口联谊会。这说明观音庙已经到了。进去还是一段上坡路。远远地，已经可以看到缭绕的青烟和熙熙攘攘的人群。走近一看，其实场地非常狭窄。观音庙在路的左边。庙前的广场不大。触目可及的是一左一右两个葫芦形的焚烧炉，一排排的香灰槽里面已插满了高高低低的香。还有高矮不一的几个大铁皮桶，有人正在焚烧祭品。观音庙的门额上挂了一块布幔，上有“白衣观音”四字。庙前用绳子围了起来。信众只能在外面跪拜。庙的右侧有一个亭子，几个老年妇女坐在漆成红色的条案后面，案前悬着一条上有“佛光普照”字样的布幔，案上摆放着一袋袋生菜，应该是出售的。她们旁边放有一个功德箱，有一人不时敲打，招徕过往群众捐献善款。再过来是一根石柱，上面拴着一个写有“摸螺处”的木牌。底下放着一个红色的塑料桶。这是用来摸螺摸蚬的。在广场旁边建筑物的墙上有一条布幔，上面是“大慈大悲观世音菩萨”字样。布的上方有一个塑料标识“公安监控”，给人一种异样的感觉。墙上还张贴了几份通知，其中有三份是“档位开投通知”，内容是通知村民参加观音庙前商铺的竞投。三份通知落款时间和署名不一样：第一份署名为“坑口联谊会”，时间是1月6日；另两份署名均为“坑口经济股份联合社”，时间分别是2月5日和2月8日。竞投的时间是2月9日（正月十九）。还有一份公安局发布的禁止出售超过5公分大香的通知。在广场对面的一座小楼上，拉着“坑口生菜会指挥部”字样的横幅，上方也有“公安监控”标识。再看那些烧香拜佛的人，大多数都上了年纪，而且以女性为主。还有抱着孩子的少妇，也有一些年轻姑娘夹杂其中。从穿着打扮来看，大概都是附近的村民。一个中年妇女手里还拿着一张黄纸，一打听，原来是观音借库用的“借条”。于是我们也到旁边卖香烛元宝的小店里买了一张。现场有一个清洁工人正在不停地清理地上的香枝和纸屑杂物。我们上前跟他聊了两句，他说到今天晚上才热闹，有舞狮表演。拜完神离开时，有人手上拎着一捆生菜，有人举着一个风车，还有人举着一炷大香，那香足有一米长。我们离开的时候，观音庙前已经香烟弥漫，空气中有股呛人的味道。等到今晚子时，想必又会是更加热闹的景象。

接下来我们又去寻找另一个与芳村生菜会相关的地方：冲口街。几经周折，我们才找到位于芳村大道东的冲口街。在这条街入口处有一条文化长廊，长廊的墙壁上有一幅线雕画：《冲口风物图》。这幅图是根据当地老人的回忆绘制的，展现了清末民初当地的工商状况和风土人情，其中就有对生菜会的描绘。画中的生菜会活动内容丰富，除了例行的烧香拜神，还有唱戏、比武、舞狮、摸螺摸蚬、卖生菜和生菜包等。这种直观的认识使我们对芳村生菜会又多了几分了解。

据事后调查，今年参加坑口生菜会的超过 10 万人次。芳村区出动了 1 200名民警、保安、治安联防队员等，以维持秩序。只是一个 300 平方米的狭小空间，却吸引了如此之多的人前来，坑口生菜会的影响力可想而知。除了当天现场所看到的活动，芳村生菜会在正月二十六日还在坑口村口大摆生菜宴，前往生菜会的群众均可参加。

很显然，芳村坑口生菜会与历史上的生菜会更相似，起码在形式上比较接近。首先，芳村生菜会是真正由民间组织举办的。负责该活动的是“坑口村联谊会”，它是由该村 19 名德高望重的老人组成的，纯属民间组织，并且也没有向有关部门申请登记。活动期间，观音庙附近的公有商铺和临时搭建的摊档都由“联谊会”公开招租。其他诸如生菜宴、庙宇的管理和修缮等相关事宜也都由这个组织主持。其次，这个活动是真正在观音庙举行的。再次，活动内容包括烧香拜神、舞狮、摸螺摸蚬、吃生菜包、观音开库等，这些都与传统一样。

同前两处生菜会相比，近年参加芳村生菜会的人数更多，也更具有传统的宗教色彩，与近代的官窑生菜会有一致性。

二、主要民俗活动

（一）生菜宴

名为生菜会，生菜自然是不可或缺的一个象征物。在官窑和芳村的生菜会上，生菜宴都是其主要活动内容之一。生菜，是一种可以生吃的绿叶蔬菜，由于“生”带有“生发”的寓意，民间视其为吉祥物。而生菜还与“生子”、“生财”谐音，因此愈发受大众重视。在珠三角的一些地方，家家户户除夕都会准备带头的生菜，预示来年“生财有道”。除此之外，生菜还是用来祭祀神灵的供品。佛山有早上以生菜粥为长辈过生日的习俗。但凡有醒狮表演，都会有以生菜来采青的仪式。广州人很早就已经对生菜情有独钟了。

生菜宴上必吃生菜包。各地的生菜包大同小异，主要馅料不一样。有的地方以蚬肉、咸菜、肉粒为馅；有的地方则加上虾米、粉丝等；还有一些讲究的则以蚬肉、生菜、韭菜为主要原料。由于吃了蚬肉容易发病，广州民间称蚬为“发财蚬”，因此蚬肉也叫“发财蚬肉”。而生菜语含“生猛”之意，寓意生财有道。韭菜，则有“长长久久”的意思。生菜包的制作方法很简单：先将生菜洗净，剥成一片片菜叶备用。然后将蚬肉、韭黄等拌上调料炒熟作为馅料。再把白饭炒香。吃的时候，取一片生菜叶，涂上酱醋之类的佐料，再放上炒饭及小菜，裹成包状就可以吃了。讲究的会多炒几样小菜作为馅料，而且每个菜都别有用心，如酸菜炒蚬肉，意为子孙显达；慈姑煮猪肉，寓意生个胖男孩；粉丝虾米，喻意长命富贵。据说，生菜会这天吃了生菜包，当年年成必好，顺顺利利，生生猛猛，人财两旺。一个简简单单的生菜包，寄予着广州人所有的人生愿望。

而当代人吃生菜包，除了习俗的原因，还有另外的含义。现在的人越来越注重健康。蔬菜生吃，更利于保留其中的维生素等营养成分。因此，生菜包老少皆宜，即便是时髦的年轻人也乐意一试。寓意吉祥又美味健康，生菜包无疑是生菜会中最入时的内容之一。

（二）醒狮表演

三处生菜会唯一的共同点就是舞狮。舞狮是中国民间所喜闻乐见的一种动物舞蹈。岭南的舞狮与流行于北方的舞狮不一样，而是独具特色的南派狮子舞。因为在起舞过程中有“食青”、“醉青”、“睡醒”等技巧动作，故又名“醒狮”。

首先，醒狮的造型与北方狮子迥然不同。北方狮讲求形似，因此通常是四脚着地；而醒狮讲究神似，两脚立地。表演时狮头和狮尾由不同的人掌控，其中狮头是重点。其次，表演场地不一样。北方舞狮通常是在比较固定的场地进行，而醒狮则可以走家串户，上门表演。再次，北方狮以稳健见长，而醒狮以功夫出众。所以，舞醒狮的都是会武功的人，一般人根本无法胜任。

醒狮的外形似狮非狮，而制作狮头最有名的是佛山。之所以如此，与一个传说有关。相传在明代初年，佛山地区曾出现过一头大眼、阔口、高额、长须的独角怪兽。因为它不时发出“年年”的叫声，人们就把它称为“年兽”。年兽每到春节前后就出来为祸乡里，但老百姓视其为神物，不敢加以伤害。后来，人们想出一个方法，用竹篾扎成怪兽的模样，再涂上各种颜色，当年兽出现时锣鼓齐鸣，群兽狂舞，终于吓退了年兽。事后，为了纪念这次胜利，当地群众竞舞兽头以为乐。从此，舞动这头类似狮子的怪兽就成了人们欢庆时必不可少的节目之一。无论是逢年过节还是开张庆典，舞狮志贺的习俗一直流传到今天。

醒狮表演有不同的形式，有单狮、群狮、迎宾狮等。每头狮子有两个人：一人举狮头，一人执狮尾。醒狮的表演有很多高难度的动作，腾挪跳跃，十分精彩。还有一种在梅花桩上的舞狮，更是惊险。这种表演对舞狮者的技艺和武功的要求都非常高，稍有不慎，就会发生危险。因为有难度的要求，所以才会出现“狮王争霸”之类的竞技性比赛。

醒狮采青是表演中的重要环节。“青”是用生菜或树枝连同一个装有钱币的红包扎成的，一般悬挂在门楣或楼台上方，有的甚至挂在专门立起的高高的旗杆上。舞狮者要凭自己的实力将“青”采下来。难度越高自然犒赏越丰，也能赢得满堂喝彩。具体的采青方式也有不同，有“蟹青”、“板凳青”、“水青”、“高青”等。①

在旧日的生菜会上，醒狮并非重头戏，主要是为了增添热闹气氛。而现在的生菜会，醒狮表演成了重要内容。沙坑生菜会更以此为特色，借此

---

① 叶春生：《岭南风俗录》，广州：广东旅游出版社1988年版，第218～221页。

宣扬当地的文化，这种做法可以说是用旧瓶装新酒，值得借鉴。

（三）观音开库

观音开库活动虽然只在芳村生菜会上有，但是，从调查来看，民众的热衷程度并不低。芳村生菜会在二十五日晚到二十六日凌晨达到高潮，这足以说明民众的心理。

向观音借库是有讲究的。来看一下当代人对此的描述，或许可以对历史上的这个习俗有一定了解。首先要准备观音衣、香烛、寿金和五个利是封。其中四个利是封内分别用红纸写上下列四句话：①借您财星高照；②借您财运亨通；③借您财源广进；④借您财来有方。而第五封是利是钱，用作添香油或送与庙祝。准备妥当之后先上香烛，接着在心中默祷：观世音菩萨，弟子现在借取财库，借您财星高照、财运亨通、财源广进、财来有方，他日一定本利归还之类。祈祷完毕将利是和祭品一同焚化。其后向庙祝索取一支财星令牌和一些福品，最后抽取菩萨所借钱财的数量，借库宣告完成。俗话说，有借有还，再借不难。观音借库最重要的是要还库。还库的时间是在第二年借库之前，其程序与借库差不多，只不过要将利是封内的字句改为：①寿金为本，金、银为利；②有本有利；③有借不难；④本利归还。而祈祷之时的用语当然也要有一些变化：观世音菩萨，弟子现在还库，寿金为本，金银为利，有本有利，有借不难，本利归还。还库之后可以继续借库。比较隆重的，还会以金猪为礼向观音朝拜。[①] 借了还，还了再借，钱财生生不息。这是老百姓最朴素也是最美好的愿望。

由于现在人们的生活节奏很快，连借库的方式也有所简化。笔者在2004年芳村的生菜会上，见到一种比较简单的借库方法。信众从观音庙旁的香烛摊上买来一张“借据”，上书“今有善信　年　月　日　借观音金库　佰　拾万元正”的红字，最后还有“恭喜发财”的吉祥语。“借据”下方有一朵莲花。借库时，先向观音神像烧香祈祷，然后将借据也一同焚化。不管观音是否愿意，作为一个庇佑百姓的神灵，他都应该负起责任，更何况信众还向他顶礼膜拜。他承载着众生的希望，必须用他超人的法力来达成所愿，以维护他在民众心中的神圣地位。民众也因为在灵验的观音

---

① 《观世音菩萨开库》，摘自 http：//www. kaifook. com. hk/special/sp010. htm，2003 年。

面前许下愿望而信心十足。即使在今后的一年中并未如愿以偿，他们仍然孜孜不倦地向神灵供奉许愿。他们不认为这是神的过错，而是自己的诚心不够，相信总有一天会感动神灵。无论是古代还是现代，这种心理都是善男信女共有的。即便不是虔诚的信徒，一般人求个吉祥，得到一点心理安慰也不会有坏处。因此，参加观音开库活动的人至今仍然络绎不绝。

第三节　生菜会复兴的意义

从上述情况来看，当代复兴的生菜会大致有两种类型：一种是改良式；一种是复古式。同样是传统的复兴，它们的形式和意义却是完全不同的。前者的变异非常明显，而后者变化相对较小。

一、当代生菜会的简单比较

首先是形式上的区别：地点。改良后的沙坑生菜会和官窑生菜会没有固定的地点，通常都选在比较空旷、有利于举行大型活动的地方。而芳村生菜会依然以观音庙作为主办地。时间。沙坑生菜会选择了正月初八。这天是白衣观音诞。但是，政府的选择应该不会带有宗教色彩，只是照顾群众的习惯而已。而官窑生菜会则干脆与元宵节合二为一。只有芳村仍然延续了正月二十五、二十六的传统。活动。沙坑的活动内容基本上已与传统分道扬镳，官窑则继承了其中比较健康的部分，而芳村却差不多是近代的翻版。主办者。沙坑和官窑都是政府牵头举办的，而芳村还是纯粹的民间活动。功能。改良的生菜会以娱乐和经济为主要功能，也可附带其他的一些作用，而芳村的活动却是半宗教性质的。

再从活动的意义来看，改良的生菜会有移风易俗的示范作用。以沙坑而言，政府选择在白衣观音诞那天举行以龙狮表演为主的生菜会，有转移民众注意力的作用。虽然过程中有“祭师采青”和“拜土地”的仪式，但这纯粹只是遵循传统的程式，已经失去了原本神圣的意义。仪式的世俗化说明神灵已走下了神坛。仪式的存在是行为上的习惯，却没有了庄严的意味，而官窑生菜会则更具有现代意义。生菜包以及生菜的寓意是传统留下的烙印，而吃生菜包的人却不再留恋于鬼神的庇佑。传统折射出现代化的一面，传统并非都是落后的，只要适应现代社会的发展，它就是现代化的一部分。如果把生菜包逐渐做成一个美食的品牌（比如像中秋月饼和端午粽子），相信官窑生菜会的影响会更大。反观芳村生菜会，却留下了更多思索的余地。

很明显，习俗的改良与政府有很大关系。政府在有关习俗的复兴中既起了组织作用，又具有象征意义，体现了国家的意志。政府的介入使生菜会的形式和性质都有了很大变化。沙坑生菜会和官窑生菜会不仅是民间文化娱乐的盛会，而且还是政府精心策划的招商引资洽谈会。所谓“民俗搭台，经贸唱戏”。近年来，生菜会的商贸功能逐步被提升。除了经济利益之外，政府干预民间活动，自然有其政治意义。社会主义精神文明是反对封建迷信的。因此，政府在拥有活动的主办权后，必然对其进行一番去芜存精的选择，使其与目前的社会形态相适应。实际上，这种行为与民初广东军政府移风易俗行为的性质是相同的。在目前的社会环境下，民间活动的正常开展有赖于政府的参与和支持。而政府也必然采取移风易俗的手段，来防止民俗的越轨行为。政府的参与代表了国家的认可，这实际上也就等于把民间活动纳入了政府的管理范围。一方面，民俗有了发展的可能；另一方面，也说明习俗必须有一定的规范。这一点并不令人感到惊奇，在历史上，每个朝代的统治者都会对民俗进行规范，以适应管理的需要。因此，“民间仪式被国家或国家部门及其代表所征用，主要取决于它们潜在的政治意义、经济价值。”① 稍有不同的是，当今社会体现的是“以人为本”的精神，因此，管理者在考虑国家利益的同时，也会关注民众的需要。这使得政府与民众之间多了一些沟通，这与近代政府单方面的改革是有区别的。

---

① 高丙中：《民间的仪式与国家的在场》，郭于华：《仪式与社会变迁》，北京：社会科学文献出版社 2000 年版，第 327 页。

二、芳村生菜会的反思

（一）存在的问题

与另两处生菜会相比，芳村生菜会潜在的问题更多，最主要在两个方面：管理问题和信仰问题。实际上，这也是当前传统习俗复兴中的两个大问题。如何处理将直接影响到民俗的发展以及政府同民众的关系。

管理问题是所有大型集体活动都必须面对的。而芳村生菜会的问题显得尤其突出。一个只有300平方米的场地，在两晚一日的时间里，竟然接纳了超过10万人次，其拥挤程度足以想见。由此带来的治安问题令当地公安困扰不已。而燃烧香烛更易造成安全隐患。不仅如此，这个活动没有经过宗教事务管理部门的批准，有非法的性质。其组织者同样也不具备合法资格。这些都使该生菜会的管理难以施行。为了保障群众的利益，当地政府部门每年都要花费大量的人力和财力。据统计，每举行一届生菜会，政府就要投入几十万元。

信仰问题是芳村生菜会的另一个难题。鬼神信仰在当代更多带有迷信色彩，不符合社会主义精神文明的要求。据有关部门的调查，生菜会期间，附近的真光中学、培英中学、理工中专等学校的学生也前来顶礼膜拜。政府对此忧心忡忡。不仅如此，政府还感觉到在活动过程中角色的尴尬。他们的职责就是要破除迷信，可他们目前又只能为其保驾护航。

（二）如何看待问题

如果只是单纯的治安管理问题就要简单得多。但是，芳村生菜会的管理问题与信仰是直接相关的。比如：如果不拜观音，就没有必要在逼仄的观音庙前举行活动；如果不烧香，也就不会有火烛威胁，诸如此类。所以，信仰问题才是关键。

对这个问题应该理性地来看待：虽然民间的信仰活动有很多落后的内容，但是，从客观来说，信仰与现代化并不是对立的，不应该把民间信仰看成是洪水猛兽。无论是古代还是现代，信仰更多的是出于一种心理的需要。而这种需要是其他东西所无法替代的：“只要人们在天灾人祸面前无能为力，只要人们无休止的广泛需求还不能得到满足，人们就会使这种看起来杂乱无章的民间信仰发展下去，在某种程度上还会发展很久，很久。

中国民间信仰文化的历史不会就此终结。”① 从西方的一些具体例子可以看出，社会的现代化与信仰的兴衰没有直接关系（参见第四章“现代化对近代广州民间信仰的影响”）。在发达国家，科学和信仰并行不悖。这是芳村生菜会存在宗教因素的主要原因。其他原因还有传统的影响和经济利益的推动等。芳村生菜会源远流长，虽然曾一度有过仪式上的断层，但传统仍然根植于民众心中。更何况，观音庙很快在原址修复，继而被扩大，这些都无形中唤醒了民众的宗教记忆。相对而言，历史上的官窑生菜会随着观音庙被夷为平地而逐渐被深埋。随着政府移风易俗的行为成长起来的则是一个全新的民众娱乐活动。历史与现实渐行渐远，经济是又一个推动力。生菜会活动期间，在会场周围设有很多出售祭品的商铺和摊档，为部分当地居民提供了获利的机会。民国《佛山忠义乡志》中记载了古人对此的认识：贫民以这类活动为生计，因此应该通民情。很难知道，究竟小贩在芳村生菜会活动中获得多少利益。但是，从现场摆卖的热闹情形来看，生意应该不错。

其实，芳村生菜会在复古的同时已经有了变化。它不可能真的复制历史和传统，毕竟时代和社会环境早已发生了翻天覆地的变化。比如，虽然活动中保留了一些传统的仪式和象征，但也徒具形式的意义而已。为摸螺和蚬准备的水桶，说明这种习俗在复兴的时候就已走向没落。观音借库程式的简化也是如此。“民间信仰并非仅仅是流于表面的组织形态或形式主义，而是根植在人们心里的思维活动。”② 人类学家认为：教育程度的普遍提高，并不会导致民间信仰的衰落。相反，文字、教育的普及，商业活动以及大众传媒这些现代化的形式是民间信仰复兴的动力。③

（三）怎样解决问题

近代的历史已经告诉后人，强制禁止民间信仰的做法是不可行的。从芳村的情况来看，不能强制的原因如下：①精神世界无法用外力来改变。暂时停止后，一旦有机会便会反弹。近代如此，文革的情况也是一样。

---

① 乌丙安：《中国民间信仰》，上海：上海人民出版社 1995 年版，第 302 页。

② 周大鸣：《传统的断裂与复兴》，郭于华：《仪式与社会变迁》，北京：社会科学文献出版社 2000 年版，第 251 页。

③ 周大鸣：《传统的断裂与复兴》，郭于华：《仪式与社会变迁》，北京：社会科学文献出版社 2000 年版，第 250 ~ 252 页。

②由于有港澳同胞参与，强制禁止会带来负面影响。③芳村处在城市边缘，属于“城中村”的模式。在改造“城中村”的过程中，当地居民与政府已经存在间隙，强制会激化两者的矛盾，影响大局。

权衡利弊，应弄清楚传统民间信仰危害性的大小，然后再采取相应的措施。他山之石，可以攻玉，香港的经验也许可以提供一些借鉴。香港人对鬼神的崇拜一点也不亚于广州城郊的居民。但是，黄大仙的香烟缭绕并没有影响香港国际都市的形象，反而成为香港本土文化的集中体现，是旅游的一大热点。当然，借鉴的前提是，要将活动纳入正常轨道。也就是说，应该有宗教管理部门的参与。还可以参考沙坑和官窑的例子：一方面，政府可以举办其他的娱乐活动来转移民众的视线；另一方面，政府要更多地行使管理职能，对活动的组织进行参与和指导。例如：在今年的生菜会期间，芳村公安分局专门对车辆和人流进行了交通管制，保证路线的畅通，以免因拥挤而发生事故。

一些参加过芳村生菜会的人说，拜一下观音，许个愿望，然后心安理得地照常工作和生活。对于大多数人来说，拜神不过就是许下一个美好的愿望，只是手里多了一炷香而已。这与过生日时许愿的心情没有太大区别。当代人很实际，不会守株待兔地等着神灵抛撒金钱。许愿更多的是想要获得一种心灵上的慰藉。虽然并不一定相信神灵，但是拜一下又何妨呢？就算是讨个好意头也行。

小　结

近年来，广州地区的龙舟竞渡、大沥狮子会等传统习俗都搞得非常隆重、热烈。像龙舟竞渡甚至成为一项跨地区、跨国界的体育和娱乐盛事。沉寂了一段时间的“摆七夕”、“竖中秋”活动又重新充实了广州人的眼帘。而在广州的一些熙熙攘攘的街道上，卖鸡公榄的人也出现了。

传统的复兴是当代中国文化自省后的一种文化选择。近代，中国曾掀起了一阵学习西方文化的热潮。20 世纪 80 年代，在改革开放的浪潮中，中国又掀起西方文化热。沉寂的社会开始有了新的活力。但是，经过二十年的适应与探索之后，越来越多的人认识到，如果丢弃传统文化，中国人将无所适从。回归传统，成了当今社会的又一个潮流。民间习俗也因此获得了重生的契机。但是，什么习俗可以复兴，该如何复兴，这又成了政府和民众共同面对的问题。

通过以上对生菜会活动的分析，笔者认为，民间习俗的复兴，既是民众的选择，又是政府的选择。只有将两者有机结合起来，才能达到移风易俗的目的。“传统民间文化在当前复兴，并不是什么都能够复兴，即使那些侥幸得以复兴的也不可能是原封不动的。只有在国家力量在当地留下的余地或漏洞里，地方特色的文化才能够复兴，并且是有所改造的复兴。人们主要是把传统文化作为素材，在国家容忍的框架里重新塑造出来，进行自己的文化生产。”

从当代生菜会的发展状况可以看出，广州传统习俗的流变与近代有异曲同工之处：第一，民间习俗有娱乐化的趋势；第二，只要民众有需要，民间信仰还会继续存在；第三，移风易俗要顺应民情，并要积极发挥民俗自身的调适功能，而政府的作用是指导性的。

参考文献

地方志

1.《番禺县志》（乾隆本）
2.《番禺县志》（同治本）
3.《番禺县志》（宣统本）
4.《番禺县志》（民国本）
5.《顺德县志》（咸丰本）
6.《顺德县志》（宣统本）
7.《南海县志》（万历本）
8.《南海县志》（道光本）
9.《南海县志》（同治本）
10.《南海县志》（宣统本）
11.《南海乡土志》
12.《番禺河南小志》
13.《白云越秀二山合志》
14.《佛山忠义乡志》（乾隆本）
15.《佛山忠义乡志》（民国本）
16.《民国顺德县志》
17.《民国东莞县志》
18.《民国番禺县续志残稿》

报刊

1.《羊城日报》

2. 《游艺报》
3. 《天趣报》
4. 《广东白话报》
5. 《南越报》
6. 《中西日报》
7. 《七十二行商报》
8. 《广东中华新报》
9. 《广州共和报》
10. 《民生日报》
11. 《羊城新报》
12. 《光汉报》
13. 《广报》
14. 《安雅报》
15. 《安雅书局世说编》
16. 《新报》
17. 《国华报》
18. 《总商会新报》
19. 《广东日报》
20. 《天声报》
21. 《东方报》
22. 《唯一趣报有所谓》
23. 《香港少年报》
24. 《珠江镜日报》
25. 《平民画报》
26. 《真相画报》
27. 《时事画报》
28. 《点石斋画报》
29. 《民声杂志》
30. 《无所谓》
31. 《国事报》
32. 《申报》

33.《大公报》

34.《民俗》

文人笔记

1. 屈大均:《广东新语》，北京：中华书局 1985 年版。

2. 黄芝:《粤小记》，广东中山图书馆复制，1960 年版。

3. 范端昂:《粤中见闻》，广州：广东高等教育出版社 1988 年版。

4. 李调元：《南越笔记》（又名《粤东笔记》），《小方壶斋舆地丛钞》，杭州：杭州古籍书店 1985 年版。

5. 王士祯:《广州游览小志》，《小方壶斋舆地丛钞》，杭州：杭州古籍书店 1985 年版。

6. 张心泰：《粤游小志》（又名《粤游小记》），《小方壶斋舆地丛钞》，杭州：杭州古籍书店 1985 年版。

7. 史澄:《趋庭琐语》，光绪乙酉年（1885），广东中山图书馆藏本。

8. 李应珏:《广东便览》，广东中山图书馆藏本。

9. 梁松年:《梦轩笔谈》，咸丰二年（1852），广东中山图书馆藏本。

10. 徐赓陛:《不慊斋漫存》（光绪乙巳年），广东中山图书馆藏本。

11. 冯秉芸:《迩言》，同治三年（1864），广东中山图书馆藏本。

12. 邬庆时:《番禺末业志》，广东中山图书馆藏本。

13. 邬庆时:《南村草堂笔记》（卷一），1920 年版，广东中山图书馆藏本。

14. 林伯桐:《人家冠婚丧祭考》，广东中山图书馆藏本。

15.《广州婚仪备览》，光绪三十二年（1906），广东中山图书馆藏本。

16.《后续岭南即事》，广东中山图书馆藏本。

17.《改良岭南即事丛刊》，广州益群书局印行，1931 年版，广东中山图书馆藏本。

18.《杂抄布告》，广东中山图书馆藏本。

19.《戊戌年娶媳妇支用簿》，广东中山图书馆藏本。

20.《癸卯年娶媳妇支用簿》，广东中山图书馆藏本。

21. 慈航:《广州指南》，上海新华书局印行，1919 年版，广东中山图书馆藏本。

22. 廖淑伦：《广州大观》，广州：广州天南出版社 1948 年版，广东中山图书馆藏本。

23. 梁廷枏：《夷氛记闻》，商务印书馆发行，民国二十六年（1937）版。

24. 徐珂：《清稗类钞》，北京：中华书局 1986 年版。

国内著作

1. 顾颉刚、刘万章：《苏粤的婚丧》，广州：中山大学语言历史研究所 1928 年版，广东中山图书馆藏本。

2. 吴玉成：《粤南神话传说及其研究》，广州：中山印务局 1932 年版，广东中山图书馆藏本。

3. 黄尊生：《岭南民性与岭南文化》，北京：民族文化出版社 1941 年版，广东中山图书馆藏本。

4. 杨成志：《广东人民与文化》，广州：国立中山大学研究院文科研究所 1943 年版，广东中山图书馆藏本。

5. 梁启超：《梁启超全集》，北京：北京出版社 1999 年版。

6. 赵尔巽等：《清史稿》，北京：中华书局 1976 年版。

7. 姚贤镐：《中国近代对外贸易史资料（1840—1895）》（第一册），北京：中华书局 1962 年版。

8. 胡朴安：《中华全国风俗志》，石家庄：河北人民出版社 1986 年版。

9. 钟敬文：《民俗学概论》，上海：上海文艺出版社 1998 年版。

10. 乌丙安：《民俗学原理》，沈阳：辽宁教育出版社 2001 年版。

11. 乌丙安：《中国民间信仰》，上海：上海人民出版社 1995 年版。

12. 叶春生：《岭南民间文化》，广州：广东高等教育出版社 2000 年版。

13. 叶春生：《广府民俗》，广州：广东人民出版社 2000 年版。

14. 叶春生：《岭南风俗录》，广州：广东旅游出版社 1988 年版。

15. 叶春生：《岭南民俗事典》，广州：南方日报出版社 2001 年版。

16. 刘志文：《广州民俗》，广州：广东省地图出版社 2000 年版。

17. 刘志文：《广东民俗大观》（上卷），广州：广东旅游出版社 1993 年版。

18. 杨万秀、钟卓安:《广州简史》，广州：广东人民出版社 1996 年版。

19. 曾应枫:《俗话广州》，广州：广州出版社 2000 年版。

20. 叶炳昌:《中国名城汉俗大观·广州篇》，北京：中国友谊出版公司 1993 年版。

21. 陈代光:《广州城市发展史》，广州：暨南大学出版社 1991 年版。

22. 龚伯洪:《商都广州》，广州：广东省地图出版社 1999 年版。

23. 龚伯洪:《广府文化源流》，广州：广东高等教育出版社 1999 年版。

24. 黄启臣、庞新华:《明清广东商人》，广州：广东经济出版社 2001 年版。

25. 韩伯泉、陈三株:《广东地方神祇》，香港：中华书局 1992 年版。

26. 容闳:《西学东渐记》，长沙：湖南人民出版社 1981 年版。

27. 雷梦水:《中华竹枝词》(四)，北京：北京古籍出版社 1997 年版。

28. 程浩:《广州港史·近代部分》，北京：海洋出版社 1985 年版。

29. 郑曦原:《帝国的回忆——〈纽约时报〉晚清观察记》，北京：生活·读书·新知三联书店 2002 年版。

30. 赵世瑜:《狂欢与日常——明清以来的庙会与民间社会》，北京：生活·读书·新知三联书店 2002 年版。

31. 严昌洪:《西俗东渐记——中国近代社会风俗的演变》，长沙：湖南出版社 1991 年版。

32. 高丙中:《现代化与民族生活方式的变迁》，天津：天津人民出版社 1997 年版。

33. 高丙中:《民俗文化与民俗生活》，北京：中国社会科学出版社 1994 年版。

34. 郭于华:《仪式与社会变迁》，北京：社会科学文献出版社 2000 年版。

35. 王铭铭:《社会人类学与中国研究》，北京：生活·读书·新知三联书店 1997 年版。

36. 王铭铭等:《象征与社会——中国民间文化的探讨》，天津：天津人民出版社 1997 年版。

37. 刘晓春：《仪式与象征的秩序》，北京：商务印书馆 2003 年版。

38. 章开沅、罗福惠：《比较中的审视：中国早期现代化的开端》，杭州：浙江人民出版社 1993 年版。

39. 许纪霖、陈达凯：《中国现代化史》（第一卷），上海：三联书店 1995 年版。

40. 吴义雄：《在宗教与世俗之间》，广州：广东教育出版社 2000 年版。

41. 张仲礼：《中国绅士》，上海：上海社会科学院出版社 1991 年版。

42. 李小江等：《主流与边缘》，北京：生活·读书·新知三联书店 1999 年版。

43. 《辛亥革命回忆录》（第一集），北京：中华书局 1961 年版。

44. 广东炎黄文化研究会：《岭峤春秋》（一），北京：中国大百科全书出版社 1994 年版。

45. 广东省政协文史资料研究委员会：《广东风情录》，广州：广东人民出版社 1987 年版。

46. 广东省工商业联合会、民建广东省委员会编：《广东工商史料辑录》（2），1987 年版。

47. 广州市地方志编纂委员会办公室等编译：《近代广州口岸经济社会概况——粤海关报告汇集》，广州：暨南大学出版社 1996 年版。

48. 中华续行委办会特委会编：《中华归主——中国基督教事业统计 1901—1920》（上册），北京：中国社会科学出版社 1987 年版。

49. 姚二龙：《民俗论》，北京：大众文艺出版社 1998 年版。

50. 徐华龙：《泛民俗学》，哈尔滨：黑龙江人民出版社 2003 年版。

51. 陈勤建：《当代中国民俗学·前言》，上海：上海文艺出版社 1988 年版。

52. 何学威：《经济民俗学》，北京：中国建材工业出版社，2000 年版。

53. 孙燕京：《晚清社会风尚研究》，北京：中国人民大学出版社 2002 年版。

54. 骆伟：《广东文献综录》，广州：中山大学出版社 2000 年版。

55. 李仲伟：《广州文献书目提要》，广州：广东人民出版社 2000 年版。

56. 张力、刘鉴唐：《中国教案史》，成都：四川省社会科学院出版社 1987 年版。

57. 中央研究院近代史研究所：《教务教案档》（第 2 辑第 3 册），1974—1981 年。

58. 中国第一历史档案馆、福建师范大学历史系：《清末教案》（第 2 册），北京：中华书局 1996—2000 年版。

59. 李亦圆：《宗教与神话》，桂林：广西师范大学出版社 2004 年版。

60. 王炳燮：《毋自欺室文集》（卷六），沈云龙：《近代中国史料丛刊》（第 24 辑），台北：文海出版社 1985 年版。

61. 林忠佳、张添喜等：《〈申报〉广东资料选辑》，（1902. 1—1907. 6）1995 年版。

62. 苏萍：《谣言与近代教案》，上海：上海远东出版社 2001 年版。

63. 张先清、赵蕊娟：《中国地方志基督教史料辑要》，上海：东方出版中心 2010 年版。

国外著作

1. ［德］马克思、恩格斯：《马克思恩格斯全集》，北京：人民出版社 1957 年版。

2. ［美］施坚雅著，叶光庭等译：《中华帝国晚期的城市》，北京：中华书局 2000 年版。

3. ［美］克里斯蒂安·乔基姆著，王平等译：《中国的宗教精神》，北京：中国华侨出版公司 1991 年版。

4. ［美］罗德尼·斯达克、罗杰尔·芬克著，杨凤岗译：《信仰的法则》，北京：中国人民大学出版社 2004 年版。

5. ［英］吉伯特·威尔士、亨利·诺曼著，刘一君、邓海平译：《龙旗下的臣民——近代中国礼俗与社会》，北京：光明日报出版社 2000 年版。

6. ［美］阿·英格尔斯著，殷陆君译：《人的现代化》，成都：四川人民出版社 1985 年版。

7. ［美］费正清著，张沛译：《中国：传统与变迁》，北京：世界知识出版社 2002 年版。

8. ［美］费正清：《剑桥中国晚清史》（上卷），北京：中国社会科学出版社 1985 年版。

9. ［美］亨特著，沈正邦译：《旧中国杂记》，广州：广东人民出版社 1992 年版。

10. ［美］亨特著，沈正邦译：《广州番鬼录》，广州：广东人民出版社 1993 年版。

11. ［美］魏斐德著，王小荷译：《大门口的陌生人：1839—1861 年间华南的社会动乱》，北京：中国社会科学出版社 1988 年版。

12. ［法］佩雷菲特著，王国卿译：《停滞的帝国——两个世界的撞击》，北京：生活·读书·新知三联书店 1993 年版。

13. ［英］莫里循著，张皓译：《中国风情》，北京：国际文化出版社 1998 年版。

14. ［英］爱德华·汤普森著，王加丰译：《共有的习惯》，上海：上海人民出版社 2002 年版。

15. ［法］费尔南·布罗代尔著，顾良、施康强译：《15 至 18 世纪的物质文明、经济和资本主义》（第一卷），北京：生活·读书·新知三联书店 1992 年版。

16. ［德］罗梅君著，王燕生译：《北京的生育婚姻和丧葬》，北京：中华书局 2001 年版。

17. ［英］马凌诺斯基著，费孝通译：《文化论》，北京：华夏出版社 2002 年版。

18. ［法］谢和耐著，耿升译：《中国与基督教》，上海：上海古籍出版社 2003 年版。

19. ［英］约翰·汤姆森：《镜头前的旧中国——约翰·汤姆森游记》，北京：中国摄影出版社 2001 年版。

20. ［法］亨利·絮贝尔：《中国通讯——亨利·絮贝尔旅华散记》，《近代史资料》（第六十七号），北京：中国社会科学出版社 1987 年版。

21. ［美］杨庆坤著，范丽珠译：《中国社会中的宗教》，上海：上海人民出版社 2007 年版。

论文

1. 萧凤霞：《妇女何在？——抗婚和华南地域文化的再思考》，《中国社会科学季刊》（香港）1996 年春季卷。

2. 高丙中：《英美城市民俗学的兴起及其对民俗学的理论意义》，上海民间文艺家协会编：《中国民间文化·都市民俗学发凡》，上海：学林出版社 1992 年版。

3. 王娟：《新形势下的新定位——关于民俗学的“民”和“俗”的新思考》，《民俗研究》2002 年第 1 期。

4. 邱捷：《清末民初地方政府与社会控制》，《辛亥革命与二十世纪的中国》（中），北京：中央文献出版社 2002 年版。

5. 方百寿：《论民间信仰的世俗化》，《青海师范大学学报》（哲学社会科学版）1995 年第 2 期。

6. 方川：《中国城市民俗研究述论》，《民俗研究》2000 年第 4 期。

7. 刘圣宜：《近代广州风习民情演变的若干态势》，《华南师范大学学报》（哲学社会科学版）2001 年第 1 期。

8. ［日］井上彻：《魏校的捣毁淫祠令研究》，《史林》2003 年第 2 期。

9. 陈兵：《佛教的宗教信仰心理观》，《法音》2001 年第 5 期。

10. 赵树好：《论晚清习俗教案》，《人文杂志》1998 年第 5 期。

11. 雷雨田：《试论基督教融入岭南文化的原因》，《广州大学学报》2002 年第 4 期。

后记

“往日崎岖还记否，路长人困蹇驴嘶。”回想起那段在路上的日子，我脑海里首先想到的就是苏轼的这两句诗。

除了教学任务之外，那段时间，我多数是在学校和中山图书馆之间奔忙。还记得，埋首在一摞一摞的故纸堆中，但凡出现一条有用的资料，就像中了彩票一样，兴奋异常。还记得，用读报机阅读报纸胶片时，眼睛在一行一行模糊的字迹中逡巡，常常看得头昏眼花。还记得，当我拿着1898年的报纸残片的时候，那种感觉，用时下的话来说，叫“穿越”了。那段日子，很简单，很充实，疲惫并快乐着。

论文最终还是磨出来了。对于我来说，这是一个并不容易的过程。当时是误打误撞地报考了这个原本很陌生的专业。难得的是，我所报考的导师——叶春生老师，对我的半路出家并不在意。他还说了：“英雄不问出处。”就这样，我这个“英雌”在求学的半路上改道了。

毕业之后，我接着又踏入了人生的另一个阶段，开始了为人母的漫漫旅程。在孕育女儿的过程中，我发现，这又是一个简单充实、疲惫快乐的过程。关于女儿，我知道她所有的优缺点。即便她经常耍赖，我还是非常爱她、关心她。可是，关于这篇论文，我更多的是遗憾：它一直默默地藏在书箱里，很少被关注。在此期间，曾经有一个本地报社的记者跟我联系过，对这些材料很感兴趣。可惜，后来也不了了之。如今，它被重新从记忆深处翻了出来，虽然明知道它有很多不足之处，但始终是自己的孩子，可以批评，可以教育，但不忍心放弃。

在此，我要感谢为我审阅论文的素未谋面的刘魁立先生、容观琼先生，以及有过几面之缘的康保成先生。康先生对我资料的重视让我倍感欣喜。在论文答辩中，朝戈金先生和管林先生的肯定也使我备受鼓舞，而高丙中先生和邓国伟先生提出的中肯意见，也让我对以后的研究有所领悟。在此，我也要向他们表达我诚挚的谢意。

感谢暨南大学文学院和中文系的有关同仁给这本书问世的机会，感谢出版社的总编辑史小军教授。

我还要感谢好友周玉蓉无私的帮助，感谢我可爱的女儿，我永远的小棉袄。

最后，感谢叶春生老师。

作 者

2012 年 5 月